LOCUS

LOCUS

LOCUS

LOCUS

這張照片攝於一九五五年，是一位美國觀光客幫忙拍的。照片中的房子就是我家。這是一棟粉紅花崗岩蓋的房子，外牆有壁畫還有義大利風格的裝飾。地址是聖彼得堡大海軍街四十七號。後來，聖彼得堡改名爲列寧格勒，而街名也變更爲赫琛街，以紀念著名的自由派人士亞歷山卓·伊凡諾維奇·赫琛（Aleksandr Ivanovich Hertzen, 1812-1870，他地下有知應該不會感激一個警察國家這麼抬舉他）。他寫的《往事與冥想》（*Bïloe i Dumï*）是我父親最喜歡的一本書。我的房間在三樓，也就是在那凸肚窗的上頭。街上的菩提樹是後來才種的。綠樹高聳，枝葉遮住了二樓東北角那個房間的窗。那房間就是我呱呱落地之處。這房子收歸國有之後，變成丹麥大使館，後來又改爲一所建築學校。停靠在路邊那部小車應該是爲我拍照的那個觀光客開來的。

作者的祖父狄米崔・尼古拉維奇・納博科夫（Dmitri Nikolaevich Nabokov, 1827-1904），曾任俄國司法部長（1878-1885）。

作者的祖母瑪麗亞・馮・郭爾夫（Maria von Korff, 1842-1926），攝於一八五〇年代晚期。

作者的外祖母歐嘉・尼古拉芙娜・盧卡維什尼科夫（Olga Nikolaevna Rukavishnikov, 1845-1901），娘家姓寇茲洛夫（Kozlov）。攝於一八八五年左右，聖彼得堡。

作者的父親弗拉基米爾・狄米崔維奇・納博科夫（Vladimir Dmitrievich Nabokov, 1870-1922）和兄弟三人（由左至右，狄米崔、康斯坦丁和瑟格）攝於一八八五年左右。當時我父親已經快從第三大學預校（Third Gymnasium）畢業，準備進入大學就讀。那時他才十五歲。那時康斯坦丁叔叔（Uncle Konstantin）則約十一、二歲，仍接受家庭教師的指導。而我父親的哥哥狄米崔和瑟格當時已是俄羅斯帝國法學院的學生。

我和我弟弟瑟格（左），我兩歲，瑟格一歲（看起來一模一樣，只不過一個沒頭髮，一個有頭髮）。照片拍攝於一九〇一年十二月，在比亞里茨。那年冬天，我們本來是在波城（Pau），後來才來到比亞里茨。這是我第一次來到法國南部，只記得有一個閃閃發亮、溼溼的屋頂。一九〇七年秋和一九〇九年，我們又來到比亞里茨，另外在一九〇三年秋和一九〇四年初夏，去了蔚藍海岸。

我和父親一九〇六年在聖彼得堡合影。那年，父親三十五歲，我則是七歲。

作者的父親和母親艾蓮娜・伊凡諾芙娜・納博科夫（Elena Ivanovna Nabokov, 1876-1939，娘家姓盧卡維什尼科夫）攝於一九〇〇年，在聖彼得堡附近的維拉莊園花園的台階上。

一九一三年十月，我母親和她的哥哥瓦西里・伊凡諾維奇・盧卡維什尼科夫（Vasiliy Ivanovich Rukavishnikov, 1874-1916）合影。地點在庇里牛斯山波城，瓦西里的城堡階梯上。

家族照片，攝於維拉莊園的花園。這是聖彼得堡的一個攝影師幫我們拍的，時間是在一九〇八年八月。父親不久前才出獄，第二天就要和母親去斯特雷薩（Stresa）。樹幹上有個圓圓的東西，那是箭靶。我母親把上相的臘腸狗「火車」放在鐵桌上。我在第二章講到野菇的時候，曾提到這張桌子。相片中快從外祖母懷裡跌下來的那兩個孩子是我的兩個妹妹：在她膝上的是歐嘉，靠在她肩膀上的那個則是艾蓮娜。這照片是剪貼合成的，她在有生之年從來就沒抱過她們。那黑黑的背景就是我們莊園的林苑。穿黑衣的那個女士是我母親的姨媽普拉絲蔻薇亞（Praskovia Nikolaevna Tarnovski, 1848-1910），娘家姓寇茲洛夫。我父母去義大利旅行之時，我們兄弟姊妹的生活起居和家庭教師，就都由她來幫忙打點。抓著她左手肘的是我弟弟瑟格，我則坐在她的右手邊的椅子扶手上，心想那襯衫領子真討厭，斯特雷薩也討厭。

畫家巴克斯特（Leon Bakst）一九一〇年用粉蠟筆爲我母親畫的肖像畫（60公分×40公分）。那年，我母親三十四歲，地點是我們聖彼得堡房子的琴房。這張複製畫是在同一年畫的，由巴克斯特親自監督。他覺得我母親嘴唇的線條非常難畫。他有一次不知坐了不知幾個小時，只是畫這一部分。結果是驚人的神似，也代表他藝術發展的一個有趣的階段。我父母也建議他爲雪赫拉莎德芭蕾舞團畫一些水彩素描。大約二十五年後在巴黎，貝努瓦（Alexandre Bénois）告訴我，在蘇維埃革命爆發後不久，他收集到巴克斯特全部的作品，還有一些是他自己的作品，如那幅〈布列塔尼的雨天〉，都是從我們家的房子取下來的，後來送到亞歷山大三世博物館（即現在的國家博物館）。

作者照片，攝於一九一五年的聖彼得堡。

一九一八年十一月，作者十九歲，與兄弟姊妹合影，攝於雅爾達。么弟基利爾才七歲，大弟瑟格（十八歲）戴著無邊夾鼻眼鏡，身穿雅爾達大學預校的制服（可惜由於照片品質不良，他的臉看來有點怪怪的）；歐嘉十五歲；艾蓮娜十二歲（緊緊抱著那隻叫做「盒子二號」的臘腸狗）。

作者一九二〇年春在劍橋拍的照片。對於一個漸漸體會到康河好玩之處的俄國人來說，先喜歡上用槳划的小船，而不是一般的獨木舟或平底船，是很正常的。

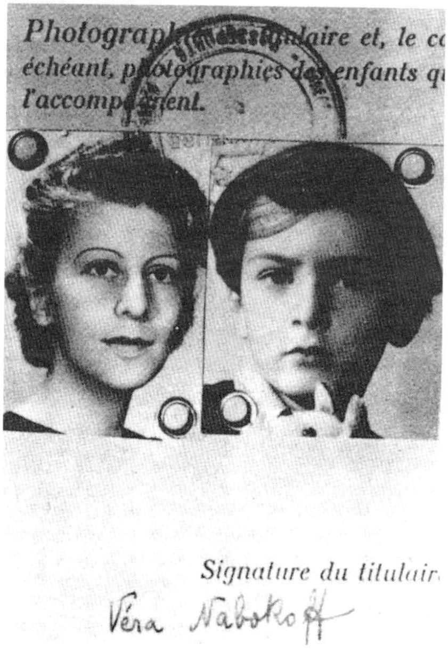

一九四〇年四月在巴黎從南森護照翻拍的照片。左邊的是作者的妻子薇拉，右邊是作者五歲的兒子狄米崔。正如最後一章所述，我們在幾個禮拜之後，也就是在五月，離開法國，我的歐洲歲月因此結束，本書也到此告一段落。

這是我在飯店房間寫小說的時候，薇拉偷偷幫我拍的照片。這家飯店是在東庇里牛斯省布盧的一家溫泉飯店，拍攝日期是一九二九年二月二十七日（正如相片一角的日曆所示）。那時，我正在寫一本叫做《防守》的小說，書裡描述一個瘋狂的棋手想出的防守招數。請注意那桌布的花色。在墨水瓶和塞得滿滿的菸灰缸之間，可以看得到那抽得剩下半包的高盧牌香菸。我把家人的照片靠在達爾編著的那四冊《生活俄語明解字典》上。那支深咖啡色、粗壯的筆桿已經被我咬得傷痕累累（這是我在歐洲二十年的寫作生涯心愛的文具，是小橡樹做的。到了美國之後，我把這筆桿放進大皮箱，寄放在紐約州綺色佳的教務長家裡。）我寫字的那隻手遮住了一疊昆蟲標本板。春季，在陰天的晚上，如果窗戶打開，蛾就會飛進來，停在我左手邊那明亮的牆面上。我們因此抓到了不少罕見的鳳蛾，狀況極佳，而且立刻做成標本（現存於美國的博物館）。這隨手拍的一張照片竟可做爲我的人生縮影，眞是難得。

記得多年前在聖彼得堡，我看過一個電車車掌出版的詩集。詩集中有張照片特別有趣。照片裡的他身穿制服，腳上穿了雙很牢靠的靴子，還有一雙新的橡皮套鞋擺在他旁邊的地板上。那位作者在攝影師燈光控制台的旁邊，採取立正姿勢，他父親的作戰獎章就掛在那台子上。那車掌聰明，攝影師也有先見之明！

這是我太太在一九三七年十二月初爲我和我們的三歲兒子狄米崔（生於一九三四年五月十日）拍的照片。我們站在法國蒙通(Mentone)赫斯珀里德斯(Les Hespèrides)的寄宿公寓前面。二十二年後，我們舊地重遊，發現這棟公寓一點都沒變，只有管理人員和門廊的擺設不一樣了。當然，此行自然有時光再現的喜悅——偶爾回到過去我們在歐洲待過的地方時，只有這一點有趣。還記得那年冬天的蚊子非常囂張。我才熄掉房裡的燈，不祥的嗡嗡聲即在我耳邊響起，那節奏聽來不慌不忙、憂鬱，還有點怯生生的，奇怪的是那惡魔昆蟲迴旋的速度卻是瘋狂地快。你在黑暗中等待，從床單下面小心翼翼地把手伸出來——然後，啪一聲用力甩自己一巴掌。你的耳朵隨即出現嗡嗡的耳鳴聲，那飛走的蚊子也在嗡嗡叫。第二天一早，你迫不及待，拿了捕蝶網尋找那隻吸血吸得腦滿腸肥的傢伙——只見白色的天花板上有一道粗粗短短、黑色的小條紋！

美國自然史博物館珍藏的納博科夫灰蝶。這裡的照片是由該博物館所攝，首次印行於出版品中。這種小型蝴蝶的兩種模式標本，上面的是淺藍色的，下面是淺灰色的。（左側上下皆雄蝶正模標本，也就是原始發表時所用的單一標本。有一隻後翼稍稍受損。右側上下則是雄蝶副模標本，即除了正模標本以外，用於比對研究的其他標本。）此蝶學名：*Plebejus*（*Lysandra*）*cormion* Nabokov。此學名中的第一個是屬名，第二個字是亞屬名，第三個字是種名，第四個字則是最初描述者的名字。我在一九四一年九月的《紐約昆蟲學會期刊》（第四十九卷第二六五頁）首先發表有關此蝶的發現。後來又針對副模標本的外生殖器發表一篇專文（見一九四五年十月二十六日出刊的《蛾：昆蟲學雜誌》第五十二卷）。正如我在文章中指出的，我認爲我發現的蝴蝶可能是銅色小灰蝶（*Plebejus*〔*Lysandra*〕*coridon* Poda）與默雷亞傑藍蝶（*Plebejus*〔*Meleageria*〕*daphnis* Schiffermüller）雜交而生的品種。如果是活的蝴蝶，只要是同一屬的，種和亞屬看起來的差異並不大。當然，看在分類學者眼裡，是嚴格分明的。我除了採集那兩隻雄蝶做爲標本，一九三八年七月二十日和二十二日，在阿爾卑斯濱海省的穆里涅特村一千兩百公尺以上的高地又看到兩隻以上的小藍蝶。二十日看到的是副模的，二十二日看到的則是正模的，都是雄蝶，沒看到任何雌蝶。也許這種蝴蝶的分類等級不夠高，不能算是新發現的蝴蝶，而不能取得一個正式的學名。也許這蝶是變化中的一種新品種、一種令人驚豔的變種或是偶然出現的雜交種，不管如何，都是令人欣喜、珍貴的罕見品種。

mark

這個系列標記的是一些人、一些事件與活動。

mark 62 說吧，記憶

Speak, Memory

作者：弗拉基米爾・納博科夫(Vladimir Nabokov)
譯者：廖月娟
責任編輯：楊郁慧　美術設計：何萍萍
法律顧問：全理法律事務所董安丹律師
出版者：大塊文化出版股份有限公司
台北市105南京東路四段25號11樓
www.locuspublishing.com
讀者服務專線：0800-006689
TEL：（02）87123898　FAX：（02）87123897
郵撥帳號：18955675　戶名：大塊文化出版股份有限公司

總經銷：大和書報圖書股份有限公司
地址：台北縣五股工業區五工五路2號
TEL：（02）8990-2588（代表號）　FAX：（02）2290-1658

初版一刷：2006年12月
定價：新台幣450元
Printed in Taiwan

Speak, Memory

說吧，記憶

Vladimir Nabokov⊙著
廖月娟⊙譯

目錄

導讀
當記憶說話的時候

張惠菁

從科學的角度，時間是條單向的射線。我們可以用計時器將時間畫分為分鐘、秒鐘，甚至更小的單位。每個小單位時間一樣長、一樣平等，一樣可以在算式中操作。

但當記憶對納博科夫說話的時候，自過去的暗影中開始湧現：一種香皂的氣味，一回神祕的落日，一隻從潮濕的野生菇蕈跌落的尺蠖，一個瀰漫著茉莉花香、蟋蟀狂叫的小車站……時間偏離了牛頓古典力學的宇宙。細節折射、繞生出更多細節。從那早已逝去的一分鐘，無止盡地衍生了更多的時間。

於是，死去的人活了過來，消失的世界重新打開，暮色中莊園的窗戶一扇接一扇亮了燈，等待著今晚賓客的到臨——那場使得訪客無法赴宴的戰爭，從未發生過。

弗拉基米爾・納博科夫是在十九世紀的最後一年出生於聖彼得堡，一九七七年死於瑞士。

如果只看起點和終點，人的一生也就是這麼簡單的一行字。稍微進入細節，才看到起點與終點之間的曲折路徑，既傳奇，也離奇。納博科夫出身貴族世家，在優渥的環境中度過童年。但俄國共產革命改變了這家人的命運。他們流亡到歐陸。母親把祖傳首飾藏在行李箱、甚至爽身粉盒中，逐個變賣以為流亡之資。父親本是俄國國會議員，後來在柏林一場政治集會中死於槍殺。一個弟弟因批評德國納粹政權，被囚禁到集中營，餓凍而死。

離開俄國時，納博科夫二十歲。他到劍橋完成大學教育，之後在柏林與巴黎生活了十八年，主要靠翻譯，教英語、教網球，編語言教材，幫報紙發明字謎維生。二戰爆發後他與妻兒流亡到美國，在大學教書，書寫改用英文，包括寫出了他最著名的作品《羅莉塔》(*Lolita*)。晚年與妻子移居瑞士。

他再沒有回過俄國——去世那年，柏林圍牆尚未倒下。

納博科夫要是生在另一個時代，應該會繼承龐大的家產，住在祖傳的莊園裡度過一生吧。就算他還是寫作了，寫出的作品也不會是《羅莉塔》。要不是俄國共產革命使得他舉家流亡，就不會有我們今天讀到的那些納博科夫作品了。當個人的際遇被一隻看不見的巨掌捺入集體歷史的肌理，人便像呼吸潮濕的空氣般呼吸一場戰爭、一次革命，以及它在生活中留下的氣味。

這樣說來，好像人是被動地受著歷史事件的擺弄？但又不盡然。在寫作回憶錄《說吧！

記憶》時，我覺得是世界的大歷史為納博科夫肅靜了。

乍看之下，書中所陳述的一切，是時間從納博科夫身邊奪去的——他以高度的細膩與詩意，呈現一個被劇烈世變剷平的昨日世界。但人並非只是時間的受害者。納博科夫不只一次聲明「我不相信時間」，而他也確實不受時間的線性結構所囿，一任畫面、氣味、聲音源源不絕地湧現。或許這正是他的方法，用以對抗單向的、科學律的、一去不返的時間。大量細節豐富的不只是過去，作為讀者，我們也交出一部分的未來由他塑造，這是納博科夫的時間魔法。

如果說，《羅莉塔》是一齣時間的悲劇（在那個故事裡，戀童癖的主角亨伯特痛苦地追索著他的小戀人羅莉塔，而她正無可挽回地長大、平庸地蒼老了），則《說吧！記憶》是納博科夫對時間的回答。

> 記憶若運用得巧妙，就可把在過去浮懸、飄蕩的聲音聚合起來，促成內在的和諧。我喜歡透過想像，使不和諧的和絃得到解決、變得完美。

時間，它具有強大的壓縮作用。即使是一個世紀的歷史，時間也能使它迅速扁平化，成為一個晚上閒聊的談資。但記憶，記憶的力量是放大、縮小、組合、整理的作用。它使壓扁了的時間膨脹起來，充盈，活絡。

我想試著用底下這個例子，猜測記憶如何對納博科夫說話。

納博科夫曾寫到他父親小時候製作的一個蝴蝶標本，他說「其中有個感人的細節」：蝴蝶標本的一隻翅膀彈起來了。那是因為當初製作標本的時候，有人過早把蝴蝶從固定翅膀用的板子取下所導致。

稍微粗心的讀者，很容易會略過這件小事不察：為什麼這是個「感人的細節」？

當納博科夫看見這個單隻翅膀彈出的蝴蝶標本，他同時看見的是，曾有一雙好奇的手忍耐不住，在翅膀還沒固定前就將它取下——而那個迫不及待取下蝴蝶的人，或許就是當時年幼的、納博科夫的父親？這位在帝俄末期為自由主義喉舌，最後死於他鄉柏林的貴族知識分子，在生命更大的風浪尚未捲來之前，曾是個好奇的、熱愛蝴蝶的少年。於是一個蝴蝶標本的小瑕疵，像家庭相簿一樣，在納博科夫眼前呈現了他父親幼年時的一個剪影。他在標本身上，看見了時間中發生過的事：當時他稚幼的父親，難以抵擋內心的興奮騷動，正把手往標本伸去。

細節之所以感人，是因為其中往往收藏著、揭示著，關於這世界過去與未來的身世——時間被壓縮，封存在蝴蝶標本中，是記憶與書寫，將它釋放。

但細節的意義，並不是對所有人都平等開放的。要不是納博科夫的暗示，誰會知道這個標本背後的故事？

或許，納博科夫的天賦與悲劇性都源自於此。他看見的細節，帶著過往存在的痕跡；痕跡的意義，則來自他失去的世界。對於生命經驗不同的人而言，那些細節太容易被忽視不顧了。就像莊園領主難以理解僕役的觀點，反之亦然。就像納博科夫曾說用英文寫作乃是他「個人的、與他人無關的悲劇」。作為一個異鄉人，流亡者，他在世界這本大書裡，處處讀到壓縮的時間密碼，但能翻譯、註解出來的，只是其中一小部分。

《羅莉塔》的尾聲，有一場著魔的追獵。當羅莉塔跟男人出走了，亨伯特駕車追趕，唯一的線索來自沿途旅館的房客登記簿。他的敵手也知道後有追兵，遂變換編造的假名投宿，在名字中暗藏著字謎，戲弄、撩撥那絕望的捕獵者。

《說吧！記憶》裡也處處有納博科夫埋下的字謎，為我們的閱讀增加不少障礙。但謎語及障礙，其實是一種訴說。那彷彿倨傲的聲調、知識的戲弄，其實是給素未謀面的讀者留下的線索。為了讓我們感受他所看見的世界、記憶對他說話的方式；也為保護那些記憶，不被時間壓扁，不在俗常的敍述裡平板化。像是高手過招，電光火石的劍招一出，其實是種交談——各自表述了武功的來路，經歷的鍛鍊。

記憶從失落的世界向納博科夫說話。而他留了後門，開給我們一條小徑，使我們窺見那世界中散發著微光的、我們不曾親歷的事物。但若你沿著小徑行走時，遭遇難解的字謎，請不要認為那是一種拒絕。那或許正是時間中的往事，在他身上留下的習慣與痕跡，就像那只蝴蝶標本的翅膀。那既是一種本色的顯露，因此也是他留給我們，既疏離又盛情的邀請。

致薇拉（Véra）

前言

這個作品是一系列相關的個人回憶文集，地理的跨度是從俄國的聖彼得堡到法國的聖納薩爾，時間則橫跨三十七個年頭，從一九〇三年的八月到一九四〇年的五月，只有少數幾個事件牽涉到之後的時空。在這一系列的文章中，我第一篇寫成的是第五章，本來是用法文寫的，三十年前也就是一九三六年，發表在柏朗（Jean Paulhan）主編的巴黎雜誌《度量》（*Mesures*），題目是〈O小姐〉（Mademoiselle O）。最近出現的一幀照片特別提到這件往事（見佛隆德〔Gisèle Freund〕出版的《喬伊斯在巴黎》〔*James Joyce in Paris*〕，書中有為《度量》寫稿的幾個作家和編輯圍著一張花園石桌坐著小憩的照片），只不過我被誤認為法國詩人奧狄柏提（Jacques Audiberti, 1899-1965）了。

我在一九四〇年五月二十八日移民美國，這篇〈O小姐〉由已逝的華德女士（Hilda Ward）翻譯成英文，經我修改過，在一九四三年一月發表在韋克斯（Edward Weeks）主編的《大西洋月刊》（*The Atlantic Monthly*）（我在美國寫的小說最初也是發表在這裡）。我在威爾森（Edmund Wilson, 1895-1972）的引薦下，開始為《紐約客》（*The New Yorker*）寫稿，第一篇是一九四二年四月發表的一首小詩❶，後來還有短短的幾首，而我的第一篇散文則是到一九四八年一月三日才問世，題為〈我舅舅的畫像〉（Portrait of My Uncle）（見本書第三章）。那篇是在一九四七年六月寫成的，那時我們一家三口去科羅拉多州埃思特斯公園，投宿於科倫拜旅舍。要不是《紐約客》的創辦人和主編羅斯（Harold Ross, 1892-1951）與我往昔的幽魂那麼投緣，我也不會在科羅拉多待那麼久。這本雜誌也刊載了我後來寫的幾篇：第四章〈我的英文教育〉（My English Education, 27 March 1948）、第六章〈蝴蝶〉

❶即〈文學晚餐〉（A Literary Dinner）一詩。

(Butterflies, 12 June 1948)、第七章〈柯蕾特〉(Colette, 31 July 1948)、第九章〈我的俄文教育〉(My Russian Education, 18 September 1948)。這些都是在麻州的劍橋寫的，我身心飽受壓力的一個時期。之後還有第十章〈序幕〉(Curtain-Raiser, 1 January 1949)，第二章〈我母親的畫像〉(Portrait of My Mother, 9 April 1949)、第十二章〈塔瑪拉〉(Tamara, 10 December 1949)、第八章〈幻燈片〉(Lantern Slides, 11 February 1950)。羅斯曾問，我來自一個什麼樣的家庭。為了答覆這個問題，我寫了第一章〈完美的過去〉(Perfect Past, 15 April 1950) 和第十五章〈花園和公園〉(Gardens and Parks, 17 June 1950)，這兩篇都是在紐約的綺色佳寫的。

最後的三篇，第十一章〈第一首詩〉(First Poem, September 1949) 和第十四章〈流亡〉(Exile, January-February 1951) 刊在《宗派評論》(*Partisan Review*)，第十三章〈蝸居三一巷〉(Lodgings in Trinity Lane) 則原載於一九五一年一月的《哈潑雜誌》(*Harper's Magazine*)。

譯成英文的〈O小姐〉曾收錄在《九個故事》(*Nine Stories*) 中出版 (New Directions, 1947)、《納博科夫的十三篇》(*Nabokov's Dozen*) (Doubleday, 1958; Heinemann, 1959; Popular Library, 1959; Penguin Books, 1960)，在後來的選集中我也放進〈初戀〉那一章[2]，那篇也是許多文集編者的最愛。

本書各章從最初發表日期的先後來看，次序顯得很怪異，但是哪一章該擺在哪裡，我心裡有數，遂成今天這個版本的順序。其實，早在一九三六年，第一塊基石放好之後，各章順序已經確立。那塊基石藏身的洞穴裡還有許多地圖、時間表、各式各樣的火柴盒和一小塊像紅寶石的玻璃。我現在才恍然大悟，除了那些，還包括我從日內瓦湖的陽台上看到的景色、湖水泛起的漣漪和光亮如鏡的部分，以及今日下午茶時分出現的點點黑影——那是白冠雞❸和鳳頭潛鴨❹的身影。因此，我輕而易舉就把各章收攏起來，交由紐約的哈潑兄弟（Harper & Bros.）在一九五一年出版，書名為《最終證據》（*Conclusive Evidence*），做為我存在的最終證據。不幸，這書名聽起來像偵探小說，計畫在英國出版時，書名擬作《說吧，倪摩瑟妮》（*Speak, Mnemosyne*）❺，但有人告訴我：「小老太婆不會想買一本連書

---

❷即第十二章〈塔瑪拉〉。

❸白冠雞：學名 *Fulica atra* 的冬季候鳥，身長約四十公分，一身黑，但嘴和額板是白色的，趾間有半蹼。

❹鳳頭潛鴨：*Aythya fuligula*。

❺倪摩瑟妮：希臘神話中掌管記憶的女神，也是九繆思之母，此外雲紋絹蝶（*Parnassius mnemosyne*）的學名中也有 mnemosyne 這個字。納博科夫在本書第一章前一頁畫的地圖，左上角那隻蝴蝶即雲紋絹蝶。

名都唸不出來的書。」我也玩味過《忍冬飾》（*The Anthemion*）這個書名。忍冬飾是一種忍冬葉片裝飾圖案，看起來有複雜交錯、不斷叢生的效果。可惜，沒人喜歡這名字。最後，我們決定用《說吧，記憶》（*Speak, Memory*，Gollancz, 1951; The Universal Library, N.Y., 1960）。此書各國語言譯本有：俄文版由我本人親自翻譯（The Chekhov Publishing House, N.Y., 1954）書名為 *Drugie Berega*；法文版（書名 *Autres Rivages*）由達維特（Yvonne Davet）譯（Gallimard, 1961）；義大利文版（*Parla, Ricordo*）是奧德拉（Bruno Oddera）譯的（Mondadori, 1962）；西班牙文版（*¡Habla, memoria!*, 1963），貢薩雷斯（Jaime Piñeiro Gonzâles）譯；德文版則是辛默（Dieter E. Zimmer）譯（Rowohlt, 1964）。所有必要的書目資料都在這裡了。當年出版《納博科夫的十三篇》有批評家神經過敏，對我書末的注解感到不耐，為了避免舊事重演，《說吧，記憶》便在開場白進行催眠，希望大家不知不覺地就接受了。

我在美國寫第一個版本時，由於家庭史幾乎付之闕如，這麼寫像是斷了條腿、缺了胳膊似的。因此，在我發覺記憶可能出錯之時，無從查證。我父親的傳記如今已增訂好了。我這本回憶錄也修補了不少，特別是前面的幾個章節。書中有些地方像緊閉的括號，現在也已開啓，讓活生生的內容得以潑灑出來。此外，每次我在為各個不同的版本校對時，發現我在描述一個重要事件隨意提到的某樣東西，那個在事實上不具有意義的東西總讓我頭疼，我讀了又讀，花了很大的心力去修改之後，那副武斷的眼鏡（倪摩瑟妮必然比任何一個人更需要這眼鏡）終於變成另一樣東西：一個牡蠣殼狀的香菸盒清晰地顯現在我腦海，在維拉莊園附近那條「吊死鬼的房間」白楊樹下溼潤的草地上閃閃發光。一九〇七年六月，我在莊園西邊很遠的地方發現一隻天蛾，而四分之一個世紀以前，我父親也在我們那片林地的北邊用網子捕到一隻孔雀蛺蝶❻。

一九五三年的夏天，在亞歷桑納州波特附近的一個農場，在奧勒岡州艾許蘭的租屋，還有在西部和中西部許許多多的汽車旅館，我想辦法在捕蝶和寫小說（那時我在寫《羅莉塔》和《普寧》）之間擠出時間，在我妻子的協助下，把《說吧，記憶》譯成俄文。由於我覺得難以在這本回憶錄中重現我在小說《天賦》（*Dar*）精心營造的一個主題，索性刪掉了一整章（即第十一章）。然而，我也修改了很多段落，為原版本記憶不清之處補強，讓原來的空白、髒污和模糊之處得以變得清晰。我發現有時藉由高度的專注，可以把污漬轉化為

---

❻學名為 *Inachis io* 的蝴蝶，蝶翅為棕紅色，前翅尖端有一眼斑酷似孔雀尾翎，後翅外緣有一個大眼斑。

美麗的焦點，過去的一個景象突然變得清楚了，原來叫不出名字的僕人叫什麼終於想起來了。在目前這個最終版本，我修改了很多地方，比起最原始的英文版要豐富得多，而我自己在譯成俄文時又做了些改正。這個根據俄文修訂版而來的英文校訂版，也就是我用英文再述說一次俄國回憶，這任務雖然艱鉅萬分，但想到這樣如蝴蝶般不斷蛻變的文本可說前所未見，還是覺得不枉費功夫。

記憶有時會出現變體，擁有這種記憶的人或是這種記憶的受害者，最好不要寫自傳。最糟的一種記憶變體莫過於把自己的年齡和世紀的年齡畫上等號。本書初版因此不斷出現這種年代錯誤。例如，我是在一八九九年出生的，到了一九〇三年的春天，我還算三歲，但到了那年的八月，那個鮮明的「三」代表的是十九世紀的第三個年頭，而非我的年齡，我其實已經四歲了，像有彈性的乳膠枕頭那樣四平八穩的「四」。同樣地，在一九〇六年的初夏，也就是我開始捕捉蝴蝶的那個夏天，我已經七歲，早先版本第二段說的六歲是錯誤的。我們不得不承認，倪摩瑟妮這女孩太粗心大意了。

本書所有的日期都是新曆：俄國舊曆在十九世紀比起其他文明國家晚了十二日，到了二十世紀初期變成相差十三日。從舊曆來看，我是在十九世紀最後一年的四月十日黎明出生的，然而假設我甫出生那一刻就被送到其他國家，比方說德國，那一天該是四月二十二日。但是，到了二十世紀，因為革命和流亡，我每年過生日（唉，這生日是一年過得不如一年），家裡的每一個人，包括我自己，已經放棄了舊的儒略曆❼，改行葛雷果里曆，因此把舊曆加上十三日，忘了我出生那日的新曆其實應該加十二日。這真是個嚴重錯誤。怎麼辦？我發現我最新的一本護照出生日期也是印「四月二十三日」——這天也是莎士比亞的生日，我外甥弗拉基米爾・席科爾斯基、秀蘭・鄧波兒和海瑟・布朗❽也都是這一天出生的（布朗還和我共用一本護照呢）。這就是問題所在。由於我的算術不靈光，所以就算了。

闊別歐洲二十年後，我才搭船回去，斷了線的親朋好友又連繫上了。家人團聚之時，還拿我的《說吧，記憶》來評判一番。他們查核我寫的日期和事實的細節，發現有很多地方我都寫錯了，而且認為我該對那模糊的記憶探索得更深一點。此外，還對我寫的一些事

❼儒略曆：凱撒大帝在公元前四十五年發明的。一年有十二個月，大月（單數月）三十一日，小月（雙數月）三十日，平年二月有二十八日，閏年二月則有二十九日，一年近似三百六十五又四分之一日，大約每一百二十八年就有一天誤差。

❽秀蘭・鄧波兒（Shirley Temple, 1928-），美國三〇年代最著名的童星。海瑟・布朗：（Hazel Brown）。

嗤之以鼻，認為那不過是傳說或謠言。如果真有其事，不過是和某個事件或時期相關，而非我薄弱記憶中的那一回事。有關家族史，我堂弟瑟格・塞吉維奇・納博科夫❾給我不少寶貴資料。我的兩個妹妹氣呼呼地抗議我對全家去比亞里茨旅行的描寫（第七章開頭）不正確，還舉出一些細節證明我說的不對，她們才不是「和保姆與姑姑」跟在後頭。有些事因為少了某些文件資料，無法查證，現在索性刪除，以免破壞事實。然而，由於我找到了和祖先與其他人物有關的史料，就在這最後一個版本的《說吧，記憶》加入。我希望有一天能再寫一本《繼續說吧，記憶》，寫我的美國歲月，也就是從一九四〇年到一九六〇年：在我的線圈和坩鍋裡，有些容易揮發的東西正在消散，還有一些金屬也在熔化。

讀者可從現在這個版本發現一些零星段落，做為我小說的參考資料，但大抵而言，我覺得我花那麼多心血寫出來已經夠了，那些東西還是留在原來的地方比較好。最近我有些俄文小說出了英譯本，我在前言對過去我在歐洲寫作的日子做了相當詳細而且活生的描

---

❾瑟格・塞吉維奇・納博科夫：（Sergey Sergeevich Nabokov, 1902–98）。

述。這幾本包括《防守》(*Zashchita Luzhina*,1930; *The Defense*, Weidenfeld & Nicolson, 1964)、《絕望》(*Otchayanie*, 1936; *Despair*, Weidenfeld & Nicolson, 1966)、《斬首之邀》(*Priglashenie na kazn'*, 1938; *Invitation to a Beheading*, Weidenfeld & Nicolson, 1959)、《天賦》(*Dar*, 1952、*The Gift*, Weidenfeld & Nicolson, 1963) 和《眼睛》(*Soglyadatay*, 1938、*The Eye*, Weidenfeld & Nicolson, 1965)。更詳細的書目資料請參看辛默整理的《納博科夫作品總目》(*Vladimir Nabokov Bibliographic des Gesamtwerks*, Rowohlt, 1st ed. December 1963; 2nd revised ed. May 1964)。第十四章描述的棋步收錄在立普頓、馬修與萊斯 (Lipton, Matthews & Rice) 合著的《棋題》(*Chess Problems*) 一書 (Faber)。我自己想出來最得意的棋題是「白子撤退」。我把這棋題獻給澤諾斯科—波羅夫斯基 (E. A. Znosko-Borovski)。他在一九三〇年代（一九三四年?）在巴黎發行的俄僑日報《最後消息》(*Poslednie Novosti*) 刊登了這個棋題。然而我對棋子的佈局還不夠清晰，因此無法寫成棋譜，或許有一天某個熱愛「夢幻棋題」的人會在一間受到庇蔭的圖書館找到。那裡有舊報紙的微縮膠捲——我們的記憶應該也都是用這種方式保存在腦中吧。第一版的書評人比較粗心，只有一個人注意到我在第八章第二節第一段影射佛洛伊德[10]，而且沒有人發現第十一章第二節的最後一個句子，我是向某一位漫畫家致敬[11]。這要作家自個兒說穿，可真令人難為情。

為了避免傷害生者或讓死者在地下不得安寧，有些真實姓名已經改成化名。這些名字在索引中都加上引號做為標示。本書索引的主要目的是為了我自己方便，列出與我過去相關的人物和主題。庸俗的人必然不喜歡我這索引，然而明察秋毫的讀者或許會因而驚喜，僅僅因為——

索引的窗子
攀爬出一枝玫瑰
時而，一陣微風來自
黑海⑫，輕輕地吹。

---

⑩影射佛洛伊德：參看該章譯注。⑪向某一位漫畫家致敬：參看該章譯注。

⑫典出歐維德（Ovid, 43BC–17AD）《來自黑海的書簡》（*Epistulae ex Ponto*），歐維德在這些信裡寫出流亡的苦難人生。

Through the window of that index
Climbs a rose
And sometimes a gentle wind *ex*
Ponto blows.

弗拉基米爾・納博科夫
一九六六年一月五日
寫於瑞士・蒙特勒

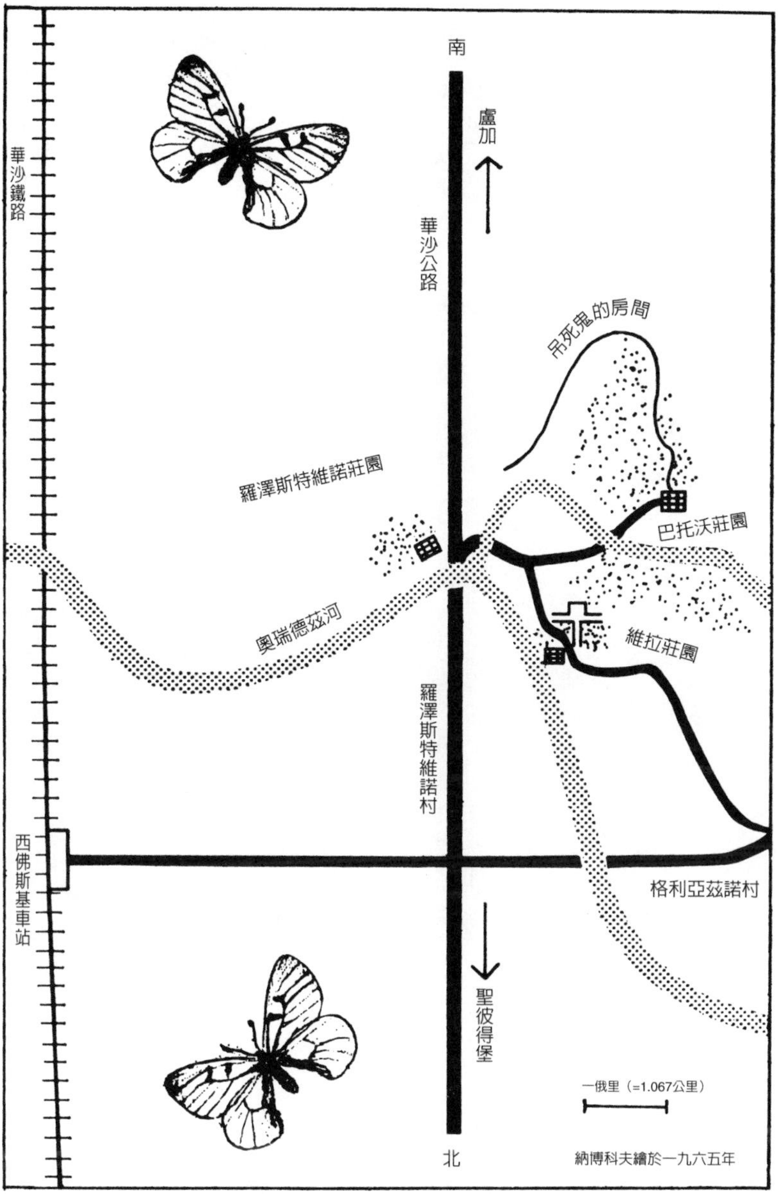

納博科夫家族在聖彼得堡地區的地產

第一章

1

搖籃在深淵之上搖啊搖。常識告訴我們：存在不過是一道光縫，稍縱即逝，前後俱是黑暗的永恆。人凝視自己出生前的那個深淵，總是平靜得多，不像朝向另一個的時候（每小時心跳四千五百下）——儘管這兩個深淵有如孿生子。我知道有個得了時間恐懼症的年輕人，初次觀看自己出生前幾個禮拜拍攝的家庭生活影片，就非常驚懼。他看到了一個幾乎沒有改變的世界：同樣的房子，同樣的人，他卻不在那個世界裡，也沒有人因為看不到他而悲傷。他看見母親的身影出現在樓上的窗口。她揮揮手。這個陌生的動作就像某種神祕的告別手勢，讓他覺得焦慮不安。擺放在門廊的一部全新的嬰兒車更使他害怕。這嬰兒車有種傲睨自若、步步進逼的氛圍——就像棺材，雖然裡頭是空的。而他，彷彿已在事件逆向發展的過程中粉身碎骨。

對年輕人來說，這種幻想其實並不陌生。換句話說，生命的最初與最終都難脫一種青澀，除非可能有某種可敬而嚴峻的宗教來引導。一個成熟的人或許該照自然的指望泰然接受生前和死後那兩個漆黑的虛空，就像接受兩者之間種種光怪陸離的光景一般。想像——永生者和不成熟的人最大的樂趣——應該受到限制。為了享受人生，我們更該知道適可而止。

然而，我不甘心如此。我有一種衝動，想要反抗，圍堵自然。我一再拚命，在我生命兩頭冷冷的漆黑中尋找那一丁點屬於我自己的光和熱。黑暗不過是時間之牆造成的；牆的這邊是我和我那淤青的拳頭，另一邊就是永恆的自由世界。我擁抱這樣的信念——那些臉上塗著豔麗油彩的野蠻人也是。我在思想裡往回走，這思想的路愈走愈窄。最後，走到一個很遠、很遠的地方，我在那兒摸索，想要找到一個祕密出口，卻發現時間監獄是環狀的，沒有出口。除了自殺，我什麼都試過了。我曾隱藏身分，裝作是再普通不過的鬼魂，潛入我出生以前的那個世界。在我的心靈之旅，我曾勉強讓維多利亞時代的女性小說家和退休上校❶與我為伴。他們記得前世曾是羅馬道路上的奴隸信差，或是西藏拉薩柳樹下的聖者。我在最陳舊的夢裡，找尋解答和線索，同時我要聲明，我徹底揚棄佛洛伊德那個粗俗、殘破的中古世界。千方百計找尋性的象徵（有如在莎士比亞的作品裡尋找培根式的離合詩❷），實在是一種怪癖。更別提那個愛偷窺、尖酸刻薄的小胚胎❸，在天然的隱匿之處窺

---

❶退休上校指奧爾卡特（Henry S. Olcott, 1832-1907），曾在美國內戰服役，後來成為律師，寫了很多討論靈魂學的書。一八七五年和布拉瓦斯基夫人（Madame Blavatsky, 1831-91）創立神智學社（Theosophical Society）。

❷離合詩（acrostics），一種文字遊戲或詩謎，由詩歌各行首個字母、尾個字母或其他特定處的字母組合成詩句的獨特結構。

❸見佛洛伊德在〈來自嬰幼期神經症的生活史〉（From the History of an Infantile Neurosis，一九一八年著，一九二三年修訂，即著名的〈狼人生活史〉一文）的分析。病人是個俄國貴族，在四歲生日之前做了個噩夢，夢見自己變成狼人。佛洛伊德從病人無意識的記憶，或許還包括幻想去尋找噩夢的來源，發現這個病人曾在十八個月大的時候看見父母交媾。佛洛伊德也在〈兩性生理差異的心理結果〉（Some Psychical Consequences of the Anatomical Distinction Between the Sexes）一文中提出「原始場景」（primal scene）的觀念，指幼兒時期聆聽或眼見父母交媾而有最早的性興奮經驗。這個經驗也和孩童整體性欲發展相關。

視父母的情愛生活。

時間，乍看之下無邊無際，因此一開始我沒發現它是個監獄。在探索孩提時期之時（僅次於探索自我的永恆），我看到逐漸醒轉的意識，就像一道接著一道而來的閃光，閃光間隔逐漸縮小，最後變成一大塊亮晃晃的區域，讓記憶在此滑溜之地暫留。很早，差不多在我學會數字的同時，我也會開口說話了，但我內心對我之所以為我、我父母之所以為我父母的認知似乎比較晚，直到我發現自己和父母年齡之間的差距時。那種頓悟就像強烈的陽光，穿過層層疊疊的綠葉，入侵我的記憶，留下葉狀斑點。那一刻或許就是我母親的生日——在夏日將盡的鄉間，我提出問題，得到答案之後在內心思忖一番。這一切都必須根據重演論❹的原則。我們最遙遠的祖先腦海裡最初出現反思意識之時，必然就是最初可以感受到時間的時候。

因此，在我知道自己年齡（四歲）和父母的年齡（分別是三十三歲和二十七歲）之間

❹重演論（recapitulation），十九世紀末演化生物學家海克爾（Ernst Haeckel, 1834-1919）認爲，「個體發生」會重演「種族發生」（"Ontogeny recapitulates phylogeny."），也就是人類胚胎發育過程會重現祖宗演化的各個階段。海克爾提出胚胎圖做為證據，後來有人發現這些胚胎圖其實經過「藝術加工」。

的關係，從而發現一個新鮮、簡潔的公式，那一刻不禁教我欣喜欲狂，有如第二次接受洗禮，比五十個月前的那次洗禮神聖得多。（在先前那次希臘正教的洗禮中，我哇哇大哭，被淹個半死。母親雖然按照傳統習俗迴避，但是眼見威特文尼斯基神父這位大長老快搞砸了，忍不住從半掩的門後面提醒他。）這回，完全拜時間這個因素之賜，我覺得沐浴在流動的亮光中。凡是浸淫在時間之流的人，都能分享這種興奮，就像一同沐浴在燦爛海水中的人。這是個和空間世界截然不同的環境，不只是人，連猩猩和蝴蝶也能有同樣的感受。在那一刻，我明白感受到，那一身柔和的白和粉紅、牽著我左手的二十七歲婦人就是我的母親，而穿著耀眼的白和金、牽著我右手的三十三歲男士，就是我的父親。他們並肩齊步，中間的我踩過一個個光點，走在小路中央，一下子昂首闊步，一下子小跑步，然後又神氣地邁開大步向前行。那條小路在何方？今天，我馬上就可指出確切地點，也就是在舊俄聖彼得堡鄉間維拉莊園林苑裡的那條橡樹巷。其實，我現在可從遙遠、孤立、幾乎未曾居住過的時間之脊，望見小小的我，在一九〇三年八月的一天，慶祝有識之身的誕生。如果在我剛出生那朦朦朧朧的世界中，那握著我左手和右手的人曾經出現，必然是戴著溫柔的面具，不知是何人也。但此時父親一身戎裝——騎兵隊制服英挺耀眼，胸甲光滑、金光閃閃，就像太陽。往後有好幾年，我一直很注意父母的年齡，時時提醒自己，像一個焦急的旅客怕新買的手錶時間不準，頻頻問人家幾點一樣。

其實，父親在我出生之前早就退役了。我想，那天他會穿上舊軍裝，配戴那些飾物，不過是節日到了讓大家開開心罷了，無異於一個玩笑，然而這玩笑卻是我意識最初的吉光片羽——玩笑因而有了重演論的意味，因為地球上最早有時間感的生物，也是第一個會笑的。

2

我四歲的時候，喜歡在這麼一個原始洞穴玩耍（可不是佛洛伊德神祕主義者可能想到的洞穴）。維拉莊園的一間客廳有張很大的印花布面長椅，白底之上有黑色三葉草的圖案。在我心中，這張長椅就像是在天搖地變之後的史前時代出現的龐然大物。歷史，在美好希臘的應許下，從長椅另一端附近的角落展開。那裡有一大盆繡球花，淡藍和淺綠的花瓣遮蔽了黛安娜女神大理石半身雕像的底座，使之半隱半現。那貴妃椅靠著的那堵牆上方有一幅烏木鑲框的灰色版畫，標示著另一段歷史：拿破崙戰役，在此真正的敵人其實是插曲和諷喻。我們可以看到，畫中的人和物，全都聚集在同一個視覺平面：一個受了傷的鼓手、一匹死馬、戰利品，一個士兵拿著刺刀正要刺向另一個人，無敵的皇帝和他的將軍在凝滯的戰鬥中擺姿勢。

如果有大人幫忙，先用雙手，加上一隻強壯的腿，就可把長椅從牆壁移開幾吋，形成一條狹窄的通道。接下來，大人再幫我把長長的椅墊覆蓋在通道上方，然後拿兩個靠墊堵住通道兩頭。好了，這時我就可以在那漆黑的隧道爬行。真是太好玩了。我會在裡頭待一會兒，傾聽耳朵裡的歌聲——藏身在塵垢中的小男孩該多麼熟悉那種孤獨的震顫。接著，一陣令人興奮的驚恐襲來，我的雙手和膝蓋飛快前進，最後終於到了隧道那遙遠的盡頭。我推開靠墊，迎向我的是陽光篩過曲木藤椅在拼花地板上投射出來的網眼，還有兩隻蒼蠅鬧著玩似的輪流停駐在地上。我還會玩另一種感覺比較夢幻、細緻的洞穴遊戲：清晨醒來的時候，我會用床單做一個帳篷。我就躲在這有點陰暗的洞穴裡，讓想像以一千種朦朦朧朧的方式，在床單形成的雪崩陰影中戲耍，在穿透布面的微光中打轉——我想像那微光來自一個極其遙遠的地方，那裡有許多湖泊，奇異、蒼白的動物在其間遊盪。記得小時候睡的嬰兒床兩側有毛茸茸的棉布條護網，想起那小床，過去把玩水晶蛋的快樂又回來了。那顆水晶蛋不知是哪個復活節留下的，有著石榴石色澤，很美，硬硬的，摸起來很舒服。我常咬著床單一角，濡溼之後，就把那顆水晶蛋緊緊地包起來，我常常舔啊舔，直到蛋的亮光和色彩奇蹟似地顯露無遺，我就可細細欣賞那暖洋洋的紅光。然而，這還不是我吃過的最美的東西。

宇宙真小（小到一隻袋鼠的袋子就裝得下），和人類意識（一個人的回憶及追憶的文字）相比，又是多麼微不足道、多麼渺小！或許我過於熱愛自己童稚時期的印象，然而要是沒有這些印象，我如何到得了真正的伊甸園，一個看得到，也摸得到的地方。一九〇三年的秋天，我隨著家人出國旅行。一晚，我們搭乘臥車（或許是地中海豪華列車❺，這列車很久以前已經停駛了，有六節車廂，車體下半部漆成赭紅，而車廂內部則是奶油黃）。我還記得我跪在（有點扁平的）枕頭上面對車窗，看著幾盞絕美的燈光從遠方的山丘對我召喚，心裡有一種難以言喻的痛楚。我把這些燈光收入我的黑天鵝絨口袋，變成鑽石，日後再分送給我小說中的角色，好減輕這財富的負擔。我或許已經知道如何把鋪位上方緊鎖的百葉

❺地中海豪華列車（Mediterranean Train de Luxe），一九〇三年九月，納博科夫全家人搭乘地中海豪華列車到巴黎，讓納博科夫三歲大的弟弟瑟格在那裡接受手術治療。見 Brian Boyd 著《納博科夫的俄國歲月》（*Vladimir Nabokov: The Russian Years, 1899–1940*, New Jersey: Princeton University Press, 1990, p. 48）。

窗鬆開，然後推上去。儘管我的腳丫子已經冷冰冰了，我還是一直在那兒跪著、盯著外頭。沒有什麼能比這些最初的震顫更甜美、更陌生的了。這些都屬於一個完美的童年，一個和諧的世界，在人的記憶中具有自然的塑性，幾乎不必費勁就可成形，只有回想起青春期的時候，記憶女神才會變得挑剔、執拗。此外，就貯存印象的力量而言，我這一代的俄國兒童都歷經天才時期，命運彷彿看我們這些孩子可憐，將在一場巨變中失去我們知道的那個世界，因此盡己所能地多給我們一點。等到一切貯存完畢之後，天才就消失了，就像其他有特殊才能的神童——俊美的鬈髮少年揮舞著指揮棒或馴服巨大的鋼琴，最後卻成了身懷隱疾的二流音樂家，眼神流露憂傷，娘娘腔的屁股隱隱約約有畸形的樣子。儘管如此，個人祕密依然魅惑著傳記作家。不管在後天環境或先天遺傳，我都找不到那個造就我的工具——那個不知名的滾輪，在我的生命中壓出某種精細繁複的浮水印，經藝術之燈一照，在生命的大頁紙❻上閃閃發光。

---

❻大頁紙（foolscap），原意為小丑帽，指書寫或列印用的大頁紙，上有圓錐形小丑帽的浮水印圖案。

3

為了給我的童年回憶正確的時間定位，我只能接受彗星和日蝕的指引，就像史學家處理一則北歐傳奇的短簡殘篇。其他事情的話，資料倒是不缺。例如，我看見自己爬上海邊潮溼的黑色岩石。無精打采、鬱鬱寡歡的家庭教師諾柯特小姐已帶著我弟弟瑟格沿著彎曲的沙灘走遠了，她還以為我一直跟在後頭呢。我戴著玩具手環，在岩石上爬行，口中唸唸有辭，像在唸什麼咒語似的，嘀咕個不停，好像從中得到莫大的滿足。那是一個英文單字：「childhood」，聽起來既神祕又新奇，這個字在我那塞了太多東西、鬧哄哄的小小心靈中與羅賓漢啦、小紅帽啦、駝背老神仙的棕色頭巾等混在一起，使我覺得愈來愈怪異。岩石上有些小小的凹洞，微溫的海水滿溢，我在小小的藍寶石水窪上編造咒語，用富有魔力的語調喃喃自語。

那個地方當然就是亞得里亞海的阿巴濟亞❼。我手腕上的東西看起來像別緻的餐巾環，是半透明的賽璐珞做的，有淺綠的，也有粉紅的，其實是從一棵聖誕樹取下來的；那是幾個月前在聖彼得堡和我同年的漂亮堂妹安雅送我的禮物。我對這手環愛不釋手，後來內緣出現黑色線條。我在夢裡得到定論：那必然是在費尤梅❽附近一家可怕的理髮店發生的，剪下來的頭髮不知怎麼和我的淚水一起掉進那個亮晶晶的東西裡面。同一天，我們在河邊一家咖啡館，就在服務生端來我們點的東西時，我父親注意到隔壁桌子坐著兩個日本軍官。我們立刻走人。我在倉促之下，把整大團檸檬冰霜塞在嘴裡，那冰霜在我那冰得發疼的嘴裡慢慢融化。那年是一九〇四年，我五歲，俄國正和日本交戰❾。我津津有味地翻看諾柯特小姐訂的英國畫報，上面印了日本畫家描繪戰爭的畫作。畫中的俄國火車看起來就像玩具一樣，真是奇特。如果我方軍隊在貝加爾湖的危冰上架設鐵軌，這些火車必然會沈下去。

不過，我想，我和那場戰爭應該在更早之前就有了關聯。同一年年初的一個下午，我們在聖彼得堡的家裡，我在大人的帶領下從兒童房走進父親的書房，向我們家的友人庫洛

---

❼阿巴濟亞（Abbazia），在今克羅埃西亞的歐帕堤雅（Opatija）。

❽費尤梅（Fiume），瑞耶卡（Rijeka）的舊稱，位於克羅埃西亞西邊的一個城市。

❾日俄戰爭爆發於一九〇四年二月六日，日本與沙皇俄國為了侵占中國東北和朝鮮，進而爭奪亞洲及太平洋霸權，在中國東北地區進行的一場帝國主義戰爭，結束於一九〇五年九月五日。

派特金將軍❿問好。他那包裹在軍服底下的身軀很結實，而且會發出一點點吱吱嘎嘎的聲音。他在長椅軟墊上，跟我玩排火柴的遊戲。他把十根火柴頭尾相連，排成一條水平線，說道：「這是風平浪靜的大海。」然後使之傾斜，每兩根尖端靠在一起，成了鋸齒狀的線條——那是「狂風暴雨中的大海」。接著，他把火柴弄亂，我希望看到更巧妙的戲法，不料被打斷了。有人帶他的副官進來，這副官在他耳邊嘀嘀咕咕，不知說些什麼。庫洛派特金喉嚨發出一聲俄國式的、激動的咕噥聲，拖著沈重的身軀起身，那些散落在長椅上的火柴隨即跳了起來。就在那一日，他被任命為俄軍在遠東的最高統帥。

十五年後，這段插曲還有個特別的續集。那時，由於聖彼得堡已被布爾什維克黨人占領，父親於是避走南方。他在走過一座橋的時候，一個身穿羊皮襖、留著白鬍子的老人過來跟他搭訕。那人看起來像是莊稼漢。他向我父親借個火。他們旋即認出對方。但願老庫洛派特金一身鄉下人的裝扮能逃過蘇維埃政府的追捕。不過，這不是重點。我很高興能夠

❿庫洛派特金將軍（Aleksey Nikolayevich Kuropatkin, 1848-1925），俄國將軍。日俄戰爭時，在中國東北指揮俄軍，結果連遭敗績，後來被解除總司令一職。

看到火柴主題的演化：他給我看的那些神奇的火柴早就不知道丟到哪裡去了，他的軍隊也已經消失，什麼都失落了，就像我的玩具火車——一九〇四年歲末到一九〇五年初的那個冬天，我們去德國維斯巴登，住在歐蘭尼恩旅館，我把我的玩具火車放在旅館庭園結冰的水潭上行駛，結果沈了下去。我想，自傳的真正目的，就是在生命中追尋這種不期然顯現的主題。

4

俄國不但在遠東慘敗，國內局勢也動盪不安、暗潮洶湧。我們在國外度假勝地逍遙了近一年，最後母親還是返回聖彼得堡的家，絲毫不怕國內發生的一切。時值一九〇五年初，國家需要我父親回到首都。翌年舉辦第一次國會大選，結果憲政民主黨贏得多數席位，我父親也是這個黨的創建人之一。那年夏天，有一次他回到我們在鄉下的家小住，得知我和弟弟能讀寫的語文居然是英語。我們會說的俄語，只有 KAKAO（可可）和 MAMA（媽媽），對他這個愛國者來說非常震驚，於是決定請村裡的小學校長每天下午到我們家給我們上課，並帶我們去散步。

我的第一件水手服附的哨子發出一陣尖銳、歡樂的哨音。我的童年就用這哨音呼叫我，帶我回到遙遠的過去，和我的老師握手。這位名叫瓦西里・馬丁諾維奇・澤諾斯科夫的老師，讓人見了就歡喜。他留著毛茸茸的棕色鬍子、頭頂微禿，有著一對青瓷般的眼珠，有一邊上眼瞼冒出一顆惹人注目的小瘤。他來上課的第一天，帶了一盒超好玩的小方塊，方塊的每一面都印著不同的字母；他小心翼翼地拿出這些方塊，像是捧著無比貴重的東西。的確如此（這方塊還可以用來做很棒的隧道，讓我的玩具火車通行）。由於父親的緣故，村裡的學校才能重新改建，因此澤諾斯科夫老師很尊敬他。老師把一條滑溜的黑領帶隨便打了個蝴蝶結的樣子，有如用這種老式作法宣告他是一個有自由思想的人。他跟我這個小男孩說話，總是用第二人稱複數的稱謂——不是像僕人那種生硬的說話方式，也不像我母親以無限溫柔喚我的時候，比方說我發燒了或是我的玩具火車有一個乘客怎麼找都找不到的時候（似乎單數太單薄了，承載不住她對我的愛）——而是像一個人彬彬有禮地稱呼還有點陌生的人。他是屬於革命派的，我們在鄉間漫步，一談到人性、自由與戰爭之害，他的手臂就激動地在空中揮舞，還以悲痛的口吻說道，暴君必然是要推翻的（這事在我看來很有趣呢）。有時，他會拿出一本暢銷反戰小說《放下武器》（*Doloy Oruzhie!*）（這是俄譯本，原著書名為*Die Waffen Nieder!*，是馮・蘇特納⓫用德文寫的）。他會唸書中好些又臭又長的文句給我這個六歲小孩聽。六歲，正是可愛又好鬥的年齡。我氣沖沖地反駁他的話，以捍衛我那玩具槍和亞瑟王騎士的世界。在列寧的統治下，所有的非共黨的激進人士都遭到殘忍的迫害。澤諾斯科夫後來進了勞改營，後來設法逃到國外。一九三九年，他在愛沙尼亞的納瓦爾去世。

從某方面來看，在那崎嶇坎坷的十年，多虧這位老師，我才有力量在自己的生命道路上再往前走一段。一九〇六年七月，沙皇視憲法為無物，把國會解散。一群國會成員，包括我父親在內，於是在丹麥維堡舉行集體抗議，並且發表宣言，鼓動人民反抗政府。因為此事，一年半多之後，他們全被逮捕入獄。父親帶著他的書、充氣浴缸和穆勒⓬的居家體

⓫馮・蘇特納（Bertha von Suttner, 1843–1914），奧地利女子，全世界第一個推動和平運動的人，一九〇五年的諾貝爾和平獎得主。《放下武器》是一本自傳性質濃厚的小說，女主人翁是奧地利一個將軍的女兒，在戰爭中失去了丈夫，獨自帶著年幼的兒子，教書糊口。幾年後再婚，嫁給一個伯爵，但伯爵也必須參加奧地利對丹麥和普魯士的戰爭。戰後，這對夫妻帶著兩個兒子移居巴黎，伯爵決定餘生為反戰奮鬥，後來因為間諜罪被判處死刑。女主人翁後來繼續丈夫遺願，直到死前一直為了和平事業奔走。

操手冊，被單獨監禁了三個月，雖然有點孤獨，還算是悠閒、平靜。母親直到生命最後的時日到來之前，一直珍藏著父親千方百計從獄中偷偷寄給她的信。父親是用鉛筆寫在衛生紙上的。這些信件讓母親雀躍不已（一九六五年我發表了這些信，刊登於葛林柏格〔Roman Grynberg〕在紐約主編的俄文評論雜誌《空路》〔*Vozdushnïe puti*〕）。父親重獲自由之時，我們住在鄉下的家。村裡的校長，也就是我的老師澤諾斯科夫，安排了歡迎儀式。火車站有松針裝飾的拱門和我父親最喜歡的矢車菊做的花冠。回家的路上，彩旗飄揚（有的還是大刺刺的紅色）。我們這些孩子都去村裡迎接他。現在回想起那個特別的日子，當時的景物仍歷歷在目：波光粼粼的河流；橋；有漁夫把鐵皮罐頭留在橋上的木頭護欄上，那罐頭耀眼得令人睜不開眼睛；長滿菩提樹的山丘，山丘上有玫瑰紅的教堂和大理石陵墓，母親家族的先人都在此安息；通往村子那條塵土飛揚的道路；在道路和紫丁香花叢間有塊粉彩綠的狹長草地，草短短的，上面還有一小塊一小塊光禿禿的沙土，花叢後面則是一長排長滿青苔、東倒西歪的木屋；石頭打造的新校舍矗立在舊校舍的木造建築一側；我們驅車經過

⑫穆勒（J. P. Muller, 1866-1938），丹麥業餘全能運動員，自一九〇四年開始，共贏得一百三十四次體育比賽獎章。

村子的時候，一條牙齒雪白的小黑狗會一溜煙地從村舍中衝出來，先悶聲衝刺，不發出一點聲音，最後靠近快速行駛的車子時，才暢快地吠個幾聲。

5

舊與新、開明和專制、致命的貧窮與命定的財富，在我們這個世紀開頭那奇異的十年中，全都奇妙地交織在一起。有一年夏天，這樣的事發生了好幾次。我們在維拉莊園一樓的餐廳吃午餐，那餐廳有很多窗戶，採光很好。吃到一半，管家阿列克賽臭著臉走了進來，在父親身旁彎下腰跟他耳語（如果有客人在座，他的聲音就更低了）向他報告說，一群村民在外頭要見主人。父親連忙起身，把膝上的餐巾拿起來，跟母親說他離開一下。從餐廳西端的一扇窗望去，可以看見入口車道的一部分和門廊對面忍冬花叢的頂端。我們看不見的一群人彬彬有禮地向我們看不見的父親問候，一陣嗡嗡聲從窗戶的方向傳來。接下來，他們以平常語調交談。由於天氣太熱，怕外面的熱氣入屋，窗戶沒開，因此聽不見他們在窗下的談話。這群村民來找父親，可能是當地有什麼紛爭，需要父親出面協調，或是請求一筆特別補助金，也有可能希望父親允許他們在我們的土地上收割，或是同意他們砍下我們家土地上珍貴的樹叢。父親往往有求必應。村民如願以償，嗡嗡聲再度響起，為了表示他們的感激，父親這個好主人被大約二十隻強壯的手臂抬起來，搖啊搖，然後抛到半空中，再穩穩地接住。

大人要我和弟弟繼續吃飯。母親用指頭和拇指拈起一小口佳餚，往餐桌下一瞥，看她那隻神經質、脾氣不好的臘腸狗在不在那裡。「*Un jour ils vont le laisser tomber*」（**總有一天，他會摔下來的。**）說這話的是高雷小姐，一個一板一眼、生性悲觀的老太太。她是我母親的家庭教師，一直跟我們住在一起（她和我們的家庭教師諾柯特小姐簡直是水火不容）。我坐在自己的座位上，突然從西側的一扇窗口看到一個飄浮奇景：父親的身軀榮耀地在半空中攤開，身上的白色夏衫飄飄然，四肢自然擺動，他那英俊、鎮定的臉龐朝向天空。那群我們看不見的人使勁地喊著嗨喲嗨喲，一而再，再而三地把他抛擲到空中，他就這樣飛了上去，第二次比第一次高，最後一次，也是最高的一次，彷彿將永遠躺在夏日正午鈷藍的天空中，就像在教堂穹頂翱翔的天使，衣服上有無數皺褶，而底下的凡人手裡握著的長蠟燭一支接連一支點亮了，光點成群，香煙嬝繞，神父為永恆的安息吟詠。火光游移，靈柩敞開，不管躺在裡頭的是誰，遺容被葬禮的百合遮住了。

第二章

1

我在記憶中回溯最早的自己（帶著好奇、興味，而少有敬佩或厭惡）時，總有輕微的幻覺。這些幻覺有些是聽覺的，其他一些則是視覺的，都沒能給我多少好處。那阻止蘇格拉底的聲音❶或敦促聖女貞德的神諭❷，到我耳裡已經退化為偶然聽見的話語聲，就像同線電話占線，你把話筒拿起來聽到的。在即將進入夢鄉之時，我常發覺與我心靈相鄰的部分，出現一種獨立於真實思緒之外的單向對話。那是中性、不帶任何感情的聲音，也不知道是什麼人在說，說些對我來說並不重要的話——有的是英語，有的是俄語，甚至不是對著我說的，聽起來實在沒有什麼意思。我還是別舉例來得好，不然我想傳達的那種單調，就會被意義堆起來的鼴鼠丘破壞掉了。這種愚蠢的現象，似乎是伴隨我睡前某些視覺影像的聲音而來。有一種鮮明的影像（如過世已久的父親或母親那親愛的容顏）會在意志羽翼的鼓動下浮現在腦海——那可是一個人靈魂能做出的最勇敢的動作。我睡前看到的那些影像，我很熟悉，不是這種，也不是所謂的飛蚊症——由於玻璃體內出現微細混濁小體，投射到視網膜桿狀細胞，因此感覺眼前有透明的絲線飄來飄去。或許最接近這種入睡前的幻影是一個彩色的點狠狠地在心上刺上一刀的殘留影像；有人把燈滅了，在眼簾拉上的夜裡，

❶柏拉圖說，蘇格拉底可以聽見一種「內在的聲音」，告誡他不要做不適當的事。蘇格拉底在法庭為自己申辯時講到自己心中有一種內在的聲音告訴他應該怎麼做，比方說，這種聲音勸告他勿參與政治等。

❷聖女貞德（Joaneta Darc, 1412?-31），亦稱 Joan of Arc，法文為 Jeanne d'Arc。相傳貞德在十四歲時，可以聽見聖者對她講話的聲音，有聖彌額爾、聖女加大利納、聖女瑪加利大等，說上帝交給她一個艱鉅的任務，要她負起抗禦強敵，保衛國土的重任。

黯然神傷。然而，在我閉上雙眼之時，看到的那些緩慢、持續發展的影像不一定都有這麼震撼的開頭。那些影像來來去去，愛睏的觀察者沒有參與，本質上和夢中的景象完全不同。在夢中的景象，那觀察者還是感覺的主人。那些影像常常詭異得很，教我心驚：我看到可怕的側影，或是面容醜惡的侏儒——臉色通紅，有著不斷變大的鼻孔和耳朵。有時，我看到投射在我眼瞼內側的光影則是朦朦朧朧的，看起來很舒服，像是在蜂窩間行走的灰色人影、漸漸在山間雪地裡消失的黑色小鸚鵡，或是桅杆漸漸後退最後溶於遠處一抹淡淡的紫。

此外，有關有色聽覺，我還可提出很好的例子。或許說「聽覺」並不確切，其實這種色彩的感覺是我說出某一個字母的時候想像出來的。英文字母中長音「a」給我的印象是枯木的顏色（這字母在我心中停駐的時間也最長），而法文字母中的 *a* 則讓我想起光亮的烏木。這群烏漆抹黑的字母還有硬硬的 *g*（像硫化橡膠）和 *r*（黑黑的髒破布被撕裂的聲音）。*n* 是麥片，*l* 是軟軟的麵條，而 *o* 則是用象牙框的手鏡——這群都是白的。不知怎麼，我總覺得法語中的 *on*，聽起來像是小玻璃杯裡的酒滿得快要溢出、表面張力緊繃的樣子。接著是藍色的一群：鋼鐵般的 *x*、雷暴雲的 *z* 和越橘莓的 *k*。由於聲音與形狀之間有一種微妙的交互作用，我看到的 *q* 是深褐色，*k* 則比較淺，而 *s* 不像 *c* 的淺藍，而是碧藍和珠光混合起來而成的一種奇異色彩。相鄰的色彩並不融合，而雙母音❸也沒有什麼特殊的顏色，除非是其他語言中的某一個字母（如表示 *sh*、由三根莖組成的俄文字母 *III*，這個字母和尼羅河的湍流一樣古老，就是毛絨絨的灰，代表這個音的英文字母也受到影響）。

我得在被打斷之前，快點說完。在綠色的那一群中，有赤楊葉的 *f*、青澀的蘋果 *p* 和開心果的 *t*。暗綠加上一點紫羅蘭的紫，我能給 *w* 的顏色最好的形容就是這樣了。黃色的一群包括各種 *e* 和 *i*，以及奶油黃的 *d*、金黃的 *y*，而 *u* 這個字母只能說是「帶有橄欖光澤的黃銅色」。褐色的一群則有柔軟、渾厚、橡皮般的 *g*、再淡一點的 *j* 和像是黃褐色鞋帶的 *h*。最後，在紅色的一群中，*b* 的聲音感覺像是畫家口中的燃燒的赭紅，*m* 是一塊褶曲的粉紅法蘭絨布，而直到今天我才在麥爾茲和鮑羅共同編著的《色彩辭典》找到與 *v* 對應的完美顏色：薔薇石英❹。在我私人語言中代表「虹」的那個字—— *kzspygv* ——是原始的

---

❸雙母音（diphthong），連續兩個母音的發音，發音時由起始母音平滑地過渡到後接母音，如「time」中的「i」發音［ai］。

❹薔薇石英（rose quartz），二氧化矽礦物石英的粗粒變種，通常是半透明、混濁，從淺到深的粉紅色都有。麥爾茲（Maerz）和鮑羅（Paul）編著的《色彩辭典》（*Dictionary of Color*）初版是紐約麥格羅希爾公司（McGraw-Hill Book Company, Inc.）於一九三〇年出版。

彩虹，顏色絕對是混濁的，而且幾乎無法發音。據我所知，第一個討論有色聽覺（*audition colorée*）的人是一八一二年德國艾爾蘭根一個得了白化症的醫師。

共感覺❺患者這番告白，在一般正常人的耳裡聽來必然乏味、做作，他們有著穩固的牆保護，知覺沒有這樣的裂縫和罅漏。但是在我母親看來，這一切似乎正常得很。這個問題是在我七歲那年顯現的。有一天，我用一堆老舊的字母積木蓋一座高塔。我隨口向她提起，這些字母積木的顏色都錯了。結果，有些字母在她聽來和我聽到的有相同的顏色。此外，音符也會影響到她的視覺，對我卻不然。很遺憾，音樂對我來說只是一連串莫名其妙的噪音，讓我有點不舒服。在某種情緒之下，音聲亮麗的小提琴發出的痙攣之音，我還可以忍耐，但是演奏型平台鋼琴和所有的管樂器，音量小的話，教人覺得煩悶，大聲的話，又像在剝我的皮。儘管每年冬天我聽了不少歌劇（在過去六年裡，光是《魯斯蘭》和《黑桃皇后》❻我至少就聽了十二次），音樂對我就像是對牛彈琴。真正的折磨是無法從皮曼❼

❺共感覺（synesthete），源於希臘文，意思是「同時感受」。在腦神經醫學研究，這種特殊的知覺指一個感官或感覺區接受到的刺激，卻引起另一個感官或者感覺區域的反應。

的肩膀後面看他在寫什麼，或是想像不出茱麗葉花園❽中那昏暗花叢中的天蛾是何模樣。

母親為了讓我對視覺刺激能夠敏感一點，費盡心思，不知為我畫了多少水彩畫。看她把藍和紅混在一起，變出一叢紫丁香，真是驚奇。我們在聖彼得堡那房子，她的更衣室（我就是在那間呱呱落地的）牆上有個祕密隔間。有時，她會從裡面取出一大堆珠寶，讓我在睡前玩。那時我還很小，那些亮晶晶的頭飾、頸鍊和戒指既神祕又迷人，不亞於帝國節慶市街上的燈彩——在那寧靜的霜夜裡，藍寶石、翡翠、紅寶石般的彩色燈球組成巨大的字母、皇冠和徽章圖案，有如被施了魔法似地，在一排住宅的正面、白雪鑲邊的飛簷上閃閃發光。

---

❻《魯斯蘭》全名是《魯斯蘭與露蜜拉》（*Ruslan and Ludmilla*），是俄國作曲家葛令卡（Mikhail Glinka, 1804-57）創作的歌劇，而《黑桃皇后》（*Pikovaya Dama*）則是柴可夫斯基（Peter Ilyich Tchaikovsky 1840-93）根據普希金（Aleksandr Pushkin, 1799-1837）同名中篇小說改編而成的三幕歌劇。

❼皮曼（Pimen），穆索斯基（Modest Mussorgsky, 1839-81）創作的歌劇《波里斯・郭德諾夫》（*Boris Godunov*）一開始登場那個寫俄國編年史的僧侶。這齣歌劇也是源於普希金寫的劇本。

❽法國作曲家古諾（Charles Gounod, 1818-93）一八六七年歌劇《羅密歐與茱麗葉》（*Roméo et Juliette*）的第二幕。

2

我幼時體弱多病，因此與母親特別親近。我在兒童時期展現出非凡的數學天賦，但小時了了，大未必佳，長大的我成了庸材，完全失去了這種天份。小時候，在我和扁桃腺發炎或猩紅熱纏鬥之時，卻遭到這天份無情的摧殘：巨大的球體和龐大的數字，在我疼痛不堪的腦袋裡不斷地腫脹。儘管我還只是個小不點兒，有個愚不可及的家庭教師已經解釋什麼是對數給我聽。我還在一本雜誌（我想是英國發行的《少年週刊》[9]）看到一個印度數學天才的故事，他只要兩秒鐘就可找出一個天文數字的十七次方根，如3529471145760275132301897342055866171392（我不確定是不是這個數字，反正答案是212）。這些都是在我病中譫妄之時不斷成長的怪物。為了不讓這些怪物把我從我自己的腦袋驅趕

[9]《少年週刊》（*Boy's Own Paper*），自一八七九年開始發行，至一九六七年為止，刊登給少年讀的冒險故事、運動趣聞和學校生活故事等。自一九一三年十一月之後改以月刊的形式發行。

出去，我得挖出牠們的心臟，把牠們殺死。但牠們實在太強大了。我坐起身來，跟母親解釋我的感覺，費盡九牛二虎之力，才語無倫次地吐出幾個句子。母親也有過這種體驗，因此她明白我的感受。由於她的了解，我那不斷擴大的宇宙才能縮回牛頓的宇宙模型。

未來如有專家研究自我抄襲這類乏味的文學傳說，可能會把我的小說《天賦》⑩中主人翁的經驗與原始事件仔細比對。有一天，我已久病多日，虛弱不振，躺在床上的我，發現自己沐浴在一種輕盈和靜謐之中，覺得無比幸福。我知道媽媽出門去買禮物給我了。這種期待使這段養病期間格外愉快。不知道媽媽這次會買什麼回來，但我腦子清明得出奇，彷彿透過水晶球清晰地看到媽媽正要離開大海軍街，朝向聶夫斯基大道前進；那就是栗色駿馬拉的輕便雪橇；我還可聽見那馬兒的鼻息聲，牠的陰囊發出有節奏的卡嗒卡嗒聲以及一塊塊結凍的土壤和雪撞擊雪橇前端的聲音。我也看到媽媽眼前的馬夫背部：他身穿鋪棉藍袍，腰帶後面繫著一只皮革錶（兩點二十分），巨大的臀部塞得鼓鼓的，因為腰帶緊束而出

⑩《天賦》（*The Gift*），納博科夫的第一部俄文長篇小說，出版於一九三七年，一九六二年出版英譯本。主要是敘述有文學天賦的流亡者費奧多爾在柏林發展的一段心路歷程。

現一條條像是南瓜的皺褶。我看到媽媽的海豹皮草，雪橇疾馳，她把皮手筒高舉到臉部——在聖彼得堡常可見冬季乘車的貴婦閨秀擺出這種優雅的姿態。她腰部以下蓋著一大張熊皮，熊皮的兩個角有環扣套在靠背下方兩側的旋鈕。雪橇後方的滑板上站著一個男僕，他戴著有徽章的帽子，緊抓著那兩個旋鈕。

我目不轉睛地看著那雪橇。雪橇在特魯曼商行門口停下來（店裡有文具、廉價的銅飾品、紙牌等）。不久，媽媽從商店出來了，僕人跟在後頭，拿著她買的東西，看起來好像是一枝鉛筆。我很驚訝，這麼小的東西她居然不自己拿。這個有關大小、令人不悅的問題又使我腦中隱隱出現不斷膨脹的怪物。我的燒退了，希望這怪物也跟著永遠消失，沒想到牠又冒出來了，所幸只有一下子。媽媽回到雪橇坐好的時候，我看到大家嘴裡呼氣，包括那匹馬。我還看到媽媽在噘嘴。這個動作我很熟悉——她的面紗太緊了，所以噘嘴撐開一點。我在寫這一段的時候，雙唇隔著面紗親吻媽媽臉頰感受到的那種溫柔觸感又回來了，還聽到那有著藍色窗口（窗簾還沒放下）、雪藍色的往日傳來歡樂的叫聲。

幾分鐘後，她走進我的房間，抱著一個巨大的包裹。或許我的視覺刻意把這包裹縮小了。邏輯警告我，在我譫妄之時不斷膨脹的世界可能會留下可怕的後遺症，因此我下意識地把物品的尺寸調整過。原來包裹裡的東西是一支巨大的輝柏牌⑪多邊形鉛筆，長達一百二十公分，粗細也和長度成比例。這枝鉛筆本來是特魯曼商行懸吊在櫥窗裡的展示品，不是用來販賣的。由於我特別喜歡買不到的東西，媽媽心想，我該也想要這枝鉛筆。店員不得不打電話給代理商，一個叫做李伯能的「醫生」（好像這樁交易真有點病態）。有那麼一刻，我實在很想知道筆芯是否是真的石墨做的。沒錯。幾年後，我在鉛筆一側鑽了個小孔，證實這枝鉛筆從頭到尾都有筆芯，這才心滿意足。對輝柏鉛筆公司或李伯能醫生來說，這枝鉛筆可說是「為藝術而藝術」⓬最佳範例——這麼巨大的鉛筆怎麼可能用來寫字？

「噢，正是。」每次向她提起某種奇特的感覺，她總是這麼回應我，或者說：「沒錯，我很了解。」她以有點神祕、率真的語氣跟我討論複視、三腳木桌傳出的輕微響聲以及種種「似曾相識」的感覺。我母親這邊的列祖列宗似乎都信奉某個宗派。她只有在四旬齋和復活節才上教堂。在這個宗派的影響之下，她自然而然對希臘正教的儀式和神父很反感。

⓫輝柏牌（Faber），著名鉛筆品牌。這個品牌的鉛筆是一七六一年一個名叫輝柏（Kaspar Faber）的工匠在紐倫堡附近的一個小村莊史坦恩製造的。

⓬為藝術而藝術：十九世紀末歐洲唯美主義運動宣言。

她認為福音書中的道德觀和詩意有很深的感召力，對教條不以為然。她不會為了來世茫茫而恐懼，也不擔心來生不得安穩。她的虔誠使她深深相信另一個世界的存在，也知道不可能用塵世說法來了解那個世界。人能夠做的只是從迷霧和幻想之中瞥見在眼前顯現的真實——就像一個人在白日東想西想，直到入睡，擺脫愚蠢、亂七八糟的夢魘的糾纏之後，方能在最深沈的睡眠裡，感覺到清醒時刻那種井然有序的現實。

3

用整個靈魂去愛，剩下的就交給命運吧。她放在心上的就是這麼一個簡單的法則。「*Vot zapomni*」（記得喔），她會用一種故作神祕的語氣來吸引我，要我注意維拉莊園裡可愛的事物——一個煩悶的春日，一隻雲雀在如凝脂和乳清的天色中往上飛；夜晚只有閃光沒有聲音的閃電為遠方的一排樹照相；褐色沙土上五顏六色的楓葉；小鳥在初雪上留下的楔形腳印。她彷彿覺得這個可以觸摸、有形的世界再過幾年就要灰飛煙滅，因此特別留心出現在這個鄉間各個地方的時間標記。她珍愛昔日，我也以同樣的回溯往昔的熱情，懷念她的身影和我自己的過去。因此，從某個方面來看，我繼承了一個美麗的幻影——無形財產與虛幻莊園的美。這也是最好的訓練，我才能夠忍受日後的失落。那些特別的標籤和印記對她而言是神聖的，也是她的最愛，在我眼裡也是一樣：這裡有個房間是我外祖母以前使用的，好滿足她的嗜好，那可是間化學實驗室；本地地標就是通往格利亞茲諾村（重音在最後一個音節）那條上坡路路邊的一棵菩提樹；熱愛騎腳踏車的父親常說，在那條路最陡處，特別是在那個地方，你得抓著「腳踏車的那兩隻角」（*bika za roga*）；那個廢棄的網球場，就是我們口裡的舊苑，現在不但苔蘚處處，還冒出不少鼴鼠丘和香菇，然而在十九世紀八〇年代和九〇年代，那裡卻是球來球往，好不熱鬧（就連不苟言笑的外公也會脫下外套，拿起最重的球拍，揮動一下，看看震不震手），但在我十歲那年，那個球場已經不在了，大自然用板擦把一個幾何問題擦得一乾二淨。

那時，在新苑盡頭，一座很棒的現代球場已經蓋好了。為了蓋這座球場，還從波蘭引進了技術高超的工人。鐵絲網把廣大的黏土球場圍起來，周圍俱是開著花的草地。在溼答答的夜晚過後，球場地面出現一種帶有褐色的光澤。狄米崔於是得拿個綠桶子裝白線漆重畫球場上的白線。他是家裡的園丁中年紀最大的一個，身材也是最矮小的，脾氣很好。這個穿著黑靴、紅襯衫的小矮人彎腰駝背地拿著刷子畫線，緩緩後退。一道錦雞綠籬（即俄國北部的小黃刺條⑬）中央有個開口，對著球場紗門，和鐵絲網以及一條我們叫 *tropinka Sfinksov*（天蛾之路）的小徑平行。這面對樹籬的小徑旁邊長滿了毛茸茸的紫丁香，中央一樣有個缺口，黃昏時分，常有天蛾來此造訪，因而得名。與這條小徑垂直的一條小巷貫穿了整個新苑（如前述），兩者形成一個巨大的T。那條小巷兩側有細細瘦瘦的橡樹，是我母親出生那年種下的。從那個T字底部靠近車道的地方，遠在五百米外就可以看到那個明亮的小裂口——五十年後的我也還看得見。在我們家族雙打賽中，隊友常常換來換去，但是與我們一同待在鄉下的父親或是我們當時的家庭教師總愛找我弟弟搭檔。母親伸出一隻纖細的腳，彎下戴著白帽的頭，使盡全力發出一球，然而那球還是有氣無力。在發球的同時，她總會像老一輩的人喊叫一聲：「看球！」我常對她生氣，而她則是對那兩個打赤腳的球僮發脾氣。那兩個球僮是這裡的鄉下孩子（有獅子鼻的那個是園丁狄米崔的孫子，另一個則是寶蘭卡的孿生兄弟。寶蘭卡是馬伕長的漂亮女兒）。北方夏季在收割時節熱得像熱帶。穿著大紅衣服的瑟格把球拍夾在兩膝之間，費力地擦拭眼鏡。我看到我的捕蝶網靠在圍欄

---

⑬小黃刺條，學名 *Caragana arborescens* 的灌木。

上——以備不時之需。梅爾思（Wallis Myers）寫的一本有關草地網球的書在長凳上攤開來。我父親是一流好手，會露一手英國網球名將黎思利（Frank Riseley）那種像大炮一樣威力十足的發球法，也會漂亮的「提拉抽球」。每次交換發球權後，總愛賣弄學問，問我和弟弟，他這一送球，是否把我們送進了「蒙受恩寵」⓮的境界。有時，突然下起滂沱大雨，我們只好躲進球場角落的棚子，叫老狄米崔回屋子去拿雨傘和雨衣來。十五分鐘後，他扛著堆積如山的衣物的身影在長巷的另一頭再次出現，然太陽重新照耀，在巷子裡投下花豹斑紋，他扛著的那一大堆也用不著了。

母親喜愛所有有技巧挑戰性的遊戲和賭博。在她的巧手下，千片拼圖碎片漸漸形成英國的狩獵情景。那乍看之下似乎是馬腿的部分原來是棵榆樹，而至今還拼不上去的那一小片，突然在斑駁的背景中找到了一個安安穩穩的所在，填滿了空缺，讓人在一種既抽象又具體的滿足感之下，心生小小的興奮。她有一段時間沈迷於牌局。撲克牌是經由外交圈傳進聖彼得堡社交界的，有些牌相還有很美的法文名稱，像 *brelan*（**三條，三張點數相同的**

⓮蒙受恩寵（state of grace），天主教術語，指靈魂上沒有大罪，蒙受天主的特殊眷愛。

牌）、*couleur*（**同花，花色相同但不連號的牌**）等。那時打的是一般的「抽牌撲克」，有可以代替任何一張牌的「王牌」（或稱「鬼牌」），偶爾也會出現贏家通吃這種精采刺激的情況。在城裡的時候，她常常在朋友家打牌，一直打到凌晨三點才打道回府。在第一次世界大戰的前幾年，撲克牌在社交界可是風行一時。後來，在流亡的歲月裡，她常常想像司機皮洛葛夫似乎還在無盡、冷酷的霜夜中等她（像想起老園丁狄米崔一樣的納悶和驚懼）。過去，皮洛葛夫在長夜苦等母親時，常有人招待他在廚房喝杯加了一點蘭姆酒的茶，解除了不少守候之苦。

在夏日，母親最大的樂趣就是 *hodit' po gribi*，也就是採野菇——俄國人最喜歡的休閒活動。野菇用奶油煎過，再加上酸酪，煮得濃濃稠稠的，這樣的美食經常出現在我們家的餐桌上。吃的那一刻倒不是最重要的，她的快樂主要來自於尋找的過程。這種尋找是有規則的。傘菌是不採的，母親採的野菇都是屬於牛肝菌⓯可食的部分（如黃褐色的美味牛肝

⓯文中提到的各種牛肝菌，其中美味牛肝菌的學名是 *Boletus edulis*、褐環牛肝菌是 *Boletus scaber*，橙紅牛肝菌則是 *Boletus aurantiacus*。

菌、褐環牛肝菌、橙紅牛肝菌等相近的品種）。牛肝菌又叫「管狀菇」，依照某些真菌學家冷冰冰的定義是：「陸生、肉質肥厚、腐生、中央有柄的菌類。」牛肝菌菌傘密實，幼株緊縮在一起，成株的菌傘則形成巨大的圓頂，令人食指大動，下方平滑（非薄片形），且有一勻稱、強壯的柄。牛肝菌的形式有著一種古典、簡約的美，和所謂的「真正的菇類」不同，後者有著可笑的菌褶，柄上還有個柔弱無力的菌環。然而，味蕾膽怯的民族，其知識和胃口有限，只知低級、醜陋的傘菌類。因此，在對菇類外行的英美人士眼裡，貴族般的牛肝菌不過是一種可食野菇。

天雨，林苑裡的冷杉、白樺和山楊樹下會冒出很多美麗的牛肝菌，特別是在舊苑那一邊。馬車道把林苑一分為二，東邊就是舊苑。樹蔭底下的隱蔽之處可聞到牛肝菌那特別的氣味，讓俄國人的鼻孔擴張——溼苔、沃土和腐葉混合產生的一種味道，陰暗、潮溼又令人心滿意足。然而，你得在那溼漉漉的樹下尋覓良久，才能找到真正的寶貝，像是小株的、有帽子的美味牛肝菌或有大理石紋路的褐環牛肝菌，再小心翼翼地從土壤中把這些野菇取出。

在陰暗的午后，母親會提著一個籃子（裡面不知被誰的越橘染得藍藍的）在濛濛細雨中獨自去採菇，一去就是很久。接近晚餐時分，她的身影才在林苑小徑迷濛的深處顯現。

她那披著綠棕色羊毛斗篷和帽子的嬌小身軀被無數溼氣的小水珠包圍著，四周因而生成一團霧氣。她從溼答答的樹下走過來，臉上出現一種全無歡喜的奇特表情，有人可能會誤以為這代表運氣不好，但我知道她在刻意壓抑滿載而歸的歡欣。就在來到我面前的那一刻，她的手臂和肩膀突然垂下，噘著嘴，表現出精疲力竭的樣子，然後如釋重負地把籃子放下，來強調此行豐收。

在林苑一張白色長凳附近，有張圓形雕花鐵桌。她把採到的牛肝菌在桌上擺成同心圓，再一一細數、分類。比較老、肉質暗沈呈海綿狀的，就不要了，比較鮮嫩、清脆的才留下來。在僕人把那些牛肝菌取走以前，她總會站在那兒好一會兒，欣賞那些美麗的野菇，臉上散發出寧靜而滿足的光彩。接下來，她不知道僕人把牛肝菌拿到哪兒，也不在乎它們的下場。往往到了傍晚，雨就停了，太陽在西下之前，投射出紅豔的餘暉。她採集的那些繽紛的野菇躺在溼答答的圓桌上，有的還黏著別的植物——黏黏的黃帽子上有一片草葉、有著黑點、巨大的菇柄底部還包著青苔。一隻小小的尺蠖科毛蟲也搭葉子的便車回來，像孩子的手指和拇指，丈量桌子的圓周，偶爾向上探索，然而怎麼也回不去牠原來生活的那片灌木。

4

母親不只未曾踏進家裡的廚房和僕役間，也從不去傷腦筋。對她來說，那些地方就像飯店的廚房，沒進去的必要。父親也不想管家務，但三餐吃什麼，都得照他的意思。飯後，吃完甜點，他總輕嘆一聲，翻開僕役長擺在餐桌上的本子，用優雅、行雲流水的字跡寫下翌日菜單。他寫字有一種特別的習慣，在思索下一波的字詞之時，總是讓鉛筆或鋼筆的筆尖在白紙上方顫動。對他的提議，母親總是草草點個頭或扮鬼臉。名義上，家事是她以前的奶媽負責管理。那個奶媽是個看來疲累不堪、滿臉皺紋的老婦人（一八三〇年左右生於農奴之家），她那張小小的臉像是憂鬱的烏龜，一雙大腳丫子老是在地上拖著走，身穿修女般的棕色衣裙，身上微微飄散出混合了咖啡和腐臭的味道。在我們生日和命名日那天，她的祝賀總教我們害怕，她會像農奴一樣親吻我們的肩膀。年歲使她出現一種病態的吝嗇，特別吝於給人糖果和果醬，漸漸地，在我父母的許可之下，家中其他的事，大家都瞞著她悄悄進行。她毫不知情（知道了恐怕會心碎），以為自己依然像過去一樣，是一家總管，因此還拿著鑰匙圈。這老婦人雖然愈來愈糊塗，偶爾還是會起疑，母親就盡力用甜言蜜語來哄騙她。在她那發霉、遙遠、微小的王國裡，她是唯一的女主人，而且她認為只有那個王國才是真實的（真是如此，我們就得餓死囉）。她在長廊上曳步而行，打算把半個蘋果或幾塊破碎的小黃油餅乾藏起來，僕役和女僕總以嘲諷的眼光投向她的背後。

那時，我們家長期雇用的僕人約有五十個。不管是在城市的住宅或鄉下的莊園偷竊事件層出不窮，但無人提出質疑。關於這點，根據我好管閒事的姨婆和姑姑的說法，主廚尼古拉・安德列維奇和園丁頭子伊果這兩個戴著眼鏡、鬢角花白的忠僕就是主謀。雖然起先大家把她們的話當作耳邊風，最後還是證明她們所言不假。家裡的帳簿讓父親看得目瞪口呆，覺得不可思議，花園裡的草莓突然消失得無影無蹤或是溫室裡的桃子全都不見了，身為法學家和政治家的父親為了不能處理好自己家的經濟問題大為苦惱。每當一樁複雜的偷竊案件真相大白，某種合理的懷疑或顧慮總阻止他採取行動。把做了壞事的僕人解雇雖然合情合理，但那個人的小兒子好像總在這節骨眼生了重病或什麼的，反正先從城裡把最好的醫生找來幫他治病最重要，其他的一切就算了。基於種種考量，父親寧可讓家務維持一種危險的平衡（還少不了某種心照不宣的幽默），而母親呢，只要她的老奶媽那個幻想世界尚未破滅，她自己就能得到莫大的安慰。

媽媽深知幻想破滅會讓人多麼傷心。即使是最小的失望，對她來說，都像是重大災難。

有一年耶誕前夕，在維拉，我們家的第四個孩子誕生前夕，她因為身子微恙而臥床休息。她要我和弟弟（那時我們分別是六歲和五歲）答應她，第二天一早先別偷看床柱掛的耶誕襪裡面有什麼，直接把襪子拿到她房裡，之後再仔細瞧瞧襪子裡有什麼東西，好讓她親眼看到我們拆禮物興高采烈的樣子。清晨起床，我和弟弟偷偷協商一番，用渴望的手撫摸耶誕襪，裡面裝滿了小禮物，還發出小小的響聲，令人好生期待。我們小心翼翼地把手伸進長襪，把禮物一件件拿出來，解開緞帶，拆開包裝紙，就著百葉窗透進的微光端詳每一件東西，再包裝好，塞回耶誕襪。接下來，我回想起我和弟弟坐在母親床邊，拿著塞得鼓脹的襪子，心裡想著媽媽希望看到的樣子而賣力演出。但是我們包裝得亂七八糟，而且表演的驚喜只有拙劣的業餘水準（我看見弟弟眼珠子往上吊，模仿我們的法文家庭教師驚嘆：「*Ah, que c'est beau!*」（**啊，眞是漂亮！**）。母親看著看著，突然流下淚來。十年，一晃眼就過了。第一次世界大戰爆發。我的盧卡舅舅和一群愛國人士向德國大使館丟石塊。彼得堡被降為彼得格勒，違背了一切優先命名的原則[16]。貝多芬成了荷蘭人[17]。新聞影片出現驚心動魄的爆炸畫面、加農炮的痙攣、打皮綁腿的法國總統龐加萊[18]、蕭瑟的水潭、皇太子那個小可憐穿著切爾克斯人[19]的制服、佩戴刺刀和彈藥筒，他那些身材高眺的姊妹穿得邋邋遢遢的、長長的列車上擠滿了軍人。母親為傷兵辦了家私人醫院。我還記得她穿灰白色護士服的樣子，看起來很時髦，不過她就是討厭那身制服。她流下童真的淚水，責怪那些殘廢的農民的柔順無可救藥，而且討厭一時的同情心，說這種同情沒用。日後，在流亡的歲月裡，回想起往事，她常自責（如今，在我看來，這麼說對她自己並不公平），說她對人類苦難比較麻木不仁，比不上一般人對無邪的大自然那樣有情——如老樹、老馬、老狗。

她對棕色臘腸狗的寵愛，使我那些愛吹毛求疵的阿姨覺得不可思議。翻開家中的老相簿有母親少女時期倩影的部分，幾乎每一組照片都有一隻這樣的動物——身軀靈活，而且身上常有一塊弄得髒兮兮的。照片中這種狗總是帶著偏執狂般的奇特眼神。在我兒時，盒子一號和露露這一對癡肥的老傢伙常在門廊懶洋洋地曬太陽。一九〇四年間，父親在慕尼黑的狗展買了一隻小狗，這狗長大了之後脾氣很壞，卻出奇地英俊，我給牠取的名字叫「火

---

⑯「格勒」（grad）是俄語的「城市」之意，民族主義者認為「彼得堡」（Peterburg）屬於德語，為表示愛國，應以「彼得格勒」（Petrograd）取而代之。⑰貝多芬的先祖是荷蘭人，父祖時始移居德國波昂。⑱龐加萊（Raymond Poincaré, 1860-1934）：曾數度組閣，出任總理兼外交部長。一九一三年至一九二〇年初，任法蘭西第三共和國第九屆總統。⑲切爾克斯人（Circassian），高加索人之一支，操西北高加索語，卡爾恰伊—切爾克斯共和國於一九二二年在斯塔夫羅波爾邊疆區內成立。

車」（因為牠的身軀是棕色的，而且很長，就像臥車。）「火車」那歇斯底里的舌頭是我童年的一個音樂主題。牠老是在莊園深處追一隻永遠也抓不到的野兔。黃昏，（焦急的母親在橡樹巷吹了大半天的口哨之後）牠才打道回府，嘴裡叼著一隻死了很久的鼴鼠屍體，耳朵則沾了芒刺。一九一五年前後，牠後腿癱瘓，在用氯仿把牠送上西天之前，牠總是像斷腿的人，在一長塊光滑的拼花地板上拖著自己的身軀走，教人看了難過。後來，有人又送給我們一隻小狗：盒子二號。牠的祖父母是契訶夫醫生[20]家的葵娜和布洛姆。這最後的一隻臘腸狗跟我們一起流亡，直到一九三〇年，在布拉格郊區（我孀居的母親靠著捷克政府提供的一點養老金在此度過晚年）還能看到這隻垂垂老矣的狗——一隻流亡的狗，身穿不合身的補丁衣服，心不甘情不願地陪女主人散步，氣喘吁吁地落在後頭，對長長的捷克嘴套猛發脾氣。

我們在劍橋的最後兩年，我和弟弟常常在柏林度假，父母親和兩個妹妹以及十歲的小

---

[20] 俄國醫師暨短篇小說家、劇作家契訶夫（Anton Chekhov, 1860-1904），十九世紀末最偉大的劇作家，與挪威的易卜生（Henrik Ibsen）齊名，對近代戲劇的發展影響深遠。

弟基利爾住在一間大而陰森、十足中產階級的公寓裡。在我的長、短篇小說中，不少流亡家庭都曾租過這間公寓。一九二二年三月二十八日晚上十點鐘左右，母親一如往常，靠在客廳角落的長毛絨紅沙發上，我正好為她朗讀布洛克㉑以義大利為題寫的詩——我唸到一首有關佛羅倫斯的小詩末尾，布洛克把這城市喻為一朵嬌弱、霧中的鳶尾花，她一邊打毛線，一邊說：「對，對，佛羅倫斯看起來就像這樣。對！我還記得……」這時，電話鈴聲響起。

一九二三年後，她搬到布拉格，我則住在德國和法國，不能常常去看她。她在第二次世界大戰前夕過世的時候，我也未能隨侍在側。每次我設法去了布拉格，總是猛然發現戴著面具的時間在眼前出現，那最初的痛楚又襲上心頭。那時在那寒傖的住所陪伴她的是伊芙琴尼亞．康斯坦丁諾芙娜．霍菲爾德小姐（1884-1957）——她自一九一四年起擔任我那兩個妹妹（歐嘉生於一九〇三年一月五日，而艾蓮娜則是在一九〇六年三月三十一日出生）的家庭教師，取代原來的格林伍德小姐（在格林伍德小姐之前，她們的家庭教師則是拉文

㉑布洛克（Alexandre Blok, 1880-1921），二十世紀初俄國象徵主義詩人、劇作家。

敦小姐）。在她去世的前幾年，她不斷把最喜歡的詩抄寫在本子上，從梅伊科夫到馬雅科夫斯基㉒的詩作，一首一首地抄，東一本、西一本地丟在破舊的二手傢俱旁邊。書架上除了父親一隻手的模子，還有一幅水彩畫，畫的是父親的安葬之地，也就是泰格爾（在今天的東柏林）的一個希臘正教墓地，架上還有不少流亡作家的書，那些書的封面品質粗糙，動不動就碎裂了。她在她的沙發邊放了幾幀小小的、色彩黯淡的相片，相框已經龜裂，底座是用肥皂盒蓋上綠色的布做成的。她沒有失去任何東西，其實她不需要這些。就像巡迴劇團帶到天涯海角的東西，是什麼並不重要，只要那些演員還記得台詞、起風的荒原、迷霧中的城堡、魔咒下的島嶼就成了，她的靈魂已為她儲存了一切，讓她不管到那裡都帶著。她坐在桌前一個人打牌的身影，至今我仍歷歷在目：她靜靜地端詳攤開的牌，左手肘靠在桌面上支撐著頭，手裡拿著一根菸，空出來的拇指按著臉頰，右手則伸過去拿下一張牌。她的無名指有兩道閃光，她把自己的和父親的婚戒都戴上去了。父親的戒子對她來說太大了，就用一小段黑線和自己的戒子綁在一起。

㉒梅伊科夫（Apollon Maykov, 1821-97），馬雅科夫斯基（Vladimir Mayakovsky, 1894-1930）。

每次我在夢中看見死者，他們看起來總是沈默寡言、困惑不安，而且有一種怪異的消沈，和他們原來可親、開朗的樣子大不相同。夢中的他們人在生前從未去過的地方，像是我一個朋友的家裡，卻不覺得奇怪。他們坐得遠遠的，對著地板皺眉頭，彷彿死亡是個污點、是可恥的家庭祕密。當然，只有在完全清醒的時候，在歡欣若狂、功成名就之時，在意識的最高層——而非在夢裡——凡人的視線才得以超越桅杆，飛躍往日的塔樓，瞥見自己的極限。雖然迷霧茫茫，沒能看見什麼，不過因為眺望的方向對了，還是有某種幸福、滿足的感覺。

第三章

1

紋章研究的新手就像中世紀的旅人，描述在東方之旅看到的種種奇特動物時，不是從動物學的角度直接探察的結果，免不了道聽途說。我也是，才會在這一章初稿，把納博科夫家的紋章(多年前無意間在家裡的一堆雜物中瞥見)描寫成在火爐邊耀武揚威的兩隻熊，中間擺了張大棋盤。如今，端詳一番之後，我才發現在家族紋章上的，原來是一對在舔舐排骨的獅子——看起來略帶褐色的獅子，也許只是皮毛蓬亂的野獸，再怎麼說都不是熊——牠們用後腿站立、回頭看，驕傲地展示一個不幸騎士的盾牌。那藍紅相間的盾牌大小只有一張棋盤的十六分之一，每一個長方形的格子裡都有一個十字架，而十字架的四個臂端皆有三葉飾。盾牌之上可以看到騎士沒被遮住的部分：堅硬的頭盔、不能吃的護喉甲、一隻勇敢的手臂從紅藍葉形裝飾伸出，揮舞一把短劍。盾牌上面刻的銘文是：*Za hrabrost*（爲了勇氣）。

我曾在一九三〇年向我表叔弗拉基米爾・維克托洛維奇・戈盧布卓夫請教。他對俄國古代器物情有獨鍾，根據他的說法，我們家族的先祖最早可以追溯到納博克・穆爾札（一三八〇年在世），古俄羅斯一個俄化的韃靼王子。我的堂弟瑟格・塞吉維奇・納博科夫是個學識廣博的系譜學者。我從他那兒得知，我們祖先在十五世紀的莫斯科公國是地主。他建議我去看一份文獻資料（尤希科夫一八九九年在莫斯科出版的《十三至十七世紀法案》），裡頭提到在伊凡三世治理之下的一四九四年，一個叫做庫爾雅金的扈從和盧卡・納博科夫的三個兒子斐拉特、伊夫多金和弗拉斯在鄉下發生爭端。其後數百年，納博科夫家的人多擔任官職或從軍。我的高祖父亞歷山卓・伊凡諾維奇・納博科夫將軍（1749-1807）在保羅一世的治理下統領諾夫格羅德要塞的軍團。在官方文件中，他統率的這個軍團稱為「納博科夫軍團」。他的么子尼古拉‧亞列克山卓維奇‧納博科夫（就是我的曾祖父）一八一七年加入海軍。當時曾祖父還是個年輕的海軍軍官，與日後成為海軍上將的馮‧藍格男爵和李特克伯爵在海軍上校戈洛夫寧（後來官拜海軍中將）麾下，前往新冷珀❶（竟來到這地方）繪製地圖。這裡有條小河就叫「納博科夫河」，正是以我曾祖父為名。當地有好些地名都以當年來此探勘的軍官姓氏命名，讓人永遠記得他們，例如在阿拉斯加西邊蘇渥德半島的戈洛夫寧瀉湖——何蘭德博士❷就曾描述在這裡發現的一種學名為 *Parnassius phoebus golovinus* 的絹蝶（原文就是這麼印的，這學名大有問題），而我曾祖父的蹤跡只能從那條小河去尋——一條在涇漉漉的岩石間蜿蜒的小河。那河水不只是靛藍，甚至是一種憤怒的藍。他不久就離開海軍，轉調到莫斯科護衛隊，根據我堂弟瑟格‧塞吉維奇的說法，*n'ayant pas le pied marin*（**他會暈船**）。他與安娜‧亞歷山卓芙娜‧納西莫夫（她的兄弟是十二月黨人❸）

---

❶新冷珀（Nova Zembla），在俄國北邊，巴倫支海（Barents Sea）和喀拉海（Kara Sea）之間的群島名，俄文是「新土地」的意思。

❷何蘭德博士（William J. Holland, 1848-1932），美國昆蟲學家。

❸十二月黨人（Decembrist），一八二五年反對農奴制度和沙皇專制制度發動武裝起義的俄國貴族革命家。

結婚。我對他的軍旅生涯一無所知，但不管他功績如何，應該比不上他的哥哥伊凡・亞歷山卓維奇・納博科夫（1787-1852）——對抗拿破崙軍隊的英雄，年老時任聖彼得堡的彼得保羅要塞司令官，一八四九年他有個囚犯就是作家杜斯妥也夫斯基，也就是《雙重人格》等書的作者。他對這位大作家很寬厚，把書借給他看。然而，更有趣的事是他娶艾卡特琳娜・普希青為妻，也就是伊凡・普希青之妹。伊凡・普希青是普希金❹的同窗密友。負責印刷的先生請注意，是二「青」一「金」❺，別印錯了。

狄米崔・納博科夫（1827-1904）是尼古拉的兒子、伊凡的姪子，也就是我的祖父，他在俄國兩個沙皇❻治理之下擔任八年的司法部長，在一八五九年九月二十四日與年方十七的瑪麗亞結婚。瑪麗亞是在俄國服役的德國將軍斐迪南・尼可拉斯・維克特・馮・郭爾夫男爵（1805-69）之女。

---

❹普希金（Alexander Pushkin, 1799-1837），俄國浪漫主義文學代表人物，偉大的俄國民族詩人，現實主義文學的開拓者。代表作為《尤金・奧涅金》（*Eugene Onegin*）。

❺二「青」一「金」：指普希「青」兄妹二人（Ivan Pushchin & Ekaterina Pushchin）和普希「金」。

❻沙皇亞歷山大三世和沙皇尼古拉二世。

在凝聚力強的古老家族中，某些臉部特徵會一再出現，就像指標或製造者的商標。納博科夫式的鼻子（像是我祖父的）就是典型俄國鼻，鼻尖柔軟、渾圓，上翹，從側面看是個緩降坡；而郭爾夫式的（以我的為例）則是漂亮的德國鼻，鼻樑明顯，肥厚的鼻尖有點傾斜，法令紋很深。驕傲或吃驚的納博科夫揚起眉毛時，你看那眉毛只有內側稍多，愈向太陽穴愈稀少，郭爾夫式的眉毛雖然有個漂亮的彎，還是一樣稀疏。納博科夫列祖列宗在時間的畫廊漸漸後退，遁入陰影中，不久就和模糊的盧卡維什尼科夫家族結合——這家族我知道的只有我母親和舅舅瓦西里，樣本太少，使我很難描繪出整個家族的容顏。反之，郭爾夫家系的女性身影倒是清楚得很——美得像百合和玫瑰的少女，高聳、紅潤的顴骨，淡藍色的眼珠，一邊頰上還有顆小小的美人痣，斑點般的印記。從我祖母到我父親和他三、四個兄弟姊妹，我那二十五個堂兄弟姊妹中的一些，到我妹妹和我兒子狄米崔，或多或少都繼承了這個印記，像是同一幅畫的翻版，只是有的比較清晰，有的較為模糊。

我的德國曾祖父斐迪南・馮・郭爾夫男爵在一八〇五年生於柯尼斯堡❼，娶妮娜・亞

---

❼柯尼斯堡（Konigsberg），即俄羅斯加里寧格勒。

莉珊卓芙娜・希思科夫（1819-95）為妻。他一生戎馬，功業彪炳，一八六九年在曾祖母的伏爾根領地（在薩拉托夫附近）與世長辭。他是馮・郭爾夫男爵威廉・卡爾（1739-99）與馮・德・奧斯滕・薩肯女男爵艾萊諾・瑪格麗特（1731-86）的孫子，父親則是尼古拉斯・馮・郭爾夫（卒於一八一二），普魯士軍隊的一名少校，母親則是安托妮特・希歐朵拉・葛勞恩（卒於一八五九年），作曲家卡爾・亨利希・葛勞恩❽的孫女。

安托妮特的母親伊莉莎白（生於一七六〇年），娘家姓費雪，是莉姬娜・哈敦（娘家姓）的女兒，而莉姬娜的父親約翰・亨利希・哈敦（1699-1765）則是柯尼斯堡一家大出版社的老闆。伊莉莎白是出了名的美人，與第一任丈夫葛勞恩律師（即作曲家卡爾・葛勞恩的兒子，也是皇家顧問律師）離異之後，在一七九五年嫁給一個二流詩人史戴格曼。根據我查到的德文資料，伊莉莎白還跟一個名叫克萊斯特❾的知名作家結了一段忘年之交。克萊斯

---

❽卡爾・葛勞恩（Carl Heinrich Graun, 1701-59），巴哈時代的作曲家、演奏家皮森泰爾（Johann Georg Pisendel）的弟子，布朗斯維克（Brunswick）宮廷樂師。

❾克萊斯特（Heinrich von Kleist, 1777-1811），德國十九世紀重要小說家、劇作家、詩人，自幼有自殺傾向。

特的名氣遠勝過她的丈夫，而且才三十三歲，伊莉莎白對他來說「亦母亦友」。克萊斯特瘋狂愛上了伊莉莎白十二歲的女兒荷薇格・瑪莉（後來成了馮・奧爾佛斯夫人）。據說，克萊斯特與一位得了絕症的女士相約前往柏林西邊的萬湖⑩自殺之前，曾去史戴格曼府上拜訪，打算跟伊莉莎白母女訣別，但未獲接見，因為那天是史戴格曼家的洗衣日，不見客。我的祖先認識了不少形形色色的文學界人士。

卡爾・亨利希・葛勞恩，即我的曾祖父斐迪南・馮・郭爾夫男爵的曾祖父，生於一七〇一年，出生地是德國東部薩克森邦的華倫布魯克。他的父親奧古斯特・葛勞恩（生於一六七〇年）是稅吏（正式職銜：「波蘭國王暨薩克森州選帝侯之稅吏」）。這裡說的選帝侯就是與他同名的波蘭國王奧古斯特二世。葛勞恩家不知有幾代都是神父。奧古斯特・葛勞恩的高祖父沃爾夫岡・葛勞恩是普洛恩當地（在華倫布魯克附近）的管風琴師。有人在普洛恩的公園為他的後代，也就是作曲家卡爾・葛勞恩豎立雕像。卡爾・葛勞恩一七五九年死於柏林，享年五十八歲。十七年前，柏林新歌劇院開幕首演就演出他的作品《凱撒與克

---

⑩萬湖（Wannsee），因克萊斯特在此自殺，此地已成著名景點。

麗奧佩特拉》。他是他那個時代最好的作曲家，甚至可以說是最偉大的一位。根據當地死亡名冊登記人的說法，葛勞恩死時，他看到贊助他的貴族為他的死那樣悲傷，自己都不免黯然神傷。曼澤爾⓫畫的腓德烈大帝組畫中有一幅就是他在吹奏葛勞恩的長笛作品。曼澤爾作畫之時，葛勞恩早已作古，畫中的他雙臂交叉，看來有點漠不關心的樣子。在我流亡德國的歲月裡，不知搬過幾次家。每回搬家，那幅〈長笛音樂會〉的複製畫總跟著我。有人告訴我，波茨坦的莫愁宮⓬有一幅當代作品，畫的就是葛勞恩和他的夫人朵若西亞・雷克普並肩坐在大鍵琴前面。在音樂百科全書中出現的葛勞恩肖像，常是柏林歌劇院掛的那幅，看起來跟我那個當作曲家的堂弟尼古拉・狄米崔維奇・納博科夫很像。在那鍍金的往日，畫得美侖美奐的天花板下，一場又一場的音樂會演出了。那些音樂會傳來一個很有意思的回音：一九三六年，我在「希特勒萬歲」的柏林，收到了一筆約當二百五十美元的款項。

⓫曼澤爾（Adolf von Menzel, 1815–1905），德國現實主義畫家。文中提到的畫作就是〈長笛音樂會〉（Flötenkonzert），是曼澤爾在一八五二年畫的。

⓬莫愁宮（Sans-Souci Palace），普魯士國王腓德烈二世依照法國凡爾賽宮的建築式樣建造的宮殿。

葛勞恩這個節儉的作曲家把他收藏的漂亮的鼻煙盒等寶貴的小工藝品留給後代子孫。這批遺產變賣之後，最後換成四萬三千德國馬克（約一萬美元），存入普魯士國家銀行。這一點點的錢給了葛勞恩家族的三個支系繼承：馮・郭爾夫、馮・魏斯曼及納博科夫氏族（第四個支系，即亞西奈利・狄・桑・馬札諾伯爵〔Counts Asinari di San Marzano〕的後代子嗣已斷絕）。

有兩位馮・郭爾夫男爵夫人曾在巴黎警方紀錄出現過。一位本來叫安娜—克莉絲蒂娜・史戴格曼，瑞士銀行家之女，福隆侯德・克里斯欽・馮・郭爾夫男爵的遺孀。那男爵官拜俄軍上校，是我祖母的曾叔公。安娜—克莉絲蒂娜的表哥也是軍人，即鼎鼎大名的艾克瑟・馮・佛爾森伯爵，安娜或許也是他的愛人。一七九一年，在巴黎把護照和訂做的全新馬車借給皇室，讓他們逃亡到瓦倫內斯的就是安娜（那馬車非常奢華，有高大的紅色輪子，椅套是荷蘭烏特勒支白天鵝絨做的，窗簾是墨綠色的，還有種種時髦的玩意兒，像是*vase de voyage*〔旅行用便器〕。）王后假扮成她，而國王[13]則喬裝成兩個孩子的家庭教師。警方登記有案的另一個事件和一次化妝舞會有關，就沒那麼驚險了。

一百多年前，嘉年華週快到了的時候，巴黎的德・莫尼伯爵（Count de Morny）邀請一位女士到家裡參加化妝舞會。根據一八五九年出刊的《巴黎大小事》第二五一頁，記者亨利斯撰寫的名流報導提到：*une noble dame que la Russie a prêtée cet hiver à la France*（**今年冬天，俄國出借一位高貴的女士給法國**）。這位女士就是妮娜・馮・郭爾夫男爵夫人。先前已經提過，她五個女兒中的長女瑪麗亞（1842-1926）在同一年，也就是一八五九年的九月，和狄米崔・尼古拉維奇・納博科夫（1827-1904）結婚。狄米崔是馮・郭爾夫家的友人，當時也在巴黎。郭爾夫男爵夫人為了這次舞會，給女兒瑪麗亞和歐嘉各訂製了一套賣花女的服裝，一套花了二百二十法郎。名流報導的記者用油腔滑調的口吻寫道，那筆錢相當於六百四十三天的 *de nourriture, de layer et d'entretien du père Crépin*（**食費、房租和買鞋襪的錢**）。這種形容真是奇怪。好了，衣服做好送來了之後，男爵夫人發現衣服 *trop décolletés*（**袒胸露背**），當下拒收，裁縫也找了一個 *huissier*（**保證人**）來理論。兩人大吵一架。我那寶貝曾祖母還控告裁縫，要她賠償。（看我那曾祖母嫌惡低領口禮服的樣子，你會以為她是個老古板。其實不然，她是個美麗、熱情的女人，私底下還挺開放的。）

⓭國王指路易十六，王后則是瑪麗・安東妮特。這次逃亡計畫就是王后和馮・佛爾森伯爵策畫的。到了瓦倫內斯，後形跡敗露，最後死在斷頭台上。

我曾祖母說，那裁縫是 *des péronnelles*（潑婦），說領口開那麼低，大家閨秀怎麼穿，*se sont permis d'exposer des théories égalitaires du plus mauvais goût*（居然用這麼低級的品味來宣揚民主理念）。最後說，要重新訂做漂亮衣服已經來不及，她的女兒不能去參加舞會了。她指控保證人和他的助手賴在有軟墊的椅子上不起來，讓小姐去坐硬梆梆的椅子，還氣呼呼地說，納博科夫先生只不過想把那個保證人從窗口扔出去，那個保證人竟然威脅要把 *conseiller dÉtat, homme sage et plein de mesure*（那麼安靜而有自制力的一個人）關進監獄。裁縫輸了這個雞毛蒜皮的小官司。她把衣服拿回去，錢退給男爵夫人，還必須賠償提出告訴的男爵夫人一千法郎。至於一七九一年，另一位馮．郭爾夫男爵夫人——也就是安娜—克莉絲蒂娜——訂做的那輛馬車，要價五千九百四十四里弗赫（幣值和當時的英鎊相當），那帳單則分文未付。

狄米崔．納博科夫（Nabokov 這姓氏舊時在歐陸常見的拼法是 Nabokoff），從一八七八年到一八八五年任司法部長，對六〇年代開始實行的自由改革（如陪審團審判的制度）極力維護，還要對抗反動派猛烈的攻擊。為他立傳的一個人說：「他就像在暴風雨中的船長，必要的時候，會壯士斷腕，把船上一些貨物扔到海中，以保住其他的。」（《布洛克豪斯百科全書》，俄文版第二版）。我發現這個像墓誌銘般的比喻有如回響，恰恰呼應一個碑銘般的主題：我祖父很早就曾企圖把舊法律從窗口扔出去。

他退休時，亞歷山大三世讓他選擇，看他是要伯爵頭銜還是一筆錢——應該為數不少吧。我不知道爵位在俄國是否有價值，不管怎麼說，我的祖父立刻抓住比較實在的獎賞，讓節儉的沙皇希望落空（祖父的伯父伊凡也一樣，在尼古拉一世給賞的時候，也做出類似的決定）。我堂弟瑟格・塞吉維奇冷冷地說：「*Encore un comte raté*」（又一個伯爵吹了）。晚年，祖父多半住在國外。在剛跨入二十世紀那幾年，他的神智已經不大清楚了，但他堅信只要他待在地中海地區，就沒有問題。醫生的看法剛好相反，認為他要是在風景優美的山區或俄國北部養老，應該可以活得更久。關於我祖父，有一個匪夷所思的故事，至今我還沒辦法拼湊完全。話說他在義大利的某個地方，有一天趁看護不注意逃跑了。他四處遊盪，像發了瘋的李爾王，大罵自己的兒女，陌生人聽了都在笑。最後在亂石林立的荒郊野外被義大利憲兵隊攔下。一九〇三年冬天，他在尼斯，我母親一直在他身邊陪伴。這個老人瘋狂的時候，只肯讓我母親陪，其他人都會讓他受不了。那時，我四歲，弟弟三歲，也在尼斯，有英國家庭教師幫忙照顧我們。我還記得窗戶玻璃在愉快的微風中發出響聲，還有一滴熱燙燙的封蠟滴到手指的劇痛。我用燭火把棒狀的封蠟熔化成一團團黏黏的東西，有的是鮮紅色、有的是藍色，也有金銅色澤的。那封蠟的氣味真是好聞。陽光入侵我跪著的石板，火焰的顏色淡了，欺人似地若有似無。下一刻，我已躺在地上哀嚎，母親連忙跑來看看是怎麼回事，坐著輪椅的祖父也出現在附近，用手杖在石板上猛敲，敲得砰砰作響。他老人家不好侍候，讓媽媽吃足了苦頭。他動不動就說髒話，老是認為幫他推輪椅、陪他在英國林蔭大道上散步的那個看護是羅瑞斯—梅利科夫伯爵，八〇年代他在內閣的同事。（那人早就死啦。）有一次，不知是比利時女王還是荷蘭女王來探望他，問他老人家身體可好。他伸出一隻顫抖的手指，指著女王陛下，對我母親大聲喊叫：*Qui est cette femme—chassez-la!*（這個女人是誰？把她趕走！）我依稀記得我曾跑到他坐的輪椅前，給他看一顆漂亮的小石頭。他看啊看，看了半天，然後慢慢地把那石頭放進自己的嘴巴裡。我母親在往後的日子裡，常想起那段歲月，真希望那時的我有更多的好奇心，請她多說一點。

祖父不省人事的時間愈來愈長。有一次陷入昏迷，家裡的人把他送到聖彼得堡宮殿碼頭附近的小公寓。他慢慢清醒之後，母親已把他的臥房布置成他在尼斯住的房間。她找到幾件式樣很像的傢俱，還有一些東西則特別請人從尼斯火速送來。他朦朦朧朧中習慣攏的那些花，她也都弄來了，花朵的種類和多寡都恰到好處。他從窗口可以瞥見的一小塊牆面也漆成耀眼的白，好讓他每一次比較清醒的時候，都以為自己身在蔚藍海岸——這一切都是母親精心安排的場景。一九〇四年三月二十八日，他就在這個房間安詳地離開人世。十八年後，就在同月同日，我父親也走了。

祖父育有四男五女。長子狄米崔繼承了納博科夫家的財產⑭，也就是在波蘭沙皇領地。狄米崔的第一任妻子是莉蒂亞．艾杜亞多芙娜．法爾茲—費因，第二任妻子則是瑪麗．瑞德里許。次子瑟格是米托省省長，妻子是達莉亞．尼古拉夫娜．塗契科夫，斯莫藍斯克親王馬謝爾．庫圖佐夫的玄孫女。三子就是我父親，么兒康斯坦丁終身未娶。長女娜塔莉亞，夫婿是俄國駐海牙領事伊凡．德．彼德森；次女薇拉，嫁給伊凡．皮哈契夫，他是運動員也是地主；三女妮娜與華沙督軍勞希．馮．特洛本伯格男爵離婚後，再嫁對日戰爭英雄海軍上將尼古拉．柯洛梅采夫；四女伊莉莎薇塔的丈夫則是塞恩—維根斯坦—貝爾伯格親王，親王死後她再嫁兒子以前的家庭教師羅曼．萊克曼；么女則是娜德茲達，狄米崔．馮里亞爾雅斯基之妻，日後兩人仳離。

我叔叔康斯坦丁在外交界服務，退休前是駐倫敦外交官，為了俄國的外交任務，跟薩

---

⑭財產：*majorat*，源於法文，指根據貴族的具體身分和頭銜，設定一筆年收益額固定的財產，然這筆財產原則上不得轉讓或者與他人交換，只能完全由貴族的長子繼承。

布林⓯爭著當領導人，兩人鬥得你死我活，可惜叔叔最後還是落敗。他一生說不上波瀾起伏，但還是有兩次死裡逃生的經驗。然而，該來的還是躲不掉。一九二七年，他在倫敦一家醫院撒手人寰。話說一九〇五年二月十七日，當時他在莫斯科，他的老朋友瑟格大公⓰，問他要不要一起坐馬車。我叔叔說，謝啦，他還是安步當車。說時遲，那時快，下一分鐘馬車就被恐怖分子的炸彈給炸得稀爛。第二次大難不死是在七年後。這回的死神在冰山前等他。他本來打算搭鐵達尼號⓱，臨時變卦退了票。

後來，我們逃出列寧統治下的俄國，與我叔叔在倫敦常碰面。一九一九年，我們在維多利亞車站相逢的那一幕，至今仍歷歷在目：我父親伸出雙臂，闊步走向他，打算給他一個熱情的擁抱。我那看來拘謹的叔叔連連退後，不斷地說：*Mi v Anglii, mi v Anglii*（**我們這是在英國**。）他有一間漂亮的小公寓，擺滿了來自印度的紀念品，像是年輕英國軍官的

⓯薩布林（Evgeny Sablin），卒於一九四九年。

⓰瑟格大公（Grand Duke Sergey），沙皇尼古拉二世的父執輩、莫斯科總督，一九〇五年二月十七日那天暗殺他的是社會革命黨人卡里亞夫（Ivan Kalyaev）。

⓱這艘豪華郵輪撞上冰山沈沒的災難發生在一九一二年四月十五日凌晨。

照片。他是《一位外交官的試煉》（1921）一書的作者。這本書在任何一間大型公共圖書館都很容易可以找到。他也是普希金《波里斯．郭德諾夫》英文版的譯者。美國自然史博物館入口大廳的左側壁畫上還可看到留著山羊鬍的康斯坦丁叔叔。畫中，他與維特伯爵⓲、兩位日本代表和慈眉善目的羅斯福簽訂樸次茅斯條約⓳。我的姓氏能以金色的斯拉夫字母刻在那個地方，真是榮耀。我第一次經過看到的時候，不禁發出驚嘆。我身邊那位朋友——也是鱗翅類昆蟲學家——也應和道：「果真如此。」

2

我們納博科夫家族在聖彼得堡南方八十公里的奧瑞德茲（正確的寫法該是 *Oredezh'*）有

⓲維特伯爵（Count Sergey Yulyevich Witte, 1849-1915），俄國政治家，俄國現代化的倡導者，沙俄帝國立憲政府的第一任首相。⓳樸次茅斯條約（Portsmouth Treaty），日俄戰爭結束，一九〇五年九月五日，在美國總統羅斯福的斡旋下，於新罕布夏州樸次茅斯附近的美國海軍基地簽訂條約。

三處地產。圖解來看，有如三個相連的環，由西而東跨越盧加公路，綿延十六公里，母親的維拉莊園居中。右邊是她兄弟的羅澤斯特維諾，左邊是祖母的巴托沃，由橫跨奧瑞德茲河的橋樑相連。奧瑞德茲河曲折蜿蜒、分出許多支流、河道繞啊繞的，滋潤維拉莊園的兩側。

另外兩處地產較遠，屬於巴托沃地區：我四姑丈維根斯坦親王的杜魯茲諾斯利就在西佛斯基火車站再過去幾公里，就在我們家的莊園東北方十六公里處，而二姑丈皮哈契夫的米提烏席諾則要再往南八十公里，在通往盧加的路上。我從來沒去過二姑丈的莊園，但我們常常開車去四姑丈維根斯坦親王的莊園。四姑丈在俄國西南的波多斯克省還有一個豪華莊園叫卡孟卡，我們去過一次（一九一一年八月的事）。

一八〇五年，我們的巴托沃莊園因落入安娜塔西亞・馬特維夫娜・黎里夫之手而走入歷史。她娘家姓艾森，其子康卓提・費多羅維奇・黎里夫（1795-1826）是大名鼎鼎的十二月黨人，也是記者。他也寫詩，不過詩名不甚顯赫。康卓提夏天都在巴托沃一帶，為奧瑞德茲的人寫輓歌，在亞力克賽親王的城堡獻唱。那城堡猶如奧瑞德茲河上的一顆明珠。傳奇鮮少與邏輯相連，但連得上的時候，還是關係緊密的一對。我發現，黎里夫與普希金以手槍決鬥的事雖少有人知，似乎地點就在巴托沃公園，時間是一八二〇年五月六日到九日間（舊曆）。我在《尤金·奧涅金》一書的譯注曾仔細解釋過這點。普希金從聖彼得堡動身，前往艾卡特林諾斯拉夫（Ekaterinoslav）。長路迢迢，兩個友人安東·戴爾維格男爵（Anton Delvig）和帕佛·雅克弗雷夫（Pavel Yakovlev）陪他去。他們悄然從盧加公路轉往羅澤斯特維諾，過橋（馬蹄聲暫時從沈重轉為輕快），接著往西走上那條有很多車轍雜沓的老路，抵達巴托沃。黎里夫因為老婆即將臨盆，於是把她送到她在佛若奈茲（Voronezh）附近的莊園。他在莊園宅邸前等待普希金的到來，等得有點不耐煩的樣子，希望早一點把決鬥的解決，求上帝保佑，讓他能去跟老婆會合。普希金和他的兩個同伴從馬車出來，迎接他們的是粗獷的北方春日鄉野。我的皮膚和鼻孔也可感覺到那種甜美的氣味。他們走過巴托沃的草地和花床，穿越黑壓壓的菩提樹大道。那三個年輕人的身影彷佛就在我眼前（三人年齡加起來和我現在的歲數差不多）。他們跟著黎里夫和兩個陌生人走進公園。那日，被壓扁的、小小的紫羅蘭摻雜在前一年枯葉鋪成的地毯上，不久前才出現的橙端粉蝶⑳停駐在顫抖的蒲公英上。在那一瞬間，命運或許會搖擺不定，不是讓一個英勇的叛逆者免於走向絞

⑳橙端粉蝶，*Hebomoia glaucippe formosana*，雄蝶白色，雌蝶暗黃色，前翅有一大塊橙紅色斑紋，外緣有黑斑。

刑架，就是奪走俄國的《尤金・奧涅金》。然而，結果卻是兩者皆非。

二十幾年後，也就是在一八二六年，黎里夫在彼得與保羅要塞稜堡上被處決，巴托沃收歸國有土地。一八五五年左右，那塊土地被我曾祖父馮・郭爾夫男爵買下，後來又給了我曾祖母妮娜・亞莉珊卓芙娜・希思科夫。我們納博科夫家族有兩代人都是由家庭教師帶大的。我們大家都知道在巴托沃的樹林中有一條小徑叫做 *Le Chemin du Pendu*（吊死鬼的房間），也就是那個吊死鬼（當時世人都這麼叫黎里夫）最喜愛的步道。大家反而不喜歡用十二月黨人或叛亂者來稱呼黎里夫。說他是吊死鬼，聽來雖冷酷無情，但不失委婉，也帶有好奇的意味（那時被吊死的紳士實在不多）。我很容易想像出年輕的黎里夫在我們的樹林中散步的模樣。他在雜亂叢生的草木中行走，捧著一本書——就是那個時代浪漫步行的姿態。我也可很快想像出那個無懼的中尉，在那淒清的參議院廣場上，面對困惑的軍隊，和同志一同反抗暴政。那條長長的、名稱恐怖且存在已有一段時間的小徑，反而吸引著好孩子。在我童稚的心靈中，從來沒想過那條小徑與那不幸的巴托沃莊園主人何干。像我堂弟瑟格・納博科夫就是在巴托沃出生的，他想像在那 *la Chambre du Revenant*（幽靈的房間）會出現一般人印象中的鬼。而我和我的家庭教師則猜測有個神祕的陌生人吊在那小徑的白楊樹下。一隻罕見的天蛾在那樹上產卵。對當地的農民來說，黎里夫不過是那個「被吊死的人」（*poveshenniy* or *visel'nik*），沒什麼特別的，但在莊園家庭，由於一種怪異的禁忌，顯然做父母的不願說那是鬼。那可愛的鄉間步道是如此如詩如畫，有一種朦朦朧朧的美，提到鬼，不是很殺風景嗎。我覺得奇怪的是，父親比起其他親戚對十二月黨人的了解要來得深，且比較同情他們，我和他在那鄉間散步或騎腳踏車，他也只提過一次黎里夫的名字。我堂弟提醒我一點，那個詩人的兒子，也就是黎里夫將軍是沙皇亞歷山大二世的至交，也跟我祖父是好友，因為這個緣故，*on ne parle pas de corde dans la maison du pendu*（**在吊死者的家別提起繩子的事**）。

從巴托沃往東，沿著那條車痕累累的舊路（我們曾跟著普希金走過一趟，現在再折回來），走個幾哩就到羅澤斯特維諾。走到大橋之前，往北走向開闊的鄉間，就來到我們的維拉莊園，路的兩邊各有一座公園。如在大橋前繼續往東，經過陡降的丘陵地，就是一片老墓地，覆盆子和聚果榕長得密密麻麻的。如果過橋，可看到山丘上有一間有白色列柱的房子，那就是我舅舅的家。

羅澤斯特維諾的領地有一個大村子也叫羅澤斯特維諾，這塊土地很大，有一座莊園房子高踞在奧瑞德茲河上方。在盧加（或華沙）公路上，聖彼得堡（今列寧格勒）南邊五十哩處的皇村（Tsarskoe Selo，現在這個村子已改名為普希金村），在十八世紀以前叫庫羅維茲（Kurovitz），屬於舊的寇波爾斯克地區（Koporsk）。一七一五年左右，這裡是亞力克賽親王[21]的地產，他就是大惡霸彼得大帝（Peter I, 1672-1725）那個不幸的兒子。那棟莊園房子曾經翻新，五臟六腑都不一樣了，但還保留了原來就有的 *escalier dérobé*（**隱藏式的樓梯**）等。除了那樓梯，其他的我就記不得了。我曾摸過那樓梯的欄杆，也看過另一座樓梯（或許也曾踏上過），但細節已經忘了。亞力克賽親王從宮殿逃了出去，沿著公路一路逃到波蘭和奧地利，甚至跑到南邊的那不勒斯，但是最後還是被彼得大帝的心腹皮爾托伯爵（Count Pyotr）騙了回去，慘遭囚禁。皮爾托伯爵就是安卓維奇．托爾斯泰[22]，曾經是駐君士坦丁堡的大使（他為他的主子彼得大帝買下一個小黑人[23]，那個小黑人就是普希金的曾祖父。）

---

[21] 亞力克賽親王與其父彼得大帝不合。彼得大帝認為他跟禁衛軍一樣是個威脅，甚至有勾結外國叛國的行為而將他囚禁。亞力克賽親王後來在獄中死去。

[22] 安卓維奇．托爾斯泰（Andreevich Tolstoy, 1645-1729），彼得大帝執政時期，俄國最重要的政治家，也是俄國大文豪李奧．托爾斯泰（Leo Tolstoy）的祖先。

[23] 即彼得大帝的黑人隨扈與親信亞伯蘭．甘尼寶（Abram Gannibal, 1693?-1781）。普希金曾為這位生平相當傳奇的曾祖父寫了一本小說《彼得大帝的黑人》，但未完成。

據我所知，羅澤斯特維諾後來歸亞歷山大一世的一個寵臣所有，我外公在一八八〇年左右為長子弗拉基米爾買下那塊土地之時，曾把那棟莊園房子部分改建過。但弗拉基米爾幾年後就死了，死時才十六歲。一九〇一年，他的弟弟瓦西里・盧卡維什尼科夫繼承了這地產。他餘生還有十五個夏天，其中的十個都是在此度過。我記得很清楚，那莊園房子很涼爽，而且容易傳出回音，大廳地板是棋盤般的石板，架子上立著十隻瓷貓，那裡還有一副石棺和一部風琴。我還記得那裡的天窗和樓上的走廊。黃昏時分，神祕的房間內有五顏六色的光。每一個角落都可以看到康乃馨和十字架。

3

卡爾・亨利希・葛勞恩年輕的時候，是個出色的男高音。一天晚上，他將在布朗斯維克教堂唱詩班指揮舒爾曼[24]寫的歌劇中演唱。然而，有些曲子，他很討厭，索性用自己創作的曲子來唱。我想到自己和葛勞恩的血緣關係，感覺既愉快又震懾。然而，我更景仰另外兩位祖先，一個是先前提到的探險家，另一個則是我母親的外公，偉大的病理學家尼古拉・伊拉里奧諾維奇・寇茲洛夫（1814-1889）。他是俄國帝國醫學院首任院長，發表過一些論文，如〈論疾病概念的發展〉和〈精神病患者頸靜脈孔縮窄〉等。說到論文，我可以順便提一下我自己的幾篇科學論文，特別是我自己最得意的三篇：〈新熱帶區藍灰蝶亞科筆記〉（《蛾：昆蟲學期刊》第五十二卷，一至四期，一九四五年）㉕、〈一種新品種的納博科夫藍蝶〉（《昆蟲學家》，一九四八年十二月號）㉖，以及〈高北緯帶地區的胡本納藍蝶〉（哈佛學院，《比較動物學博物館學報》，一九四九年）㉗。在一九四九年後，我發現自己分身乏術，無法兼顧科學研究、純文學和《蘿莉塔》（她就要降臨人世，不過難產了）。

盧卡維什尼科夫家族紋章風格比較簡單，也不像納博科夫家族的那麼傳統。那盾牌是一個原始鼓風爐㉘的圖案。這種鼓風爐無非是我的探險家祖先用的，以熔煉他們發現的烏

㉔舒爾曼（Georg Caspar Schürmann, 1672-1751）。

㉕Notes on Neotropical Plebejinae (*Psyche*, Vol. 52, Nos. 1-2 and 3-4, 1945)。㉖A New Species of Cyclargus Nabokov (*The Entomologist*, December 1948)。㉗The Nearctic Members of the Genus Lycaeides Hubner (*Bulletin Mus. Comp. Zool.*, Harvard Coll., 1949)

㉘鼓風爐（domna）用以生產液體金屬的一種豎式筒形爐。

拉山礦石。我特別要提到的是，這些盧卡維什尼科夫先生或女士是西伯利亞的拓荒者、金礦開採者，也是礦冶工程師，不是某些傳記作者寫的什麼莫斯科富商，我們與那個家族只是同名而已。我們盧卡維什尼科夫家族（自十八世紀以來）一直是喀山省的地主階級，擁有的礦區在尼茲海尼—塔吉爾斯克附近的亞洛培維斯克，也就是在烏拉山脈西伯利亞那邊的普恩省。以前的西伯利亞快車會經過那個地方。我父親搭乘過兩次。那火車很漂亮，屬於北方線快車系統。我本來也打算要坐那火車去做旅行考察，然而目標是昆蟲，而非礦物，因為革命爆發的緣故，未能成行。

我母親是艾蓮娜・伊凡諾芙娜（生於一八七六年八月二十九日，卒於一九三九年五月二日）。她的父親伊凡・瓦西里維奇・盧卡維什尼科夫（1841-1901）為工業鉅子之子，是地主、治安官㉙，也是慈善家。母親則是歐嘉・尼古拉芙娜（1845-1901），寇茲洛夫博士之女。我母親的雙親在同一年死於癌症，她的父親在三月過世，母親則是六月。她有七個兄弟姊妹，五個早夭，剩下的兩個哥哥，大哥弗拉基米爾在一八八〇年代在瑞士東部的達佛斯死

㉙治安官（justice of the peace），主要審判輕微刑事或民事案件的地方治安法官。

亡，死時才十六歲，而二哥瓦西里則是在一九一六年，在巴黎過世。我外公脾氣很壞，我母親很怕他。在我童年的時候，我對他所有的印象都來自於他的肖像（他的鬍子以及脖子上掛的那條官員才有的鍊子），還有他最大的嗜好——製作誘捕獵物的假野鴨和麋鹿頭標本。在我們鄉下房子那有著鐵欄杆的前廳，立著一對巨大得驚人的熊，牠們抬起前肢，那模樣可怕極了。每年夏天，我總是以那令我好奇又害怕的爪子來衡量自己的身高——先是可以碰到前肢的下方了，再高之後就可碰到上方了。你把手指伸入牠們那粗糙的褐色毛皮，奇怪，那肚子怎麼硬梆梆的（怎麼不像真的狗或絨毛動物玩偶那樣軟軟的）。有時候，那兩隻熊會被抬到花園的一角，把牠們身上的灰塵撢一撢，在太陽底下曬一曬。我那可憐的家庭教師O小姐㉚，從公園的方向走來，看到那搖曳的樹蔭下有兩隻猛獸張牙舞爪等著她，就驚聲尖叫。我父親對打獵一點興趣都沒有，但他二哥瑟格對打獵就熱中得很，自一九〇八年起，沙皇陛下的獵犬都是他負責照顧、訓練的。

我母親兒時比較快樂的回憶之一就是有一年夏天和她姨媽普拉絲蔻薇亞去爺爺在克里

㉚參第五章。

米亞的別墅，就在費多西亞（Feodosia）附近。她和姨媽曾和爺爺還有一位老先生一起散步。那位老先生是很有名的海景畫家艾發佐夫斯基㉛。她還記得那位畫家說（他一定說過很多次），一八三六年，他曾在聖彼得堡的畫展上看過普希金本人：「一個長得很矮、很醜的傢伙，他的夫人就在他身旁，身材高䠷又漂亮。」但那已是半個多世紀以前的事了。艾發佐夫斯基還是個美術系的學生，普希金不到一年就死了。她還記得大自然從自己的調色盤在那畫家的灰色高頂禮帽加了一筆：一隻鳥在那上面留下了一點白色汙跡。走在她身邊的普拉絲蔻薇亞姨媽，是她母親的姊姊，嫁給了著名的梅毒研究專家塔爾諾夫斯基（1839-1906）。普拉絲蔻薇亞姨媽也是醫生，曾出版論精神醫學、人類學和社會福利的專著。有一天晚上，普拉絲蔻薇亞姨媽去艾發佐夫斯基費多西亞附近的別墅做客，二十八歲的契訶夫醫生也是座上賓。不知怎麼，他們為了一個醫學問題，起了爭執，契訶夫因此大動肝火。很難想像，像她那樣博學、親切、優雅的女士會和契訶夫發生這麼嚴重的口角。契訶夫甚至在一八八八年八月三日寫給他姊姊的一封信中提到這個事件。普拉絲蔻薇亞姨媽，也是

㉛艾發佐夫斯基（Ivan Ayvazovski, 1817-1900）。

我們口中的帕夏姨婆，常常到維拉來找我們，跟我們打招呼的方式很好玩。她大搖大擺地走進我們這些小鬼的房間時，總是高聲對我們說：「*Bonjour, les enfants!*」（小朋友，早！）她死於一九一〇年。彌留之際，我母親陪伴在她身邊，聽到她說：「真有趣。我現在終於知道了。一切都是水，*usyo-voda*。」

我舅舅瓦西里在外交部做事，但他對工作投入的程度遠不及康斯坦丁叔叔。對舅舅來說，外交工作並不是他的志業，只是一個還算高尚的職務罷了。他朋友當中的法國人和義大利人說不出他那長長的俄國姓氏，乾脆簡化成「盧卡（重音在第二音節的「卡」）」，「盧卡㉜」這名字甚至比他的教名瓦西里更適合他。在我的童年時代，盧卡舅舅代表一個玩具世界，裡頭有好玩的圖畫書，還有櫻桃樹，樹上結實累累，果子黑溜溜的。他的地產與我們家隔著一條蜿蜒的河。他在自己土地角落蓋了一座玻璃溫室果園。夏天，幾乎每天午餐時分，我們都可以看到他駕馬車過橋，沿著一排小樅樹，朝我們家前進。在我八、九歲的時候，午餐過後（兩個男僕在空蕩蕩的餐廳清張桌子），他總讓我坐在他膝上，逗著我玩，

㉜盧卡（*Ruka*），在俄文中是「手」的意思。

低聲哼著歌兒，叫我親愛的小寶貝。舅舅在僕人面前對我這樣，我覺得有點難為情。幸好爸爸從陽台叫他，我才能脫身。「*Basile, on vous attend*」（**瓦西里，我們在等你呢。**）有一次，我去車站接他（那時，我應該是十一歲或十二歲）。我看到他從長長國際長途臥車走下來。他看我一眼，說道：「可憐的孩子，你怎麼變得面黃肌瘦、這麼蒼白（*jaune et laid*）？」在我命名日十五週年那天，他把我拉到一旁，以他那向來直率、準確，又有點老式的法語對我說，他要我當他的繼承人。「好了，你可以走了。」又加上一句：「*l'audience est finie. Je n'ai plus rien à vous dire*」（**該跟你說的我都說了，沒有別的要講的。**）

在我的記憶中，他是個瘦瘦小小、乾淨俐落的人，臉色深沈，灰綠色的眼珠中雜有鐵鏽色的斑點。他的鬍子黑黑的，像刷子一樣，喉結突出，在他領結上的貓眼石和金蛇環上動來動去。他的戒指和袖釦也都鑲有貓眼石。他那纖細柔弱的手腕上戴著金手鍊，鴿灰、鼠灰或銀灰色的夏季西裝鈕孔上經常別著一朵康乃馨。只有在夏天，我才能見到他。他在羅澤斯特維諾住沒多久，又回到法國、義大利或是他最愛的埃及。他在波城附近有座城堡（叫佩皮尼昂），在羅馬不遠有棟別墅（叫塔馬林多）。他也會從埃及寄給我風景明信片（上面有棕櫚樹及其倒影、落日，還有雙手放在膝上的法老），一行又一行，寫得密密麻麻的。

接著，六月又來到，香氣逼人的稠李[33]（即舊世界的鳥櫻或我在我的《尤金．奧涅金》譯本裡說的「穗花李」（*racemosa*）。花園錦簇，舅舅回到羅澤斯特維諾，在他那美麗的家升起他個人的旗幟。他帶著五、六個巨大的皮箱，賄賂北方線快車的列車長，讓這火車在我們這個鄉下小站停一下。他說有一份特別的禮物要送我。穿著高跟白皮鞋的他，以小碎步帶我到最近的一棵樹下，一副神祕兮兮的樣子。他小心翼翼地摘下一片葉子，交給我，說道：「*Pour mon neveu, la chose la plus belle au monde—une feuille verte*」（**給我外甥的禮物，世界上最美麗的東西——一片綠葉**）。

或者他會鄭重其事地從美國帶狐狸爺爺系列[34]和《巴斯特·布朗》的圖畫書回來送我。現在大概沒有人記得巴斯特·布朗了。這個小男孩總是穿著大紅色的西裝上衣和短褲。你如果仔細看，就會發現那紅色其實是無數紅點集合起來的。巴斯特每次都被他媽打得很慘。他那老媽雖然腰細如蜂，打起巴斯特的屁股可是力大無窮，打到褲子後面揚起一陣塵埃。

---

[33] 稠李，學名 *Padus avium*，又名甜櫻桃、野櫻桃等。晚春出葉後開花，花為傘狀花序，花梗短，果實光華沒有溝，果核光滑。

[34] 狐狸爺爺系列（Foxy Grandpa series），別名兔子的漫畫家舒茲（Charles "Bunny" Schultze）在一九〇〇年創造出來的人物。先在報上刊登，後以圖書發行，在一九〇一到一七年間，共發行過三十餘冊。

她的刑具包括拖鞋、梳子、尖尖的雨傘，甚至有一個警察曾好心借她一根警棍。由於我從來沒被打過屁股，看到巴斯特被打的那個樣子，以為那是怪異的外國刑罰，例如在沙漠中用滾燙的沙子把一個人活埋——只露出頭顱，眼睛睜得很大，就像梅因・瑞德㉟的書卷頭插畫。

4

盧卡舅舅似乎游手好閒，怪的是他的日子過得很忙亂。他的外交工作似乎神龍見首不見尾，我們從不知道他到底在做什麼。他可是為自己解讀密碼的能力十分自豪。只要是他會的五種語言，什麼樣的密碼，他都可以破譯。有一天，我們以一個數字序列考他：5.13 24.11 13.16 9.13.5 5.13 24.11。才一轉眼的工夫，他就解出來了。就是莎士比亞劇本中一段相當有名

㉟參第十章。

的獨白開頭幾個字㊱。

他身穿粉紅色大衣，在英國或義大利獵狐；穿著皮草從聖彼得堡開車到波城；披著一件歌劇斗篷搭乘飛機，結果飛機在法國西南巴約納附近的沙灘墜毀，差點沒命。（我問他，那架撞毀的《鄰人號》飛行員呢？盧卡舅舅想了一下，然後以確定的口吻告訴我說：「*Il sanglotait assis sur un rocher*」（他坐在一塊大石頭上哭泣。）接下來唱了幾首船歌和抒情流行歌曲，如「*Ils se regardent tous deux, en se mangeant des yeux……*」（他們四目相望，用眼神吞噬對方……），還有「*Elle est morte en Février, pauvre Colinette!*」（她死於二月，可憐的柯麗奈特！）以及「*Le soleil rayonnait encore, j'ai voulu revoir les grands bois*」（陽光依然燦爛，我想再次看看那壯觀的森林……）等幾十首歌。他會作曲，譜寫的旋律很美，而且有餘波盪漾的感覺，也會用法文作詩，他的法文詩和用抑揚格寫的英詩或俄文詩一樣

㊱應該是哈姆雷特中的「To be or not to be」。納博科夫在俄文版留下的線索似乎比較多：「*on ochen' bystro obratil "5.13 24.11 13.16 9.13.5 5.13 24.11" v nachal'nye slova izvestnogo monologa Gamleta*」（他很快就把這個序列轉換出來，也就是哈姆雷特那段有名的獨白開頭。）然而，可能是為了考驗英文版讀者，他刻意把「哈姆雷特」隱藏起來。

韻律合拍。儘管法詩句尾的「*e*」不發音比較自然，但他還是使之出聲。他也是撲克牌高手。

盧卡舅舅因為口吃，發唇音有困難。於是他把馬車夫的名字從彼歐特改成雷夫。我父親（他總是對舅舅有點嚴厲）則說這是奴隸主人的心態。然而，他對語言可挑剔得很，常常從法語、英語和義大利語三種去精挑細選語彙，而且把這三種語言都混合在一起使用。他說這些外國語比說自己的母語要來得自在得多。他說俄語的時候，總是把一些成語或俚語張冠李戴或斷章取義。例如，我們同桌吃飯，他會突然嘆一口氣（總是為了一些不稱心的事，如花粉熱、一隻孔雀死了或是一條狼狗走失了），沒頭沒腦地冒出這麼一句：「*Je suis triste et seul comme une bylinka v pole*」（我像原野中的一片草葉那樣孤寂。）

舅舅一口咬定他有無藥可救的心臟病，發作的時候，只有平躺在地上才能舒服一點。沒有人把他的話當真。一九一六年末，他獨自一人在巴黎，因心絞痛猝死，那年他才四十五歲。想到從前晚飯過後，在客廳發生的那一幕，內心就會湧現一種異樣的痛楚：僕人端著土耳其咖啡進來，不料舅舅在地上躺成大字形，擋住去路。爸爸瞄媽媽一眼（帶著疑問又莫可奈何的眼神），然後盯著舅舅（一副不以為然的樣子），接著（以好奇的目光）看著僕人手中的托盤——僕人戴著棉布手套的手看來平穩，奇怪的是，托盤上的東西卻不斷顫動。

在他那短短的一生，除了病痛，還有其他更為奇特的折磨。於是，他在宗教上尋求慰藉（如果我的了解沒錯的話），他先加入某個俄國教派，最後皈依羅馬天主教。盧卡舅舅也有像天才那樣引人入勝的神經質，但他不是天才，只是在追尋一個飄泊的影子。小時候，外公很討厭他。外公是個老派鄉紳（喜歡獵熊、有私人劇院，蒐集的一大堆垃圾中偶然也有好的古代大師作品）。外公發起脾氣，無法自制，聽說舅舅小命差點不保。我母親後來曾告訴我，在她小時候，家裡的氣氛很緊張，還說起外公書房裡出現的暴力景象。那書房是在屋子角落的一個房間，很陰暗，可以看到窗外有五棵白楊樹，樹下有一口老井，那口井的汲水滑輪已經生鏽。後來，只有我用過那個房間。我的書和昆蟲展翅板就放在那個房間的黑色書架上。我在花園那一側還有一間採光很好的小書房。我請母親把外公書房裡的一些傢俱搬到我那間小書房。一天早晨，外公書房裡的大書桌就搖搖擺擺地進來了。書桌上鋪的深色皮革已經壞了，桌上只剩一把巨大的裁紙刀，以及一把真正的阿拉伯彎刀，刀柄是長毛象的黃色象牙雕刻出來的。

盧卡舅舅在一九一六年底過世的時候，留給我一大筆錢，差不多相當於現在的幾百萬美元，還有他在鄉下的房地產——他那間在綠色斜坡上、有著白色柱子的豪宅和兩千英畝的原始林和泥炭沼。有人告訴我，那房子在一九四〇年還在，變成一座前不著村、後不著店的博物館，給取道聖彼得堡—盧加公路的觀光客參觀。那公路經過羅澤斯特維諾這個村子，橫跨奧瑞德茲河。奧瑞德茲河上的水仙像飄浮的島，水藻如錦緞，很美，為這河流增添歡樂的氣氛。在蜿蜒的河道下游，陡峭的紅色河堤上有一個個洞——那是灰沙燕啄出來的巢洞。那巨大、浪漫的樅樹（我們維拉的邊界）在河面上留下重重倒影。再往下游，湍急的水流從一座水車磨坊流瀉而下，予旁觀者（他的手肘靠著欄杆）逝者如斯之感，好像看著時間本身的船尾不斷後退、最後變得渺茫。

5

下面這段不是為一般讀者而寫的，而是寫給某個白癡看的。那個白癡因為破產，變得一文不名，就以為他了解我。

我和蘇維埃極權的過節（始於一九一七年），與任何財產的問題無關。有些流亡者仇恨赤色共產黨人，原因在於那些共產黨人偷走了他們的錢和土地。我完全看不起那樣的流亡者。這些年來，我的鄉愁是一種極其強烈的失落感——為了失去的童年，而不是失去的鈔票。

最後，我總算還有權利去找個可以安身立命的生態棲位：

這美利堅天清地遠，
我爲俄羅斯一地，
長嘆。

...Beneath the sky
Of my America to sign
For *one* locality in Russia.

一般讀者可以繼續讀下去了。

6

我快十八歲了，一轉眼又過了十八歲。空閒的時候，多半在戀愛或寫詩。我對物質很淡漠。在我們那顯赫的家世背景之下，繼承再多的財富，似乎也不算什麼。然而，隔著透明的深淵回頭看，在天外飛來一筆財富那短短的一年，我的感覺不但怪異，還有點不快。那時的我，沈浸在青春的喜悅中。但那春青不尋常的熱情，只出現一瞬，不久就消退了。繼承遺產沒能帶給我特別的快樂，由於布爾什維克革命的緣故，我在一夜之間變得一無所有，也沒有因此而懊惱。這樣的回憶讓我覺得自己忘恩負義，對不起盧卡舅舅，好像我跟大家一樣，對他表面恭敬，骨子裡卻是看不起他的。就連喜歡他的人，也是這樣。我強迫自己回想起我的瑞士籍家庭教師諾耶爾先生對盧卡舅舅的冷嘲熱諷（諾耶爾向來是個親切的人）。盧卡舅舅寫了一首浪漫曲，詞曲都是他自己創作的，那是他最好的作品。這曲子卻常常被諾耶爾取笑。想起這事就教我深惡痛絕。一天，盧卡舅舅在他波城城堡的台階上。下方是琥珀色的葡萄園，遠方是淡紫色的群山。那段時間，他被氣喘、心悸和顫抖襲擊。他在秋色的感染下，傾聽遠處山谷傳來的聲音，看鴿子在溫柔的天空中飛翔，與普魯斯特式的感傷掙扎（他以自己的話形容此時此景：*chapelle ardente de feuilles aux tons violents*〔在血紅色的樹葉中，教堂像在燃燒。〕）。那首非典型的浪漫曲就是在這種情景下譜寫出來的（唯一會唱這首歌，也記住全部歌詞的是我那也會口吃的弟弟瑟格。可是盧卡舅舅幾乎沒多看他一眼。在我提筆的現今，我弟弟也不在人世了。）

盧卡舅舅會坐在我們鄉下房子的白色鋼琴前，以高亢的男高音嗓音唱道：「*L'air transparent fait monter de la plaine*」（曠野升起清新的空氣）……如果那時我正穿過鄰近的灌木叢，準備回家吃中飯（我瞥見舅舅那頂時髦的草帽。他的車夫側影像亞述人、英俊瀟灑，身穿黑天鵝絨上衣，伸直套了鮮紅袖套的雙臂，從公園與車道的樹籬邊緣飛馳而過），就會聽見這樣的哀傷曲調：

Un vol de tourterelles strie le ciel tendre,
Les chrysanthèmes se parent pour la Toussaint
（鴿子列隊在溫柔的天空中畫上一道道黑線，
菊花爲萬聖節綻放。）

我的綠色捕蝶網在樹影顫動的小徑上。從小徑盡頭，可以看到一大片淡紅的沙土、我們家房子的一角以及小樅樹毬果的顏色。我們家的房子剛粉刷過，客廳窗戶敞開著，窗口傳出憂傷的音樂。

7

喚回往事，重溫舊夢，似乎是我這一生最熱中的事。我有理由相信，對往日熱中到幾近病態，是一種遺傳特質。我父親走到森林裡的一個地方，會懷抱著虔敬的心駐足。那裡有道小橋，橋下是褐色的溪水。他在那裡回想起一八八三年八月十七日，他的德國家庭教師為他捕捉到的一隻罕見的蝴蝶。在往後的三十年中，那一幕不斷地在我父親和他兄弟的腦海中浮現：他們興奮莫名地凝視那隻蝴蝶，牠就停在一根木頭上，一會兒往上，一會兒往下，好像一邊提高警覺，一邊深吸呼，四片紅櫻色的翅膀各有一個雀翎般的眼斑。我父親屏氣凝神，不敢輕舉妄動，把捕蝶網遞給羅格先生。羅格先生伸手接過來，目不轉睛地看著那隻豔麗的昆蟲。四分之一個世紀過後，那標本已在我的昆蟲陳列櫃裡。有一個感人的細節：因為當初有人迫不及待，太早把牠從展翅板取下來，所以翅膀「彈出來」了。

一九〇四年夏天，我們和姑丈伊凡•德•彼德森一家在亞德里亞海邊合租了一棟別墅。（記得那別墅不是叫「海神」，就是「太陽神」。在阿巴濟亞的老照片中，我還可以找出那雉堞狀的石牆和乳黃的塔樓。）那年我才五歲，午飯後常賴在小床上，翻來覆去，我小心翼翼、無限憐愛、無可救藥地思想起老家的一切。儘管不過幾個寒暑，「家」那個意象不知怎麼已開始帶給我鄉愁（我們打從一九〇三年九月出遠門，還沒回家。）我會用食指在枕頭上畫出通往我們維拉莊園那條車道，然後在右邊畫出石階，左邊畫出靠背有雕刻花紋的長凳，加上忍冬叢再過去的那條小橡樹巷，一個剛掉落的馬蹄鐵在車道上的紅色沙土中閃閃發光（那可真是件寶貝，又大又亮，不像我在海邊撿到的，不但小小的而且生銹了。）那年的回憶是新鮮的，今日回想，雖然已成六十年前的舊事，對我來說卻一樣熟悉。

記得在一九〇八年或一九〇九年，盧卡舅舅在我們家發現了幾本法文童書，看得入神。他發現有一段正是他兒時的最愛，開頭是這樣的：「*Sophie n'était pas jolie*」（蘇菲長得不漂亮）……他以狂喜的聲音吟誦。多年後，我碰巧在一家托兒所發現了同樣的童書，正是我們小時候看的「玫瑰叢書」，講的是法國小男孩和小女孩在城堡裡過著幸福、快樂的生活。我們在俄國的莊園生活也像那樣。我低聲吟詠，像是舅舅的回音。那些故事，像《蘇菲的不幸》、《模範小女生》、《假期》等，現在看來不但矯柔做作，而且通俗得可以。那多愁善感、自鳴得意的德・瑟古爾夫人（Mme de Ségur）（娘家姓羅斯多普欽）在寫作這些故事的時候，為她的俄國童年染上了濃濃的法國風。她的童年剛好比我的要早一個世紀。再次翻開書，看到蘇菲的不幸，比方說她沒有眉毛，還有喜歡吃濃乳酪等，我不只歷經盧卡舅舅的痛苦與歡樂，還有額外的負擔——我對舅舅的回憶，還有透過那些童書重溫他的童年。維拉的教室、壁紙上的藍色玫瑰和開敞的窗戶又出現在我眼前。往日的倒影映照在沙發椅上方的橢圓形鏡子裡。舅舅就坐在那真皮椅子上，拿著一本破破爛爛的書，看得津津有味。我的回憶洋溢著一種安全感、幸福和夏日的溫暖。往日是那麼的具體、實在，相形之下，現今反倒像幽靈一樣。鏡子裡的亮光像要滿出來似的。一隻大黃蜂飛進屋裡，撞上了天花板。什麼都是老樣子，沒有改變，也沒有人死去。

第四章

1

我們那種俄國家庭，現在已經滅絕，再也看不到了。身在那種家庭，有不少好處，其中之一就是素來愛用盎格魯・撒克遜文明的優質產品。像是早晨泡澡用的梨牌香皂，乾燥的時候像瀝青一樣烏漆抹黑的，用溼潤的手捧起，在光線之下一看，卻像黃水晶一樣晶盈剔透，看那英國它氣橡女浴缸技長的下唇慢慢萎縮，滿是泡沫的洗澡水排放到水桶，也很好玩。英國牙膏製造商說：「我們不能改進牙膏，就改良牙膏軟管吧。」早餐，倫敦進口的黃金糖漿在轉動的湯匙上盤繞，滿出來之後，就流到塗了奶油的俄國麵包上。各式各樣好用、好吃或好玩的東西源源不斷地從聶夫斯基大街上的那家英國商店來到我們家，像是水果蛋糕、嗅鹽、紙牌、拼圖、條紋運動上衣，還有像滑石粉一樣白的網球等。

我先學會讀英文，之後才會讀俄文。我最早認識的四個英國朋友是文法書裡四個頭腦簡單的傢伙：班恩、丹恩、山姆和耐德。書裡老是在問，哪一個是誰，以及哪一個在哪裡，如「Who is Ben?（誰是班恩？）」、「He is Dan.（他是丹恩）」、「Sam is in bed.（山姆在床上）」。這些字句看來僵硬，像硬湊出來的（在開頭幾課，編者只能用三個字母以內的單字，無怪乎綁手綁腳。）然而，我的想像力還是幫我補足必要資料。這幾個臉色蒼白、四肢發達、以某種工具自豪（「Ben has an axe.」〔班恩有把斧頭〕）、悶不出聲的傻瓜，現在以慢動作懶洋洋地在我記憶背景最遙遠之處飄浮而過，然而那文法書上的字卻像視力檢查表上瘋狂的字母，再次陰森森地迫近眼前。

教室沐浴在陽光之中。幾隻帶刺的毛毛蟲在凝結水珠的玻璃瓶裡吃蕁麻葉（屁股跑出橄欖綠色的糞便小丸。真是有趣）。圓桌油布有膠水的味道。克萊頓小姐身上的氣味就像克萊頓小姐。擺在陰暗處的室外溫度計，裡頭那血紅色的酒精以既瘋狂又光榮的姿態爬升到攝氏二十四度（華氏八十六度）。窗外，綁著頭巾的農家女孩跪在花園小徑上拔除雜草，或是輕輕翻動光影斑駁的沙土（為國家清掃街道和挖水溝的快樂時光還很遙遠）。綠色枝頭上的黃鸝發出四個嘹亮的音符：滴—得—滴—噢！

我們的園丁助手伊凡（他在一九一八年加入蘇維埃地方組織）活脫是那個耐德。他拖著沈重的步子經過窗口。文法書後面出現長一點的字了。那本褐色、墨漬斑斑的書最後有一個有血有肉的真實故事。成人的句子終於出來了（「One day Ted said to Ann: Let us—」〔**有一天泰德對安說：「我們來……」**〕），至此小讀者得到最終的勝利與回饋。想到有一天，我的英文也能這麼好，就覺得很興奮。這樣的魔法一直都沒有消失。每次我拿到一本文法書，總是會立刻翻到最後一頁，偷覷一個苦讀學生的未來，遙望那應許之地——在那個地方，每一個字該是什麼意思，就是什麼意思。

2

在俄文裡，*soomerki* 這個可愛的字詞代表夏日黃昏。時間：這個不受歡迎的世紀第一個十年某個模糊的時間點。地方：緯度，你們的赤道往北，五十九度，經度則是從我握筆的手往東，一百度。白晝要好幾個小時才會消逝。由於黑夜無限延遲，所有的一切，包括天空、高枝上頭的花和靜止的水流，彷彿成為永恆，遠方草地有一頭母牛在悲鳴，河流下游傳來鳥兒動人的歌唱，更加深這個印象。下游有一大片霧藍色的水蘚沼澤，神祕而遙遠，我們盧卡維什尼科夫家的孩子因此叫那個地方亞美利加。

我們在鄉下的時候，每晚上床睡覺前，母親常在客廳用英語為我朗讀。讀到特別驚險的一段，像主人翁即將面對意想不到的致命危險時，她就會慢下來，字句之間會有所停頓，暗示不祥的意味。在翻頁之前，她會把那戴著鴿血紅寶石鑽戒的手放在書頁上（如果我會水晶占卜，就可以從那清澈透明的水晶切面看到一間房子、人、燈光、雨中的樹——我們未來的流亡生活就靠那只鑽戒。）

母親講到騎士的故事。他們受了重傷，洞穴裡的少女為他們清洗傷口。真神奇，傷口竟沒有感染。在狂風吹襲的懸崖上，髮絲飛揚的中世紀少女和穿緊身褲的年輕人凝視著受到神靈庇護的圓形島嶼。在〈誤會〉那則故事裡，韓福瑞的命運常會讓人喉頭有哽住的感覺，比起狄更斯或都德的故事更甚（說來，狄更斯和都德已是讓讀者喉頭咽哽的高手）。還有一則誇張的寓言故事〈越過藍色山脈〉，描述兩對小旅人，克羅佛和高斯力普這一對是好小孩，巴特克普和黛西則是壞小孩，情節驚險刺激，最後竟讓人忘了故事的「寓意」。

還有大開本、書頁平滑光亮的圖畫書。我尤其喜歡穿藍外套、紅褲子、眼睛是內衣鈕扣做的，像煤炭一樣黑的小黑人高立沃❶。高立沃的同伴是五個木頭娃娃。有兩個娃娃的洋裝是非法利用美國國旗做的（佩格的衣服上有溫馨的條紋，莎拉珍則是取用漂亮的星星），機械一樣的關節被衣服隱藏起來之後，看起來有一種柔和的女性美。那兩個雙胞胎姊妹（梅格與薇格）和另一個小不點則是赤裸裸的，因此看不出性別。

我們看到他們在死寂的夜裡，偷偷溜出去，互相扔擲雪球，等到遠處的鐘聲響了（「聽啊！」書上有押韻的文句說道），才回到兒童房的玩具盒裡。一個粗魯的小丑從魔術盒裡蹦出來，把我那可愛的莎拉嚇壞了。我打從心底討厭那幅畫，因為我會想起小時候在我們小朋友的派對上，某個本來優雅、迷人的小女孩不小心夾到手指或膝蓋受傷，突然變成一個面容青紫、滿臉皺紋、張開大嘴咆哮的大妖怪。還有一次，他們騎腳踏車出去旅行，結果

---

❶高立沃（Golliwogg），美國插畫家亞普頓（Florence Kate Upton, 1873-1922）以自己的布偶娃娃為原型創造出來的人物。一八九五年，以高立沃為主角的童書出現在英國。

被食人族抓到。那咚咚聲響起的時候，這幾個不知死到臨頭的旅人還在棕櫚樹環繞的水池邊解渴。我越過往日的肩膀，再次欣賞這幅殘酷的畫作：高立沃還在水池旁跪著，但沒在喝水了：他的頭髮一根根豎立起來，臉色不再像平常一般黑，出現一種怪異的灰色。還有一本是他們飆車的故事（我最愛的莎拉珍開車揚長而去，後面有一道長長的綠色薄霧），接下來總是出現拐杖和包裹著繃帶的腦袋。

啊，對了——還有飛船。那飛船是一碼又一碼的黃絲做的，還有一個小汽球是給那個小不點一個人用的。飛船爬升到海拔極高的地方，上面的乘客靠在一起取暖。而那孤孤單單的小不點，儘管迷失了方向，飄浮到一個霜與星辰的深淵，還是教我羨慕得不得了。

3

接著，我看到母親帶我去房間睡覺。我們必須穿過寬闊的大廳。大廳中央有不斷迴旋而上的樓梯。在樓梯平台和淡綠色的夜空之間，有溫室般的大片玻璃。我在大廳光滑的石頭地板上拖著步子，慢條斯理地往前滑行，母親那溫柔的手不由得在我背後不斷推啊推著，催促我那不情願的軀體向前。快走到樓梯的時候，我習慣從樓梯扶手下的支柱和第一根欄杆間鑽到樓梯上。每過一個夏天，就愈來愈難鑽。現在，即使是我的影子，恐怕也會卡住。

另一個「儀式」是閉著眼睛上樓。母親帶著我走。我聽見她的聲音：「踩，踩，踩。」看不見階梯的我，踏出自信的步子，果然一踩下去就是下一個階梯的平面。只要把腳抬得比平常高一點，腳趾頭就不會撞到樓梯豎板。在這種自己製造出來的黑暗裡，有點像夢遊般慢慢地往上走，顯然相當有趣。最有趣的一點就是不知道什麼時候會踩上最後一級階梯。儘管已經到了樓梯頂端，腳還是被「踩」的口令欺騙了而抬高起來。在那一瞬間，一種微微的驚懼加上肌肉的猛烈收縮，腳會陷入樓梯的幻影中——彷彿那幻影本身具有一種無限彈性的材料，因而變得豐厚、實在。

我上床可真是會拖。然而，光是上樓睡覺這件事，現在看來卻有某種先驗價值。其實，我只是設法把每一秒鐘延長到極限，在玩弄時間罷了。我就一直這樣拖下去，直到母親把我轉過頭去，讓克雷頓小姐或O小姐幫我換睡衣。

我們鄉下房子有五間浴室，還有各種珍貴的臉盆架（每次我哭，就會走到那個在黑暗角落的臉盆架，免得讓別人看到我那哭腫的臉。我踩著生鏽的踏板，感覺水柱觸摸我的臉龐，為我療傷止痛。）我們每天習慣在晚上泡澡。晨浴用的是圓圓的、英國充氣橡皮浴缸。

我的浴缸直徑有四呎長，高度及膝。我們蹲著，一個身穿圍裙的僕人把一壺水小心翼翼地倒在我們那滿是泡沫的背上。由於我們的每一個導師對水療的觀念各有不同，晨浴的水溫也就有高有低。在青春期之初那段悲慘時期，我們的家庭教師是個醫學生，在他的命令之下，晨浴淋下來的水就是冰冷的。反之，晚上泡澡的水溫總是保持怡人的攝氏二十八度（華氏九十五度）。那是用一個很大、很好用的溫度計量的。那個溫度計有個木頭保護底板（把手的洞眼有一小條溼溼的掛繩），因此可以和賽璐珞金魚和小天鵝一起在水面上漂浮。

我們的廁所和浴室是分開的。最古老的一間廁所是個陰暗而豪華的地方，裡頭有細緻的鑲板，還有一條有流蘇的紅色天鵝絨拉繩，一拉就會聽到一陣悅耳的水流聲，聲音不大，歌唱似的。在這個角落，可以看到黃昏的星星，也可以聽見夜鶯。後來，年少的我常常在這裡寫詩，獻給擁抱不到的美人。我也以憂傷的眼，注視幽暗的鏡子，看一座奇異的城堡突然矗立在一個沒有人知道的西班牙。我因為年紀小，就接受大人的安排，隨便他們把我塞在藤籃和通往兒童房浴室那扇門之間的壁凹。我喜歡讓那扇門半開，以惺忪的眼看著桃花心木浴缸上方蒸氣散發的微光，以及天鵝和快艇形成的夢幻船隊（我也在其中一艘船上，手裡拿著豎琴）。我還看到一隻毛茸茸的蛾砰地一聲撲向煤油燈的反射鏡。我的眼神也在更遠處的彩繪玻璃上打轉，上面有兩個持戟的士兵，那是彩色長方形構成的。我喜歡從溫暖的座位上彎下腰來，把雙眉中央（正確地說該是眉間上方）貼著光滑、舒適的門框。只要我的頭轉動一下，門就會前後擺動，但前額還是舒服地靠在門框上。夢一樣的節奏滲入了我，不久前是「踩，踩，踩」，現在則是水龍頭滴水的聲音。我把有韻律的圖案和有節奏的聲音結合起來，成功破解亞麻地毯上的紋路迷宮。如果有一道縫隙或陰影，眼睛就能以此做為 *point de repère*（基準點），進而發現臉孔。做父母的，請聽我說，絕對不要催促孩子「快一點」。

我來到我那像島嶼的小床，這一段朦朦朧朧的航行也快到了終點。即使少了我，陽台和客廳還熱熱鬧鬧的。媽媽會上來，用溫柔的話語聲在我耳邊跟我親親晚安。百葉窗關上，一支蠟燭點亮了。仁慈的耶穌啊，柔順又溫和的小孩跪在枕頭上念念有詞。他的腦袋嗡嗡作響，不久即將陷入枕中。英語祈禱文和希臘公教會黝黑的聖者像形成一種天真無邪的聯想，使我現在回想起來，心中仍充滿喜悅。在聖者像上方，高高的牆上掛著一幅水彩畫，燭火搖曳，在畫作之上投下某樣東西的影子（是床和門之間的竹簾嗎？）。水彩畫中是一片濃密得詭異的歐洲山毛櫸樹林，樹叢中有一條幽暗而彎曲的小徑。在那片樹林之下，唯一的植被是旋花類的野草，唯一的聲響是一顆心在砰砰跳的聲音。母親曾讀一個英國童話故事給我聽：一個小男孩爬下床鋪之後，走進了一幅畫。樹林一片寂靜，他騎著玩具馬在畫中的小路前行。我在瞌睡的迷霧和擦了爽身粉那種舒舒服服的感覺裡，跪坐在枕頭上，飛快唸完禱文，想像自己爬進了小床上方那幅水彩畫，躍入那個魔幻的櫸木林——有一天，時候到了，我真的踏進那片樹林。

4

在我重新走進過去之時，英國保姆和女家庭教師一個個出現在我眼前，使我感到迷惑。有的使勁絞扭自己的手，有的給我謎一般的微笑。

其中一個是陰沈沈的雷秋小姐❷。一想起她，我就想到亨特利帕默餅乾（那是沒有什麼味道的脆餅乾，裝在貼著藍色紙張的鐵盒裡，最上層是好吃的杏仁糖）。她會在我刷完牙後之後，偷偷跟我分享這些餅乾。還有一個是克雷頓小姐❸。她看我頹坐在椅子上，就

---

❷雷秋小姐真實姓名是雷秋・何慕（Rachel Home）。

會戳戳我的脊椎骨，然後微笑著把肩膀縮回去，告訴我她希望我做什麼。她說，她有一個姪兒跟我同年（四歲），他養了一些毛毛蟲喔。她幫我抓了些毛毛蟲放在一個廣口瓶裡，還放了些蕁麻葉子。可是，一天早晨，那些毛毛蟲全都不見了。園丁說，那些毛毛蟲自個兒跑到樹上了。還有可愛的諾柯特小姐❹，她有一頭黑髮和水藍色的眼珠。她不知在尼斯還是瑞士的博立約掉了一只小羊皮做的白色手套。我在石頭沙灘上幫她找，在五顏六色的石子和被海水侵蝕的玻璃瓶藍綠色碎片之間尋尋覓覓，結果還是沒找到。一晚，我們在阿巴濟亞，可愛的諾柯特小姐突然被迫立刻離開。她身穿淺色雨衣，在晨光中來到我的房間，然後緊緊地抱我，哭得像一棵巴比倫柳樹。那一整天，我都很傷心，儘管彼德森家的老保姆特別為我沖泡了熱巧克力，還特地幫我準備了麵包和奶油。娜塔姑姑為了吸引我的注意力，在光滑的奶油上畫了一朵雛菊，後來又畫了一隻貓，最後又加上小美人魚。不久前，我才和諾柯特小姐一起讀那個小美人魚的故事，還感動得哭了。看到這小美人魚，我又哭

❸克雷頓小姐眞實姓氏為謝爾頓（Sheldon）。

❹諾柯特小姐（Miss Norcott），真實姓名不詳，V. N.幼年和她非常親近。諾柯特小姐突然被解雇是因被人發現她是同性戀者。

了。還有一個是有近視眼、嬌小的杭特小姐。她總是緊張兮兮地盯著我和我弟弟（我五歲，我弟弟四歲）。一天，我和弟弟脫離她的視線，偷偷搭上一艘汽船，一直到萊茵河下游，最後才被抓回去。她跟我們在維斯巴登還沒有很久，這下子只好離開。還有鼻子紅通通的羅賓森小姐。下一個又是克雷頓小姐。接下來是一位令人敬畏的家庭教師，曾為我朗讀瑪麗・柯瑞里的《強大的原子》❺。還不只這幾個。在某一個時間點，她們都全從我的生命消失了，接任的是法國和俄國教師，只有跟柏尼斯先生和康明思先生上課的時候才說英語。這兩位老師都不住在我們家。一想到他們，我就想起聖彼得堡的冬日。那時，我們在大海軍街還有房子。

柏尼斯先生是個大塊頭的蘇格蘭人，臉色紅潤，眼珠是淡藍色的，稻草色的頭髮平平直直的。他早上在語言學校教書，下午有不少私人家教學生，他的課排得很滿。他總是搭乘 *izvozchik*（馬車）從城裡的一頭跑到另一頭。垂頭喪氣的馬兒踩著意興闌珊的步子把他

---

❺納博科夫在《說吧，記憶》俄文版 *Drugie Berega* 的注解中提到，《強大的原子》（*The Mighty Atom*）這本瑪麗・柯瑞里（Mary Corelli）在一八九六年出版的小說，主要是警告世人無神論的危險。

送到學生家裡。運氣好的話，像下午兩點的課，他只遲到十五分鐘，但下午四點的課，他總是要五點才能趕到。我一邊等待他的來到，一邊希望暴風雪形成的灰牆可以阻礙他那超人般的堅持。我希望長大成人之後，不會再有這種矛盾（然而日後由於環境所迫，我在柏林的公寓教家教學生，又有同樣的矛盾。我在等著一個表情像石頭的學生前來。儘管我在想像中為他設下了各種障礙，最後他還是出現了。）

柏尼斯先生這一路風塵僕僕，天色也愈來愈黑。僕人不久就會把那一大片藍色的百葉窗放下，拉上印花窗簾。教室裡那座老爺鐘的滴答聲聽來既沈悶又嘮叨。我的短褲在腹股溝的地方綳得很緊，彎曲的小腿內側因黑色菱紋半統襪磨擦得很不舒服，一種卑微的需求隱隱約約帶來一種壓力。我拖延，不讓自己得到滿足。快一個小時了，還不見柏尼斯先生的蹤影。弟弟於是回到他的房間彈琴，先彈一首鋼琴練習曲，然後不斷地彈奏某些我很討厭的歌曲旋律，像是古諾歌劇《浮士德》第三幕開頭裡的歌曲，「對一朵人造花說」（「…*dites-lui qu'elle est belle*〔告訴她，她很美〕」）或是蘭士奇的哭泣（「...*Koo-dah, koo-dah, koo-dah vi udalilis'*」〔哪裡啊，哪裡？你到底在哪裡？〕）❻我從我們孩子住的那個樓層下來，沿著樓梯欄杆慢慢溜到二樓。爸媽的房間就在這裡。這時，他們通常不在家。暮色愈來愈深，這個家的東西在我年少的意識中產生一種奇異的作用。這種種在黑暗裡的東西累積起來，形成終極、永恆的影像，經過不斷曝光之後，最後停駐在我的心中。

隆冬一個酷寒的午后，一種沈鬱入侵房間，形成令人覺得有壓迫感的黑。黑暗裡，街燈在一個銅角、一片玻璃或亮得發光的桃花心木映照出零零落落的燈影。街道中央聳立的圓形街燈，散發出月亮的清輝。薄紗般的影子在天花板晃動。在死寂中，一片菊花瓣掉落在大理石桌面的聲響，使我的神經也跟著緊張了一下。

媽媽的房間有一扇凸肚窗，可以從大海軍街眺望瑪麗亞廣場。我的唇緊貼著薄紗窗簾，品味玻璃的冰冷。幾年後，在革命爆發的時候，我就是從這凸肚窗觀看各種交戰的場面。我也在這裡第一次看到死人：有人躺在擔架上，正要被抬走，一條腿垂下來。一個穿著破鞋的同志一邊跑，一邊想把那死人的靴子脫下來，抬擔架的人則努力把他推開。然而，在柏尼斯先生為我上課的日子，外面什麼都看不到，只是黑暗、悶不作聲的街道和一長排高聳的街燈。雪花以優雅、刻意放慢的動作輕觸街燈，彷彿要告訴人這戲法是怎麼變的，又是多麼簡單。但從另一個角度來看，在更明亮的煤氣燈光形成的紫色光輪中，可看到一道

---

❻出自柴可夫斯基在一八七九年寫的歌劇《尤金・奧涅金》第二幕。

源源不斷飄下的雪。這時，站在窗前的我好像一個汽球，慢慢往上飄。街上馬車拉的雪橇像幻影，最後有一輛停下來，戴皮草帽的柏尼斯先生笨拙而匆忙地走向我家大門。

我比柏尼斯先生早一步到教室。我聽到他那活力十足的腳步聲漸行漸近。不管天氣多冷，他走進來的時候，臉總是紅通通的，而且揮汗如雨。他用墨水飽滿的鋼筆，以最圓潤的字體寫下明天要準備的功課。我還記得那力透紙背的字體。通常在一堂課結束的時候，我們會要求他背一首五行打油詩給我們聽。他同意了。每次，他背給我們聽的時候，他那厚實的爪子會抓著我們的手，然後用力捏，捏下去的時候，那個字就會有特殊「音效」：

有一個俄國來的小妞，
你每次壓她，她就（捏），
她（捏），她（捏）……

There was a young lady from Russia
Who (squeeze) whenever you'd crush her.
She (squeeze) and she (squeeze) ...

被他這樣一捏，真是痛死了，於是我們豎起白旗，不敢吵了。

5

康明思先生是個沈默寡言、駝背、留著鬍子的老派紳士。他在一九〇七年或一九〇八年教我畫畫，以前也教過我母親。他是在一八九〇年代來到俄國的，為《倫敦畫報》撰寫報導和插畫。聽說，他的婚姻不幸，人生因而晦暗。他舉手投足，流露出一種憂鬱的溫柔，足可彌補才華的不足。他總是穿有腰帶的長外套，除非天氣十分暖和，才會改穿棕綠色羅登呢羊毛披風。

我被他迷住了。看他把背心口袋裡的一塊特別的橡皮擦拿出來用的樣子，看他把紙張繃緊，再用手指背面輕輕做記號，還有他說「古塔膠」的語氣，在在教我入迷。他以平靜而憂傷的神情，為我解釋透視的不二法則。他優雅地拿著一枝尖銳得讓人不可置信的鉛筆，以長而直的筆觸，在一片虛空之中畫出房間的線條（抽象的牆、後退的天花板和地板）。這些線條最後在一個遙遠的、假設的點會合，既誘人又精確，一種空蕩蕩的精確。誘人，因為我想到鐵軌。我最喜歡的面具是火車司機那張髒兮兮的臉。鐵軌在他那布滿血絲的眼裡對稱而奇妙地交會於一點。至於空蕩蕩，那是因為房間沒有傢具，空空如也，連在博物館那無甚可觀的第一展覽館擺的那種中性的雕像也沒有。

還有一些畫掛在荒涼的玄關。康明思先生很會畫夕陽。我們家在不同時期以五盧布或十盧布買下他一些小幅的水彩畫。後來，這些畫作愈來愈多幅淪落到不起眼的角落，最後甚至被某個精美的動物瓷器或最近加框的照片擋住了。我不僅會畫方塊和圓錐，還會加上明暗有致的陰影，讓這些物體看起來好像轉過去了。我目不轉睛地看著這個和藹可親的老先生自得其樂地在畫小小的水彩樂園，或是從各種角度描繪同一個風景：有著橘色天空的夏夜；一片牧場，盡頭是遠方森林的黑色邊緣；一條發光的河流，水面複製天空，彎彎曲曲流向遠方。

後來，大約在一九一〇年到一九一二年間，一個有名的「印象派畫家」（那個時代的名詞）雅列米區❼繼康明思先生之後教我畫畫。他是個沒有幽默感而且粗線條的人，提倡一

❼雅列米區（Stephen Yaremich, 1860-1939），畫家、藝術史家。

種「大膽」的風格，教我們用暗沈的色塊，且以墨黑和橄欖褐來塗抹。我就是用這種方式，在大張的灰色畫紙上作畫，以塑膠黏土做成的人偶為臨摹的對象，讓它們擺出「戲劇化」的姿態，再用天鵝絨做的背景布幕做出各種皺褶和陰影效果。這至少涉及三種不同的藝術，但每一種都差不多，真是不幸的結合。最後，我反抗了。

他後來被鼎鼎大名的杜布金斯基❽取代了。杜布金斯基喜歡在家裡的主要樓層為我上課，就在樓下一間漂亮的會客室中。他總是不聲不響地走進來，怕我因為在想詩句恍神而受到驚嚇。他要我憑著記憶，把我必然看過幾千次的東西畫下來，而且儘可能把所有的細部描繪出來，例如一盞街燈、一個郵筒，或是我們家前門彩繪玻璃上的鬱金香圖案。又如看到街道上一棵光禿禿的樹，他努力教我發現樹上那些纖細的樹枝呈現的幾何關係。這是一種視覺的「給與取」，涉及準確的線條表現。這點，我在年少的時候做不到，到了成年期才得心應手。我在哈佛比較動物學博物館那七年描繪蝴蝶生殖器的時候，就用上了。我全神貫注地注視顯微鏡那個明亮的孔洞，用印度墨水記下剛發現的結構，或許文學創作也需

---

❽杜布金斯基（Mstislav Valerianovich Dobuzhinsky, 1875-1957），俄國印象派畫家，擅長畫城市景色。

要這種攝影般的清晰。然而，在情感上，我覺得媽媽和她的老師早期給我的色彩饗宴對我的幫助比較大。你看，康明思先生在凳子上坐得多妥當，他用雙手在背後分開什麼東西？他穿那件雙排釦的長大衣嗎？我只看見他的姿態，然後打開黑色鐵皮顏料盒。我喜歡看他用畫筆沾上顏料，動作乾淨俐落，沾了豔麗的紅色或黃色顏料的畫筆沒入搪瓷容器，像津津有味地吸吮花蜜一般，發出一陣快速的叮噹聲。吸夠了之後，畫筆就不再停留、攪動。溼潤的筆尖在瓦特曼斯基出品的畫紙上揮灑個兩三筆，一個均勻、橘紅色的天空出現了。那天空還有點溼溼的，接下來還要加上長長的紫黑色的雲。「好了，就這樣，小寶貝，」他說：「該有的都有了。」

有一次，我請他畫一列快車給我看。我看著他的鉛筆很厲害地勾勒出火車頭的排障器和複雜的頭燈。那火車看起來好像是一八六〇年從猶他州岬角退役下來的火車，轉跑西伯利亞線的。後頭有五節車廂，可惜無啥特色。他畫得差不多之後，細心地為火車頭的大煙囪加上大量的煙霧。他把頭偏到一邊，從另一個方向看了又看，覺得心滿意足之後，就把這幅畫交給我。我也裝出很滿意的樣子，沒告訴他：他忘了畫給煤車了。

四分之一個世紀過去之後，我得知兩件事：柏尼斯先生已經過世了，原來他在愛丁堡很有名，是專攻俄國浪漫詩的翻譯家❾，而俄國浪漫詩是我少年時代膜拜、瘋狂喜愛的東西；還有，我以前認為我那謙恭的繪畫老師年紀不小，和我那些伯伯叔叔或家裡的老僕人年齡相當，但是在我結婚的時候，他也娶了一個年輕的愛沙尼亞小姐。我知道這些進展的時候，不禁有一種怪異的震撼：我已封緘的兒時回憶儘管優雅、簡約地設下了主觀界線，人生似乎還是悄悄越界，侵犯了我創造的權利。

「那雅列米區呢？」在一九四〇年代的一個夏天，我和杜布金斯基在佛蒙特的山毛櫸樹林裡散步，問起雅列米區的事。「有人還記得他嗎？」

他說：「當然囉。他是個才華洋溢的畫家。我不知道他是哪一種老師，但我可以確定，你是我教過最沒有指望的學生。」

---

❾柏尼斯（Robert Burness）翻譯了普希金和萊蒙托夫（Mikhail Yurevich Lermontov, 1814-41）的詩。

第五章

1

我常常發現，如果我把過去珍藏已久的物件賦予我小說中的人物，在這種唐突的置入之後，那東西就會在那個捏造出來的世界裡消逝了。儘管它還在我心中縈繞，那種特別的溫暖和引發我回憶的魅力已經沒了，和我小說的連結卻更加緊密，勝過往昔的我，而且似乎不會因藝術家的入侵而受到影響。房子在我的記憶裡靜靜地崩塌了，像舊日的默片。我也曾把過去教我那個法國女家庭教師的肖像借給我書中的一個男孩，但那圖像也褪色得很快，現在只存在於一段童年的描述裡，與我毫不相干了。我內心裡的那個人在反抗小說家。可憐的O小姐❶恐怕所剩無幾，我得努力挽回。

她是個大塊頭的女人，結實健壯。這位小姐在一九〇五年十二月進入我們的生命。那時，我六歲，我弟弟五歲。你看看她：那濃密黑髮梳得高高的，拘謹無趣的髮型，有些髮絲已悄悄泛白。她那嚴肅的前額有三條皺紋，眉頭突出，黑框夾鼻眼鏡之後有對銳利的眼。她臉上有殘留的髭毛，皮膚坑坑疤疤。她上衣的波狀褶邊如山巒起伏，上有一層又一層莊嚴的下巴。憤怒的時候，那第三層也是最豐厚的一層還會泛紅。好了，她要坐下了，連坐下都是件費力的事呢。她下頜垂肉的脂肪顫動著，壯觀的臀部小小翼翼地往下（裙子側邊的三顆鈕釦危險了），最後，她終於把自己的身軀交給了那張有扶手的藤椅。那椅子萬分驚懼似的，發出一陣爆裂聲。

那時，我們已在國外玩了一年。一九〇四年夏天，在瑞士的博立約和阿巴濟亞，接下

❶O小姐：即賽西爾・米渥頓（Cécile Miauton）。

來的幾個月都待在德國維斯巴登，到了一九〇五年初才回到俄國。到底是在哪一個月回國的，我現在已經記不起來了。我想到一個線索：在維斯巴登的時候，大人曾帶我去那裡的俄國教堂——那是我第一次上教堂——時間可能是四旬齋❷那段期間（在禮拜儀式進行的時候，我問媽媽，牧師和執事在嘀嘀咕咕什麼。她用英語在我耳邊低聲地說，他們說我們應該相愛，我以為她的意思是，那兩個穿著圓椎狀閃亮長袍的重要人物對彼此說，永遠要做好朋友）。我們從法蘭克福抵達柏林的時候碰上了暴風雪。第二天早上，我們搭乘從巴黎轟隆轟隆開過來的北方快車。十二個小時之後，終於到了俄國邊境。在冬日的背景之下，車廂和火車頭的改變儀式❸又有一種奇特而嶄新的意義。想到 *rodina*（祖國），就令人興奮不已。那悅耳的雪的聲音，雪地上深深的腳印，火車頭煙囪的紅豔亮麗，紅色給煤車上樺樹圓木堆得高高的，上面還覆蓋著雪，凡此種種都與返鄉的激動合而為一。那時，我還未滿六歲，但在國外漂泊那一年，我們懷抱自由主義的希望，面臨不少困難的選擇，像我這

---

❷四旬齋，復活節的前四十天。

❸由於俄國和歐洲鐵軌寬度不同，必須在邊境換車。參看第七章的描述。

樣的俄國小男孩也接觸到大人的話題。從某個方面來看，母親的鄉愁和父親的愛國心難免影響到我。結果，那次返鄉變成我第一次有自覺的回歸。即使是在六十年後的今天，那一趟似乎成了一次預演，然而預演的不是返鄉的壯舉（那個家鄉永遠也回不去了），而是在長年流亡生涯中經常做的夢。

一九〇五年夏天，在維拉還看不到鱗翅目的昆蟲。村子裡的校長帶我們去校外教學（「你們聽到的是磨鐮刀的聲音」；「那片田地下一季要休耕」；「噢，那只是一隻小鳥，沒有什麼特別的名字」；「那農夫生活窮苦，所以藉酒澆愁」。）秋天用各種顏色的葉子為公園鋪上地毯。羅賓森小姐教我們一個美麗的魔法，她說大使的兒子（這孩子常出現在她那小小的世界中）去年秋天撿了好多、好多的葉子，在一張很大的紙上把楓葉擺上去，幾乎可以形成完整的光譜（就差了藍色——好遺憾！），從綠到檸檬黃，從檸檬黃到橘色，一直到紅、紫、紫棕，又變成了紅，然後回到檸檬黃和綠（綠葉愈來愈難找，只能在某些葉子的局部找到，像是最後一道勇敢的防線）。紫菀已被第一道寒霜襲擊，而我們還沒回到城裡。

一九〇五年到一九〇六年初的這季冬天，O小姐從瑞士來到這裡。只有那年冬天，我待在鄉下。那一年，罷工、暴動和警民衝突引發的屠殺層出不窮，我想父親因此希望我們離城裡遠一點，待在寧靜的鄉下。由於他得到鄉下農民的擁護，對我們來說，可能會比較安全。他的猜測沒錯。那年冬天特別嚴寒，O小姐心想這麼多的雪只有在遙遠、冰封的莫斯科才看得到吧。她在西佛斯基這個小站下了車，還要再乘坐雪橇，經過六哩長的路才能抵達維拉。當時，我沒跑出來迎接她。然而，此時此刻，思及她歷經的那段艱辛且時機不巧的旅程，我想像她在即將抵達終點時看到的景物和她的感覺，也想像自己跑出來迎接她。就我所知，她只知道一個俄文單字，多年後她也把這個孤零零的字彙帶回瑞士。她說這個字的時候，發音有點奇怪，變成 giddy-eh（其實應該是 *gde* ，當中的 *e* 發音如 yet 裡的 e）。這個字的意思是「哪裡？」光這個字就很夠用了。她像迷路的鳥兒，發出粗嘎的噪音，疑問的語氣十足。這樣已經夠了，勝過千言萬語。她不只不知自己身在何處時會嗚咽地說：「Giddy-eh? Giddy-eh?」這個字也是她表達深切悲痛的方式：她就像一個陌生人，被困在一個地方，身無分文加上疾病纏身，殷殷尋覓一個幸福的棲身之處，在那個地方有人可以瞭解她，也能聽得懂她在說什麼。

我可以設身處地，想像出她站在月臺中央的樣子。她剛下車，不知怎麼走才好。有個幽靈使者伸出手，想助她一臂之力，但是她看不到。（她後來抱怨說：「我就站在那裡，像被遺棄的安娜・卡列尼娜。」這麼說固然很有說服力，但不盡正確。）候車室的門打開時會抖動，並發出一聲哀鳴，這聲音在嚴寒的霜夜格外明顯。一團熱氣噴湧而出，幾乎像是火車頭冒出的蒸汽。我們家的馬車夫查哈爾出現了。他身材魁梧，身穿羊皮大衣，一雙大手套就塞在紅色的腰帶裡。我聽見雪被他的毛氈靴子踩碎的聲音，馬具發出的叮噹聲，也可聽見他的鼻息。他一邊後退到雪橇後面，一邊用手指和拇指對鼻子又捏又擰的，好讓自己覺得舒服一點。他叫她 *Madmazelya*（小姐）。她忐忑不安地慢慢爬進雪橇，緊抓著那馬車夫，生怕她那巨大的身軀還沒坐好，雪橇就出發了，那可是會要命的。最後，她咕噥一聲，把拳頭塞進尺寸嫌小的長毛手筒。馬車夫吆喝一聲，口水都噴了出來，那兩匹黑馬——佐伊卡和金卡——於是繃緊肌肉，邁開腳步，又繃緊肌肉。O小姐身體往後一仰。那個笨重的雪橇脫離鋼鐵、毛皮和血肉的世界，進入一個沒有摩擦力的時空之中，在一條幽靈般的路上飛馳，似乎連路面都沒碰觸到。

一個套著手筒、巨大的陰影，在雪橇後面奔馳，爬上雪坡。有那麼一刻，由於車站廣場盡頭的孤燈突然大放光明，陰影於是不見了，O小姐後來懷著敬畏和熱情描述這種被 *le steppe*（荒原）吞沒的感覺。在那無邊無際的黑暗之中，遠方村子燈火一閃一閃的，在她眼裡看來，像是野狼的黃眼睛。她覺得很冷，被凍僵了，那冷「穿透到她的大腦之中」。如果她不用陳腔濫調，就會用最誇張的說法。她不時會回頭看一下，看載著她的行李箱和帽盒的第二輛雪橇是不是跟在後頭。那雪橇總以同樣的距離跟著，像探險家描述的在極地海域跟著船隻後頭的幽靈船。對了，不能遺漏月亮。在俄國的霜夜，空中總有一個圓滿、明淨得不可思議的圓盤。那月，就這樣出來了，從斑駁、稀薄的雲層中現身，為那些雲打了迷濛的光暈，高昇之後，又為雪橇駛過的痕跡上了一層釉。路上，每一堆閃亮的雪都襯著膨脹的陰影。

好美，好孤寂。在這立體的夢境裡，我在做什麼呢？我是怎麼來到這裡的？不知怎麼，那兩輛雪橇溜走了，把一個沒有護照的間諜拋在後頭，站在藍白色的路上。他穿著新英格蘭雪靴和可以擋風遮雨的大衣。在我耳裡迴盪的聲音不再是雪橇漸漸遠去的鈴聲，而是我年老的血液在唱歌。四下靜寂無聲，月亮這幻想的後視鏡就像會施魔法一樣，把所有的景物都震懾住了。然而，那雪還是真的，我彎下身，捧起一抔雪，六十年的歲月變成亮晶晶的霜塵，從我指間溜下。

2

一盞以雪花石膏為底座的大煤油燈，像船一樣，慢慢駛進黃昏，飄啊飄，然後落下。

此時，記憶的手戴著僕人的白手套，把這燈放在圓桌中央。焰火（啊，龜毛、盡職的凱西米爾，那煤油燈是他耳朵裡的棉花球！）調整得剛剛好，上方的燈罩有玫瑰紅絲綢做的荷葉邊，還有洛可可畫風的冬季運動圖像。在這燈的照耀之下，一個溫暖、明亮、有風格的（「帝俄式的」）客廳出現了。這棟被雪覆蓋的房子是我外曾祖父建造的，不久我們把它叫做 *le château*（城堡）。外曾祖父擔心火災，於是房子的樓梯都是用鐵打造的。在蘇維埃革命爆發後，那棟房子果然付之一炬，但那精心打造的樓梯還在，天光從鏤空的豎板透過來。什麼都燒光了，只有那樓梯孤零零地通往高處。

再多說說那客廳吧。光亮潔淨的白色傢俱。玫瑰繡花沙發椅套。白色鋼琴。橢圓形的鏡子吊在繃緊的繩索之下，鏡框上緣像歪歪的眉毛，鏡中的傢俱傾斜了，快掉下去的樣子，光潔的地板也斜斜的，像是要從鏡子的懷抱溜走了。水晶吊燈發出一點點叮叮噹噹的聲音（有人把東西搬到樓上O小姐要住的那個房間）。彩色鉛筆。鉛筆盒子上圖案的顏色應有盡有，裡頭鉛筆的顏色卻不是那麼一回事。我、弟弟和羅賓森小姐三個人坐在圓桌前。羅賓森小姐不時看看手錶：這樣的大雪，路一定不好走，心裡也同情這個即將替代她的法國女人，這不是容易的差事，將來有得受的。

彩色鉛筆動了起來。綠色那支，在手腕中旋轉一下，就出現一棵蓬亂的樹或者變出一隻鱷魚潛入水中造成的渦流。藍色那支，只要畫出一條簡單的直線，橫過畫紙，那裡就是海平面。總有一、兩支筆會礙事。咖啡色的那支筆芯老是折斷，紅色那支也一樣，筆芯斷了之後，還可以靠筆芯旁邊突出的一小塊鉛筆木片撐住，儘管已經搖搖晃晃，還是可以勉強再用一下。有一支紫色的小傢伙是我的最愛，已經用到很短，幾乎很難握得住了。只有白色的那支，還跟新的一樣長，就像高高瘦瘦的白化症病人。後來，我終於發現了白色鉛筆的妙用：與其說這鉛筆在白色紙張上不留痕跡，不如說我可以用這支筆在畫紙上任意塗鴉。

我也讓我書中的人物用這些彩色鉛筆，使那些虛構的孩子有事可做。那些鉛筆不再是我自己一個人的東西了。在書裡的某一個地方，某一個章節裡的公寓，某一個段落的出租套房，我也把那傾斜的鏡子、煤油燈和水晶吊燈安插進去。我留下的東西沒幾樣，大都已經派上用場。常常在沙發上熟睡的那隻叫做「盒子一號」的老狗呢？（那隻咖啡色的臘腸狗是管家的狗露露生的，也是牠老公。）牠還是只屬於我一人。牠的口鼻有灰色斑點，嘴角皺褶處長了一個疣，喜歡把頭縮進肘關節，肋骨部位常常因深深的嘆息而膨脹。牠老得不得了，睡眠脹滿了夢（夢見可以讓牠啃咬的拖鞋和最後聞到的幾種氣味），外頭即使有微弱的鈴噹聲傳來，也不會驚醒。玄關的氣動門發出響聲。她終於來了。我多麼希望她不要來。

3

不久上演了一場歷險記，如果不是發生在O小姐抵達翌日，就是在那幾天內。一隻大丹狗在此扮演一個頗富喜感的角色。牠雖來自一個兇猛的家族，自己卻是脾氣溫和的父親，我們向來不讓牠進屋內。我和弟弟留在家裡負責接待新來的O小姐。為什麼會這樣？現在回想起來，或許是媽媽同女僕帶著那隻叫「火車」的小狗到聖彼得堡去了（離這裡約有五十哩）。那年冬天，父親牽涉到重大的政治事件。媽媽那時有孕在身，非常緊張。羅賓森小姐沒有留下來陪O小姐一下，為她介紹這裡的環境，自顧自回大使家工作了。先前，我們已從她那兒得知大使家的事，相信日後他們也會知道不少我們家的事。大人怎可這樣對待我和弟弟？為了證明他們是錯的，我想到一年前我們在維斯巴登脫離杭特小姐的計畫。那次行動真是精采刺激，我打算重施故技。在這時節，我們這鄉下地方舉目望去都是白茫茫的雪，想不出能去哪裡。我們第一次和O小姐午後出去散步，才剛回來。我心中充滿挫折感和怨恨。我只稍微慫恿一下，就讓溫順的瑟格感染我的憤怒。法語對我們而言還是陌生的語言（我們只會幾個簡單的日常用語），我們哪知道O小姐在講什麼。此外，我們喜歡做的事，都遭到禁止，實在教人忍無可忍。她答應我們的 *bonne promenade*（美好的散步），只是在房子附近走走，那裡的雪都剷除了，冰凍滑溜的地上灑了沙子。我們最討厭穿長統橡膠鞋、戴風帽，因為會防礙行動，因此再冷都不肯穿。但是我們還是不得不在O小姐的命令下就範。在夏日花床之上有一堆軟綿綿、滑溜溜的雪，我要瑟格跟我去摸，也遭到O小姐的阻攔。屋簷下有一長排像管風琴的冰柱，在低低的太陽照耀之下顯得燦爛輝煌。她也不准我們打從冰柱下面走過。我最喜歡玩的一種遊戲，O小姐說「低級」，因此也不能玩了。那其實是羅賓森小姐發明的遊戲：我趴在一輛鋪著長毛絨布的小雪橇上，前面綁著一小段繩子，一隻戴著皮手套的手用力拉，就這樣在雪地上的小徑、白雪皚皚的樹下飛馳。瑟格坐在第二輛鋪著紅色長毛絨布的小雪橇上，連著我那部藍色的。我的臉正前方是兩隻穿著毛靴的腳跟。那腳飛快前進，腳尖微微內彎，有時這隻腳，有時換那隻，在一片溼冷的冰上滑行。（那手和腳是狄米崔的，就是我們家最老、個兒最小的那個園丁。那小徑就是那條小橡樹巷——我幼年的主動脈。）

我把我想到的那個邪惡計畫向弟弟解釋一番，說服他和我同夥。我們散步回來之後，趁O小姐氣喘吁吁地爬著玄關的階梯，搶先衝進屋裡，讓她誤以為我們要找個房間躲起來。其實，我們已從房子的另一頭溜出去，穿過陽台，回到花園了。前面提到的大丹狗還在附近的雪堆慌亂地調整姿勢，不知該舉起哪隻後腳時，突然看到我們，就興高采烈地跑過來。

我們三個踏上了一條比較好走的小路，在積雪中跋涉，走上通往村子的那條路。這時，太陽已經下山，夜幕驟然落下。弟弟說他又冷又累，我催促他繼續往前走，最後讓他把那隻狗當馬騎。（此時，只有那狗還依然興致勃勃。）我們走了兩哩多的路，月光出奇地明亮。四周靜悄悄的，弟弟不時從那狗的背上摔下來。提著燈籠的老園丁狄米崔終於趕上了我們，把我們帶回家。O小姐在門廊上發狂似地喊叫：「Giddy-eh, giddy-eh?（在哪裡，在哪裡啊？）」我不發一語，與她擦身而過。弟弟嚎啕大哭，宣告投降。那隻叫做圖爾卡的大丹狗又回到房子外面的雪堆打轉，繼續牠先前被打斷的生理活動。

4

在童年時期，我們對手特別熟悉，因為大人的手就在我們的小腦袋瓜前面晃來晃去。

O小姐有一雙難看的手——皮膚緊繃，色澤像青蛙皮，佈滿咖啡色的斑點。在她之前，沒有陌生人曾摸過我的臉。第一次見面，她就輕拍我的臉頰，表現出很喜歡我的樣子，讓我嚇了一跳。我一想到她的手，就想起她的種種動作。人家是削鉛筆，她倒是像在剝鉛筆，筆芯指向被綠色毛衣覆蓋的胸脯（那乳房雖然巨大，卻不曾哺育嬰兒）。我也想起她把小指伸進耳朵，快速振動的樣子。每次，她給我一本新的生字簿，總是會重覆一連串這樣的動作：她把本子翻開來，為內頁折邊的時候，會先喘一下，嘴巴微微張開，然後快速吐氣。她都是用大拇指在與紙張垂直的對折線上用力壓，然後翻開，用手腕撫平，然後很快地把本子轉過來，放在我面前，讓我使用。接下來是一支新的鋼筆。把那亮晶晶的筆尖浸在墨水瓶裡之前，她會先用嘴唇潤溼筆尖。然後，我在本子上寫下 *Dictée*（聽寫）這個字，一筆一畫都很用心，每一個字母都寫得漂漂亮亮的，我自己看了也高興（以前的生字簿寫到最後總是像鬼畫符一樣）。O小姐翻著她那本拼字測驗筆記本，想找一段有難度的好文章給我練習。

5

與此同時，背景已經換了。一個默不出聲的道具管理員把枝葉滿載白雪的樹、路上堆得高高的積雪和黃黃的雪洞都清除掉了。夏日午后，生氣蓬勃，高聳的雲迎向藍天。長了眼睛的影子在花園小徑上游移。這時，課上完了，O小姐在陽台唸書給我們聽。草蓆和藤椅在熱天下散發出一種像餅乾一樣的香味。白色窗台邊，有一長排的椅子，印花棉布做的椅套已經褪色了。陽光透過彩繪玻璃的菱形和方塊圖案，把幾何形狀的珠寶灑了一地。這是O小姐一天當中精神最好的時候。

她在那陽台讀過多少書給我們聽啊！她用細細的嗓音飛快地唸，不曾有氣無力，也沒有絲毫的停頓和遲疑。她的朗讀完全沒有因為支氣管不好而受到影響。她就像一部很棒的朗讀機。我們聽了一本又一本：《蘇菲的不幸》、《環遊世界八十天》、《小東西》、《悲慘世界》、《基度山恩仇記》等。她就坐在那裡，朗讀的聲音從身體的牢籠中昇華出來。她的身軀像巨大的佛像，一動也不動，除了嘴唇之外，跟著動的只有最小、真正的那一層下巴。那黑框夾鼻眼鏡映照著永恆。偶爾，蒼蠅會停在她那嚴肅的前額上。額上那三條皺紋會同時揚起，就像三個選手一起越過三道跨欄。然而，她的表情完全沒有改變。不知有多少次，我想在素描本畫出那張臉。那臉不帶任何感情，而且有著簡潔的對稱，讓我的鉛筆蠢蠢欲動。擺在桌上的一盆花或假鴨子才是我該素描的東西，但我反而興趣缺缺。

這時，我的注意力已經飄到遠方去了。她那抑揚頓挫的聲音有一種罕見的純粹。也許，那聲音就在這一刻達到真正的目的。我定定地看著一棵樹，發覺那樹葉顫動的聲音也跟著起落有致。園丁伊果在牡丹花叢間東摸摸西摸摸的。一隻鶺鴒走了幾步，又停下腳步，好像想起了什麼事，接著又往前走，尾羽一擺一擺的，難怪這鳥的英文名叫「wagtail」。一隻不知打哪兒來的黃鉤蛺蝶❹停在門檻上，展開牠有許多尖角、黃褐色的羽翼，在做日光浴，一會兒突然收攏雙翼，露出黑色腹面那小小的白色記號，然後倏地飛走了。然而，在聽O小姐唸書的時候，最令人入迷的就是陽台兩邊白框窗戶彩色玻璃的圖案。從這魔幻般的玻璃望出去，窗外的花園變得格外寧靜、幽遠。透過藍色的玻璃望去，沙土就變成炭屑，而墨黑的樹像是飄浮在熱帶的天空中。黃色玻璃則創造出一個有著陳釀陽光的琥珀世界。紅

---

❹俗名Comma butterfly，學名*Polygonia c-aureum*，有獨特的白色逗點標誌，是相當罕見的蝴蝶品種。

色玻璃使粉色小徑上的樹葉變成暗紅色的寶石。而浸在綠色玻璃中的草木則更顯得綠意盎然。你的眼光從這五顏六色的玻璃轉到一塊小小的、索然無味、普通的方塊玻璃，看見上面有一隻孤單的蚊子或跛足的長腳蜘蛛，此時你的感覺就像雖然不渴還是喝了一口水一樣，你看見了你再熟悉不過的幾棵樹，樹下有張平凡無奇的白色長凳。但是，多年以後，你在鄉愁的煎熬之下，在所有的窗戶中，你最想看到的還是這片玻璃。

O小姐從來就不知道她那像平穩水流的嗓音有多麼驚人的力量。然而，她也有激動的時候，像她嘆道：「啊，*comme on s'aimait*，我多麼愛你，你也愛我！在城堡的往日多麼美好！我們有一次在橡樹下埋葬那個死掉的蠟娃娃（錯了，是充填羊毛的黑娃娃高立沃）。還有你和你弟弟跑掉那回，讓我在森林深處跌跤、嚎哭！（太誇張了吧。）啊，*la fessée que je vous ai flanquée*，我揍你一頓屁股！（她只有一次真的很想給我一巴掌。）*Votre tante, la Princesse*，還有你那做親王夫人的姑姑，她對我不好，你還用小拳頭捶她呢。（我不記得了。）你還會悄悄對我訴說你那小小的煩惱呢。（我從來就沒有！）你還喜歡窩在我房間裡的一個角落，看起來很暖和、安全的樣子。」

不管O小姐跟我們住在鄉下或城裡，在我眼裡，她的房間總是一個詭異的地方——就像一間溫室，養了株枝葉茂盛的植物，還瀰漫著一股濃濃的尿騷味。儘管她的房間就在我們兒童房隔壁，似乎不屬於我們那舒適、通風良好的家。她的房間飄散著蘋果皮氧化的褐色氣味，還有其他隱隱約約令人覺得不舒服的味道。燈火黯淡，寫字桌上有奇怪的東西在閃閃發光：一個裝著甘草棒的漆盒（她用削鉛筆的刀子切開一片甘草，然後放在舌下含到溶化）；一張印著湖和城堡的風景明信片，城堡窗戶散發珠母貝的光澤；由許多張包裹巧克力的小張銀紙揉起來的一團小球（她常在夜裡吃巧克力）；幾張照片，有的是她那死去的姪兒，有的則是那姪兒的母親（照片後面有她的署名：*Mater Dolorosa* ❺，悲慟的母親），還有一張是某個叫做德．馬朗特先生的照片（他的家人強迫他娶一個有錢寡婦為妻）。

最引人注目的一張照片是在鑲嵌了石榴石的別致相框裡。在這幀四分之三的人像裡頭的是個苗條、年輕的黑髮姑娘，身穿合身洋裝，有一頭濃密的秀髮和一雙大膽無畏的眼睛。「我的辮子就像我手臂一樣粗，長到我的腳踝。」她以連續劇般誇張的語氣說道。那就是昔日的她。然而，我怎樣都無法從我熟悉的那個身影萃取出照片中那個優雅的人影。這個新發現讓我和弟弟對她充滿敬畏，也更無法想像她是照片中的那個女孩。家中的大人白天

❺ Mater Dolorosa：原指在十字架旁哀悼耶穌的聖母瑪利亞。

看到的她總是穿著層層疊疊的衣服，沒看過她穿睡衣的模樣。半夜，我們兩兄弟有人因為做噩夢尖叫把她驚醒，披頭散髮的她手裡拿著蠟燭前來看看。她一身肥肉危危顫顫，身上那件鑲了金色蕾絲的血紅色睡衣幾乎包裹不住了。她就這樣光著腳丫衝進我們的房間，有如拉辛荒誕悲劇❻中像鬼一樣的以色列壞王后耶洗別。

我一直是個很難入睡的人。火車上有人把報紙擺在一邊，手臂笨拙地交疊起來，旋即就鼾聲大作，這種旁若無人的舉止實在令人反感。我覺得很驚訝，竟然有這種人。在我眼裡，這種行徑就像一個狂放不羈的小夥子大大方方脫下褲子在喋喋不休的木桶工人面前便溺。在人前入睡，猶如參加大遊行或是加入某個公會，努力和大家打成一片。睡眠是世界上最愚蠢的團體組織，會費最貴，入會儀式又粗魯無文。這是一種令人覺得尊嚴盡失的精神折磨。寫作的壓力和疲勞常常使我不得不吞下一片強效藥，即使是一兩個鐘頭的噩夢都好。我也必須在中午小睡，使悲劇人生出現輕鬆一下的橋段。我就像一個年老的浪子，踏著蹣跚的步子，走向最靠近安樂死的所在。我無法習慣一夜又一夜背叛理性、人性和才情。

❻指《阿達莉》（*Athalie*, 1691）。

無論我多麼疲倦，與意識別離對我而言是無法言喻的痛苦。睡眠之神索瑪斯是個戴黑面具的劊子手。他把我綁在斷頭台上。我痛恨他。隨著歲月推移，會感覺到一種更完全而且更可笑的解體逼近了。我承認，像最近的晚上，那種感覺的確驅走了不少我長久以來對睡眠的恐懼。對睡前的折磨，我已經習慣了。我熟悉的那斧頭從盒子裡跑出來時（那盒子可是巨大得像裡層鋪著天鵝絨的低音大提琴琴盒），我幾乎還大搖大擺，一副不怕死的樣子。小時候，我可沒有這種慰藉，也沒有防衛。我一無所有，只能寄望於O小姐臥房水晶吊燈傳來的信號。萬一有事的話，那吊燈便會大放光明。在我們家庭醫師的指示下，她臥房的門還是微微開了一條縫（索科洛夫醫師，我向你致敬！）我能緊緊抓住的只有那吊燈垂直的微光（透過一個孩子的淚眼，這微弱的光線還是足以化為光芒萬丈的同情之光）。如果身陷於全然的黑暗，我會頭暈腦脹，而我的心靈好像會在一場可笑的殊死戰中消溶。

星期六晚上常常是令人期待的。O小姐屬於衛生的古典學派，認為我們那些 *toquades anglaises*（「哈英」的作風）不過是感冒的源頭，自己還是每週一次盡情地在浴缸裡享受這危險的奢侈。我暗自慶幸可以多借一點她臥房的微光，但此時我卻感受到一種更微妙的折磨。

我們已經回到城裡的房子去住。那是一棟以芬蘭花崗岩做建材的義大利式建築，我祖父在一八八五年左右蓋的，座落在聖彼得堡（今列寧格勒）大海軍街（今赫琛街）四十七號。三樓上方有花卉壁畫，二樓有凸肚窗。三樓是我們小孩的地盤。一九〇八年那一年，我還跟弟弟同睡一間兒童房。分給O小姐用的那間浴室在一個之字形走廊的盡頭，離我的小床約莫二十下心跳的距離。我既擔心她會太早從浴室出來，回到我們隔壁那間還亮著燈的臥室，再者，聽到在亮漆屏風另一邊的弟弟因沈睡發出規律的、小小的喘息聲，我又嫉妒。我從來就無法利用多餘的時間趕快入睡。我覺得自己就像黑暗中的一條光縫，隨時可能遁入空無。最後，無情的腳步聲終於啪答啪答地從走廊傳來。置物架上有個易碎的玻璃製品，一直默默地陪我守夜，這會兒因為受到驚嚇而搖晃起來。

現在，她已走進房間。快速的光影交錯告訴我她床頭桌上的蠟燭接替了天花板上那堆燈泡。我聽到咔答兩聲，燈泡的超自然亮光就在瞬間消失。我死命抓住的那道垂直的光束還在，但已經變得蒼老、黯淡，O小姐每次翻身，床鋪發出吱嘎聲，火光就會明滅一下。我還能聽到她的聲音：窸窸窣窣，那是她在吃蘇查德牌的瑞士巧克力；嚓，嚓，嚓，水果刀割開《兩個世界評論》❼這本雜誌的內頁。頹廢時期開始了。她在讀布爾哲❽，這個作家寫的每一個字都比他自己短命。死亡近了。我在極度的痛苦中，拚命地在哄騙睡眠，每隔幾秒就張開眼睛看看那微光還在不在。在我的想像裡，天堂是這麼一個地方：一個失眠的鄰居，在永恆的燭光下，讀一本永遠也讀不完的書。

該來的終於來了：夾鼻眼鏡的盒子啪一聲闔上，雜誌隨便往大理石床頭桌上一擺，O小姐噘起雙唇，吹出一陣狂風。那虛弱的燭火左右飄搖，還是躲過了。第二陣強風撲來，火才熄滅。在一片漆黑中，我失去方向感。我的小床似乎在慢慢飄浮。我在驚惶之下坐起，瞪大眼睛。最後，我的眼睛終於適應黑暗，在眼球內部的飄浮物中指認更珍貴的東西——在沒有目標的失憶中漫遊的模糊團塊。還殘存的部分記憶的團塊緩緩下降，慢慢變成模模糊糊的窗簾褶子，而街燈還在窗外遙遠的地方亮著。

聖彼得堡令人振奮的早晨和夜晚的折騰真有著天壤之別。那既猛烈又溫柔、潮溼又令人眩目的北極之春來了，碎冰於是退到海水般明亮的涅瓦河下游。屋簷閃閃發亮，街道上的融雪也染上豔麗的藍紫色——這種色調我從來沒有在其他地方看過。在這樣燦爛的日子

---

❼《兩個世界評論》(*Revue des Deux Mondes*)，創刊於一八二九年的文化評論雜誌，目的是做為法國和歐洲以外的國家這兩個世界的橋樑。

❽布爾哲(Paul Bourget, 1852-1935)，法國小說家、詩人、文學評論家，第一次世界大戰期間法國保守知識分子代表人物。

裡，我們會 *on allait se promener en équipage*（坐馬車出去走走）。這是舊世界的說法，但我們仍然這麼說。一換上海軍藍短外套（銅釦上有錨的圖案）加上厚厚的、長度及膝的 *polushubok*（小斗篷）以及暖和的海狸毛做的領子，我就雀躍萬分。我們兄弟和看起來很有威儀的O小姐三個人坐在敞篷四輪馬車後座由毛毯堆成的小山谷裡。我和弟弟在家裡剛吵了一架。那個愛哭鬼，贏了還淚眼婆娑。我不時在我們蓋的毛毯下面輕輕地踢他。O小姐嚴厲地告誡我不要鬧了，我才乖乖就範。馬車駛過法伯傑珠寶店❾的櫥窗，裡面有怪異的礦石以及擺在大理石鴕鳥蛋上、飾有珠寶的三頭馬雪橇等。那些都是皇室愛不釋手的珍品，但在我們眼裡，只是怪異的裝飾品。教堂鐘聲響了。第一隻黃蝶❿飛過拱門殿，再過一個月我們就要回鄉下去住。我抬頭看，街道上，一棟房子正面和另一棟之間繫著繩索，懸掛著巨大、光滑、半透光的旗幟。那在空中飄揚的旗子上有三道很寬的色帶——淺紅、淺藍和

---

❾法伯傑（Peter Carl Fabergé, 1846-1920），俄國金匠、珠寶設計師。以精工鑲嵌的復活節彩蛋將珠寶工藝推向極致。

❿Brimestone，學名為 *Gonepteryx rhamni* 的黃色粉蝶。

灰白[11]——顏色被陽光和飛過的雲影奪走了。那旗子顯然不是為了國定假日懸掛的，但此時在這記憶之城，的確在為我們慶賀春天來到。泥土中有東西窸窸窣窣，這是腮腺炎流行的季節。一隻小鳥停在O小姐帽子上。牠一眼充血、毛羽零亂，看來是從異國飛來的。

6

她在我們家待了七年，課上得愈來愈少，脾氣卻愈來愈差。與我們這個大家庭來來去去這麼多英國和俄國家庭教師相較，她似乎就像是一塊永遠陰沈沈的石頭。她和他們都處不來。夏天，坐在家裡飯桌上一起吃飯的人大都在十五個人以上。如果碰到有人生日，更會多達三十個人或更多。這時O小姐特別在意座位的安排。住在附近的伯伯、叔叔、阿姨、姑姑等都會過來。村裡的醫生也會坐輕便的雙輪馬車前來。在涼爽的大廳可以聽見村裡的

[11] 俄國國旗由上到下是白、藍、紅三色。

校長擤鼻涕的聲音。他就在那裡走來走去，從一面鏡子走到另一面鏡子，手裡拿著一束從山谷裡摘的百合花。那花略帶綠色、溼溼的，而且會發出一點聲響。有時，在他手裡的則是嬌弱的天藍色矢車菊。

如果O小姐發現自己的座位被安排到大桌子尾端，甚至排在我們的一個窮親戚後面，而那個人幾乎跟她一樣胖，她就會聳聳肩，擺出瞧不起人的樣子，說道：「*Je suis une sylphide à côte d'elle*（**跟她一比，我算得上是窈窕淑女了。**）」由於她有受傷的感覺，嘴唇抽動了一下，好像在冷笑，有個天真鄰居也向她微笑致意。這時，她會連忙搖搖頭，像是大夢初醒的樣子，說道：「*Excusez-moi, je souriais à mes tristes pensées*（**對不起，我只是在對我的憂愁微笑。**）」

她常常聽不懂別人在說什麼，偏偏又敏感得要命。有時在飯桌上，我們這些男孩突然注意到兩顆斗大的淚珠從她那豐腴的臉頰上滾下來。她小小聲地說：「別管我。」然後繼續吃飯，吃著吃著，淚還是不停地流，最後模糊了她的雙眼。她打了個傷心的嗝，起身，然後衝出去。我們慢慢地才知道是怎麼一回事。例如，大家在閒聊，提到我姑丈指揮的軍艦。O小姐聽了就以為我們在暗中諷刺她的祖國瑞士沒有海軍。還有，每次我們明明用法語交談，她卻有插不上話的感覺，好像我們故意不讓她主導談話或不讓她展現她的舌粲蓮花。啊，可憐的O小姐，在我們談天說地的聲道切換為俄語之前，她總是神經兮兮地急於抓住她能理解的部分，難怪會有誤會。

「先生，您的國會呢？現在怎麼樣了？」她會突然從餐桌的另一端興高采烈地問我父親。可是我父親好不容易才熬過令人煩憂的一天，實在不怎麼想跟她討論國家大事。畢竟她對政治局勢一無所知，也不甚在乎，像是和現實脫節的人。此外，人家在討論音樂的時候，她卻說：「無聲勝有聲。」還自以為妙語如珠，說道：「有一晚，在孤寂的阿爾卑斯山谷中，我的確聽到了寂靜之聲。」她不是那種可以使眾人的談興像火箭般一飛沖天的人。她的耳背愈來愈嚴重，沒有人問她話，她還是說了一堆，像在回答問題似的，弄得大夥兒無言以對。

但她的法文可真好聽。她吐出的法語像珠玉，像潺潺的流水聲，也像火花，那音聲之美超越了意義，有如拉辛虔誠的詩篇裡那押了頭韻的罪惡。因此，你會在意她學養淺薄、脾氣暴躁或心智平庸嗎？我父親的藏書教我欣賞真正的詩，而不是她那有限的學問。然而，她話語的清澈和色調對我來說還是有一種特別的力量，就像晶亮的鹽可用來淨化血液一般。儘管她身軀像大象，還是能夠發出夜鶯之聲，這聲音卻被人當作耳邊風，當年她因此而痛苦，而我現在思及這事，也覺得悲傷。她跟我們在一起的時間很長，實在太長了。她一心一意地希望有一天能出現奇蹟，使她變成像洪布耶侯爵夫人⓬那樣有魅力的女人，為詩人、王公貴族和政治家主持金碧輝煌的沙龍。

要不是有一個叫藍斯基的年輕俄國老師來了，她恐怕會一直抱持著這樣的希望。藍斯基有輕微的近視和強烈的政治主張，教過我們幾個不同的科目，也和我們一起做運動。在他之前的老師，O小姐都不喜歡，但她說藍斯基是 *le comble*（最後一根稻草）。藍斯基雖然很尊敬我父親，不過還是看不慣我們家的一些作風，像是雇用僕役和說法語。他認為說法語是一種貴族傳統，對一個自由派家庭來說，根本毫無意義。再者，O小姐認為她直截了當問他問題，他卻只是咕噥一下做為回答（由於沒有更好的語言，他只好裝作像是在說德語），不是因為不懂法語，而是因為他想當眾羞辱她。

O小姐以最溫柔的語調請藍斯基幫忙把麵包遞過來，上唇不祥地顫動。我聽到，也看到了。然而，藍斯基一句話也不說，好像沒聽到一樣，若無其事地繼續喝自己的湯。最後，O小姐猛然伸出手，越過他的盤子，把麵包籃拿過來，然後以充滿諷刺的語氣說聲：「*Merci*

⓬洪布耶侯爵夫人（Catherine de Vivonne, Marquise de Rambouillet, 1588-1665），十七世紀法國沙龍文化的創始人。

（謝謝）！」藍斯基那對長著細毛的耳朵不由得紅得像天竺葵。後來，她在自己的房間裡哭。「這個畜生！王八蛋！虛無主義者！」她的房間不在我們隔壁了，但還是和我們的房間在同一樓層。

我們聖彼得堡那棟房子的電梯經常罷工。有時藍斯基剛好下樓，而O小姐正拾級而上，每走十步，就氣喘吁吁地休息一下。冤家路窄，O小姐說藍斯基惡意把她撞倒。我們也親眼看到藍斯基從她倒臥在地的身體踩過去。她常常飯還沒吃完就離席。還沒吃到的甜點，半夜她還醒著的時候，有人會幫她送過去。她從遙遠的房間寫長達十六頁的長信給我母親。母親看了之後，匆匆上樓，總是看到她像演戲一樣在收拾行李。有一天，我們終於不留她了，讓她離去。

7

她回瑞士去了。第一次世界大戰爆發了，接下來是革命。在二〇年代初期，我們老早斷了音訊。但在這流亡生涯中，我湊巧有機會和一個大學時代的朋友去洛桑。我心想，如果她還活在世上，我就去找她。

O小姐還健在，甚至比以前還粗壯，但已白髮蒼蒼，幾乎完全失聰。她熱情地迎接我。她以前擺在房裡的那張西庸城堡的風景明信片不見了，取而代之的是一張俄國三駕馬車的圖片。她興高采烈地提到以前在俄國的生活，彷彿俄國才是她失去的家鄉。我還真的在她住處附近發現一大群這樣年事已高的瑞士女家庭教師。她們不斷追憶過去，看看誰記得的最多。這群老太太形成一座小小島嶼，有如那個地方的異鄉人。O小姐的知己就是我母親的家庭教師高雷小姐。高雷小姐現在的樣子有如木乃伊，八十五歲高齡的她還是一樣死板、悲觀。我母親嫁給我父親之後，高雷小姐也跟著過來，跟我們生活了一段很長的時間。她只比O小姐早個幾年回瑞士。她們兩人與我們在同一個屋簷下生活的時候，根本就沒有什麼往來。由於她們老是活在過去，才會在遠離之後，對那一個遙遠的國家念念不忘。坦白說，那其實是個恐怖的地方。她們未曾真正了解那個地方，在那裡也不曾覺得滿足。

由於O小姐聾了，我們無法交談，我和友人於是決定第二天帶她去店裡買一樣稍微貴重一點的東西。我們想她付不起，所以希望送給她。她先胡亂摸一下，然後轉過身來，淚眼汪汪地看著我們，眼神中有迷惑、驚奇與幸福。她發誓她可以聽到我講的每一個字，再怎麼輕聲細語都聽得一清二楚。我心裡存疑。這是不可能的，因為我根本沒開口說話。如果我在那時說了什麼，該是請她好好謝謝我那幫忙出錢的朋友。那時，她聽到的是不是她以前說過的阿爾卑斯山的寂靜之聲？過去，她是在對自己說謊，現在則是對我說謊。

在轉往巴塞爾和柏林的前一晚，我在寒冷的霧中沿著湖邊散步。一道孤寂的光投射在某個角落，稀釋了黑暗，霧靄化為綿綿細雨。以前如果有人不經意提到 *Il pleut toujours en Suisse*（瑞士老是下雨），O小姐就會流淚。湖面泛起寬廣的漣漪，幾乎像波浪一樣。我的目光被一團模糊的白色吸引了。我走近蕩漾的湖水，發現原來是隻龐大、笨拙的老天鵝，看起來就像一隻度度鳥，居然想要爬上一艘停泊在湖邊的船，真是可笑。牠不可能爬上去的。牠的翅膀那麼沈重又無力，一再地從搖搖擺擺的船身滑下來。黑色波濤有光照到的地方看起來膠著、晶亮。在那一瞬間，那一切就像一個夢。有一根手指壓住無聲的唇，然後指向某個東西給做夢的人看，但那人醒來之前，還沒來得及看清楚。不久，我就忘了那個憂淒的晚上。奇怪的是，幾年後，我得知O小姐的死訊時，當下浮現在我心頭的就是那個晚上——那個冷得教人直打哆嗦的夜、天鵝和黑色波濤。

她覺得自己一生愁苦。悲慘變成她與生俱來的元素，且有波動和深淺變化。她對遷徙和生存的印象都受到這種人生觀的影響。我認為，靈魂無法只藉由這種悲慘的感覺而獲得永恆。我那既龐大又悲傷的O小姐只能活在這個世上，而無法在永恆裡長存。我是否把她從虛構世界當中解救出來了呢？在她朗讀的韻律在我耳邊消逝之前，我發現自己開始納悶：在我認識她的那幾年，除了她的下巴、她的舉止和她說的法語，關於O小姐，我還保留了什麼？是對她的最後一瞥，還是她那善意的謊言？她說謊，是為了讓我離去時可以為自己的仁慈感到快慰。或者是像那隻天鵝，牠的痛苦比起一個舞者垂下的蒼白手臂更接近藝術的真實。總而言之，就像是我兒時最愛的一切化為灰燼或一箭穿心之後，我才開始懂得感念的某些東西。

O小姐的故事還有個尾巴。我最初寫下她的故事時，本來以為好些家庭教師已成「故人」，沒想到她們居然還健在。到了一九六〇年，我在倫敦的表弟彼得·德·彼德森告訴我，他們的英國保姆還在人世，已經九十幾歲，身子還健朗得很。但我一九〇四年在阿巴濟亞看到她的時候，已經覺得她很老了。我後來才發現我兩個姑姑的家庭教師包維爾小姐（後來嫁給一個姓康拉德的先生）比我父親多活了將近半個世紀呢。她是在一八八九年開始帶我姑姑的，總共待了六年，是一連串家庭教師的最後一個。彼得的父親伊凡·德·彼德森以當時巴托沃的生活情景為題，畫了一張小小的圖畫，下面有我父親的題詞：*A celle qui a toujours su se faire aimer et qui ne saura jamais se faire oublier*（謹以此畫獻給包維爾小姐：她知道如何讓別人愛她，也讓人永遠忘不了她。）下面還有納博科夫家年紀尚輕的四兄弟和三姊妹（娜塔莉亞、伊莉莎薇塔和娜德茲達）的簽名。娜塔莉亞的丈夫和他們的兒子米提克，兩個表姊妹和俄國家庭教師亞列克山卓維奇·提霍茲基也簽名了。六十五年後，我妹妹艾蓮娜在日內瓦看到包維爾小姐。那時，她已經是接近百歲的人瑞。那位老太太跳過一代，竟然誤以為艾蓮娜是我母親。在她的印象中，母親一直是個十八歲的姑娘，常和高雷小姐一起坐馬車從維拉來到巴托沃。那遙遠的往日竟以種種出人意表的方式，把長長的光線投射在我身上。

第六章

1

在我童年那個有傳奇色彩的俄國，夏日早晨，我醒來第一眼總是瞥向白色百葉窗的縫隙。如果是濛濛、蒼白的光，就別開窗了。窗外水潭映出的景象，只有沈悶二字可以形容。從那道死白的光線，你可以聯想到：鉛灰的天空、溼答答的沙子、丁香花叢下那稀爛一團的褐色花瓣——對了，還有黏在花園板凳上的一片扁平、了無生氣的葉子（這個季節的第一個災厄）！

然而，倘若那縫隙透出來的是一道長長的露珠般晶盈的閃光，我就立刻衝過去，開窗，看看百葉窗後面藏了什麼寶藏。一陣風吹來，房間立刻一分為二，一半是光，一半是影。在陽光中擺盪的樺樹葉子青翠透明得就像白葡萄的色澤，反之，樅樹則像黑天鵝絨，襯著湛藍的天空。多年後，我才在科羅拉多山區再次發現這樣的景色。

打從七歲起，只要是長方型窗框透進來的陽光，都會讓我燃起同一股熱情（就是這股熱情，沒有別的）。如果清晨一張開眼睛我便在尋覓陽光，這陽光帶來的第一個念頭就是：蝴蝶。話說我起初捕捉蝴蝶的經過，著實平凡無奇。我家大門正對面有張長凳，椅背有木雕花紋，忍冬垂懸，我的指引天使就在那裡（牠那對翅膀要不是少了佛羅倫斯式的異色鑲邊，就像極了安基利軻修士❶筆下的天使加百列❷），為我指出一位稀客——一個光彩奪

❶安基利軻修士（Fra Angelico, 1387-1455），文藝復興時代早期義大利畫家。作者指的畫作該是〈天使報喜〉（The Annuciation），約完成於公元一四〇〇年。

❷天使加百列（Gabriel），向童貞女瑪利亞預告她將因聖靈感孕而生子的天使。加百列翅膀的異色鑲邊，參看上述畫作。

目、教人眼睛一亮的大美人兒：牠的淡黃羽翼上有黑點，加上藍色鈍鋸齒邊，駱黃鑲邊的黑尾突上有朱砂眼點，這會兒正懸吊在傾斜的花朵上探看，沾了花粉的身軀微彎，不斷地鼓動那對巨大的羽翼。我想抓到牠——有生以來未曾有過這麼強烈的欲望。我們城裡公寓房子的清潔工阿吉爾・尤斯丁那年夏天也跟我們一起在鄉下，原因說起來很好笑（容我在別處解釋）。他用我的帽子抓住這隻蝴蝶，然後把蝴蝶連同帽子一起丟到衣櫥裡關起來。O小姐的如意算盤是讓這隻蝴蝶被衣櫥裡的樟腦丸薰死，隔夜就可收屍。第二天一早，她打開衣櫥拿東西，我的鳳蝶倏地飛了出來，她的臉被撞個正著。那蝶接著朝窗口飛去，少頃變成一個金色小點，下降、上升，往東飛翔，越過樹林和凍土，朝向沃洛格達❸、維亞特加❹和彼爾姆❺，飛越瘦骨嶙峋的烏拉山脈，飛向雅庫茨克❻和佛克恩—科里麥斯克❼。

❸沃洛格達（Vologda），俄羅斯沃洛格達州的城市及行政中心，莫斯科北北東約四百公里。

❹維亞特加（Viatka），俄羅斯的一個港口，俄國和波蘭的國酒伏特加（Vodka）正源於這個地名，意思是「生命之水」。

❺彼爾姆（Perm），俄羅斯西部彼爾姆州城市和行政中心，位於烏拉山脈中段的西側地區。

❻雅庫茨克（Yakutsk），今俄羅斯東北偏遠的薩哈共和國的城市和首府。

牠在佛克恩—科里麥斯克失去一個尾突，繼續往美麗的聖羅倫斯島❽前進，越過阿拉斯加，來到道森鎮❾，再沿著洛磯山脈南行。就這樣，飛奔了四十年，最後來到山城博德❿附近一棵當地土生的山楊樹下，停駐在一株從外地移植至此的蒲公英上，此時終於被捕獲。博德立恩圖書館⓫館藏中有一封布魯先生在一七三五年六月十四日寫給勞林思先生的信函，信上說有一個叫弗農的老兄，為了追捕一隻蝴蝶，足足跑了九哩路，最後才捕到（見《妙論趣評或文學、人生納奇錄異》一書，卷一，第一四四頁，一八二一年出版於倫敦）。

在那衣櫥事件之後不久，我發現了一隻大得嚇人的蛾被困在前廳窗戶的一角。媽媽用乙醚把牠送上西天。多年後，我曾用過各式各樣的毒藥來獵殺昆蟲，但是罕用乙醚，然而

---

❼佛克恩—寇里麥斯克（Verkhne Kolymsk），今俄羅斯東部，西伯利亞東北，在科雷馬河上游。

❽聖羅倫斯島（Island of St. Lawrence），位於加拿大安大略省。

❾道森鎮（Dawson），加拿大育空地區第二大城鎮，位於阿拉斯加與加拿大邊境。

❿博德（Boulder），美國科羅拉多州西北的一個城市，在洛磯山脈之中。

⓫博德立恩圖書館（Bodleian Library），英國牛津大學總圖書館，是英國的第二大圖書館，一六〇二年正式建立於倫敦西北的牛津。

後來只要聞到一丁點的乙醚，腦中就會浮現昔日那個門廊：那門廊發亮，吸引美麗的蛾前來，在此橫衝直撞。長大成人的我，有一次在乙醚麻醉下接受闌尾切除術。我眼前出現一個生動清晰的圖像，就像一張對摺對稱畫⑫。我看見穿水手服的我，在一個中國女人（我知道她是我母親）的指導之下，把一隻剛剛出現的皇蛾⑬固定在標本架上。在我被開腹剖肚之時，那些影像都複製到我的夢裡：溼溼的、冰冷的棉花壓在那昆蟲像狐猴的頭，從痙攣漸漸鬆弛的蟲身，針扎進胸甲硬殼發出令人滿足的一聲劈啪，小心翼翼地把針尖插入展翅板中的軟木凹處，在固定翅形的半透明硫酸紙壓條下調整那翅脈強緦的厚實鱗翅，看兩側是否對稱。

---

⑫對摺對稱畫（decalcomania），把紙對摺，在中間位置滴上墨汁、墨水或廣告顏料等，在未乾之前把紙對摺，再掀開後就可以得到左右對稱之偶然圖形。

⑬學名 Saturnia pavonia，世界上體型最大的蛾類，翅展可達二、三十公分，胸甲多毛。

2

我們鄉下房子有間儲藏室，室內所有的東西都蒙上一層灰。我在這裡發現了一堆珍貴的書。那年，我應該已經八歲了。我外婆曾經對自然科學很感興趣，還從大學請了一位很有名的動物學教授（希姆科維奇）到家裡來為我母親授課。在這堆書當中，有些只是老古董，像是亞爾伯特斯·塞巴（Albertus Seba）一七五〇年左右在阿姆斯特丹印刷的四冊棕色大開本《細說自然寶藏》（*Locupletissimi Rerum Naturalium Thesauri Accurata Descriptio*）。那紙紋粗糙的書頁上有木刻印刷的毒蛇、蝴蝶和胚胎。有一幅是玻璃瓶中的衣索比亞女性胚胎，那頭被吊起來的樣子每每教我看了就覺得噁心。我也不大喜歡圖版CII那個海蛇標本畫像。那個怪獸有七個頸，每一個上方都有一個長了獅牙的烏龜頭，怪異、腫脹的身軀兩側長滿了鈕釦般的瘤，打了結的尾巴也有。

閣樓裡還有一大堆植物標本，如高山樓斗菜、藍翠雀花、朱比特的石竹、橘紅色的百合和瑞士達沃斯的花等。我在這些標本找到與我的學科有關的書。我把這一堆非常吸引我的書抱到樓下去：像是梅瑞恩（Maria Sibylla Merian, 1647-1717）的蘇利南昆蟲木刻圖案、艾斯波（Esper）那本珍貴的《蝴蝶》（*Die Schmetterlinge*）（一七七七年，出版於愛爾蘭根），還有博瓦杜瓦爾（Boisduval）從一八三二年開始在巴黎印行的《新發現及罕見鱗翅目歷史圖說》（*Icones Historiques de Lepidopteres Nouveaux ou Peu Connus*）。更令人興奮的是十九世紀下半葉的出版品，如紐曼（Newman）的《英國蝴蝶與蛾的自然史》（*Natural History of British Butterflies and Moths*）、赫曼（Hermann）《歐洲鱗翅目大全》（*Die Gross-Schmetterlinge Europas*）、尼古拉・米海洛維奇大公（Nikolay Mihailovich）描述亞洲鱗翅目的《回憶錄》（*Memoires*），書中插畫美不勝收，是卡弗林金（Kavrigin）、里巴科夫（Rybakov）和蘭恩（Lang）所繪，還有史考德（Scudder）的皇皇巨著《新英格蘭蝴蝶》（*Butterflies of New England*）。

現在回想起來，一九〇五年的夏天雖然很美，可惜我和村裡小學校長散步的路上，卻不見小翅膀快速震動，也沒見到鮮豔的羽翼，因此美得不夠生氣蓬勃。一九〇六年夏，前面提到的那鳳蝶還只是路邊繖形科植物上的一隻幼蟲。但在那一個月，我已經認識了十來種常見的蝴蝶，O小姐還把一條森林小徑命名為「*le chemin des papillons bruns*（**褐色蝴蝶之路**）」。那小徑的盡頭是一片泥濘的草地，上面有無數的豹蛺蝶[14]在飛舞。紹斯（Richard South）在《英倫三島蝴蝶》（*The Butterflies of the British Isles*）這本令人難忘、不朽、充滿魔力的小冊子則稱之為「珍珠鑲邊的小紋蛺蝶」（Small Pearl-bordered Fritillary）。翌年，我已經知道很多蝴蝶或蛾不會出現在英國或中歐。我利用更完整的地圖找到牠們出沒的地方。一九〇七年年初，我生了一場重病（肺炎，高燒到攝氏四十一度）。病發前幾個月我還是驚人的數字神童，痊癒後這種天賦就離奇消失了（現在要我算十三乘以十七，沒有紙和筆，我還真算不出來。如果相加，我倒是馬上就可以算出答案，那三個數字像牙齒一樣，工工整整地排成兩列）。幸好，我對蝴蝶的熱愛不減。媽媽在我的小床邊堆了一座圖書館和一座博物館。我渴望發現新品種的蝴蝶，對新的質數失去興趣了。一九〇七年八月，我們去了法國西南部的比亞里茨，又有不少令人驚奇的新發現（雖然沒有一九〇九年看到的那麼清楚、那麼多）。到了一九〇八年，我已經可以完全掌握霍夫曼（Hofmann）筆下所有的歐洲鱗翅目。一九一〇年，我在塞茲（Seitz）那本偉大的圖鑑《世界鱗翅目大全》（Die Gross-Schmetterlinge der Erde）第一冊中神遊，買了一些新近發現的蝴蝶標本，如饑如渴地翻閱昆蟲學期刊，特別是以英文和俄文出版的。此時，昆蟲系統學的發展可謂天翻地覆。

⑭學名 *Clossiana selene* 的黃色蝴蝶，翅膀上有許多像珍珠的棕色小斑點。

自從十九世紀中葉以來，大陸鱗翅目這個學門大體而言還算簡單、穩定，執牛耳者一直是德國人。鱗翅目學的最高祭司史陶丁格（Staudinger）還經營一家全世界最大的昆蟲標本交易公司。即使到了史陶丁格已作古半個世紀的今天，德國鱗翅目學家還未能掙脫這個昆蟲學權威有如催眠法術般的影響力。史陶丁格學派在科學界式微之初，史陶丁格還在世。他和他的徒子徒孫堅持使用傳統物種名和屬名，以肉眼可觀察到的特徵來分類就滿足了。然而，英語系的作者開始以嚴格的優先率⓯和昆蟲器官的顯微結構研究為基礎，發動命名學的革命。德國人對這種新趨勢不屑一顧，仍固守昆蟲學中像集郵般的一面，認為「一般收藏昆蟲標本的人不必解剖昆蟲」，就像現在緊張兮兮的通俗小說出版商說「一般讀者用不著太費腦筋」一樣。

另一個比較大的改變剛好發生在我青少年時期對蝴蝶和蛾心生熱愛之際。維多利亞和史陶丁格式的命名法比較深奧難解，而且同質性高，還突如其來地加上各種「變異」（如高山、極地、島嶼等）。這種命名法漸漸式微，取而代之的是一種新的、多種形式且比較多變

⓯優先率（law of priority），即生物的有效學名必須符合國際動、植物命名法規定，採用最早正式刊出的名稱。

的物種命名法，並涵蓋地理群和亞種的特徵。這種演變使得命名法更有彈性。這種生物研究的方式更使蝴蝶和自然的核心問題得以連結起來。

我對生物模擬的奧祕尤其著迷。這種現象展現一種藝術的完美，常常讓人想到人工打造來的東西。你看那羽翼上一個像氣泡的斑點模擬毒汁滲流出來的樣子（因為加上假的反光之後，簡直天衣無縫），或者整個蛹的表面布滿亮亮的、金黃色的瘤（「別吃我！我已經被壓扁過了，而且是別人吃過、丟棄的東西」）。你再看看那百變毛蟲吧（像是龍蝦蛾⓰），那幼蟲看起來就像一團鳥糞，蛻變之後長出凹凸不平的、類膜翅目⓱的附屬肢體，變得奇形怪狀，這個怪異的傢伙因而得以同時扮演兩個角色（有如東方雜耍演員一個人變成兩個扭打成一團的摔角選手一樣）：一條蠕動的幼蟲和一隻似乎正在折磨牠的大螞蟻。如果一隻蛾外觀和顏色像黃蜂，它行進和移動觸角的樣子也像黃蜂，而不像蛾。假使一隻蝴蝶狀似一片葉子，它不但表現出葉子美麗的紋路，被蟲子吃掉的孔洞也像真的一樣。這種自然模

⓰龍蝦蛾，學名為 *Stauropus fagi*。

⓱膜翅目：生物分類名稱，指的是有膜一樣薄的翅膀的昆蟲，在昆蟲綱中僅次於鞘翅目和鱗翅目，包括蜂和蟻等。

擬的外觀和行為，我們無法光用達爾文的「天擇」來解釋這種奇蹟般的巧合：一種防衛手段精妙之至，到了教人嘆為觀止的地步，遠遠超過掠食者所能欣賞的，也不能只是以「生存競爭」的理論來說明。我在大自然中發現了一種和實用無關的喜悅，和我在藝術裡追尋到的一樣。兩者都深具魔力，也是魅惑人心的高妙騙術。

3

我曾在好幾個地區，以各種裝扮捕捉蝴蝶：穿燈籠褲、戴水手帽的漂亮小男生；背著法蘭絨背包、頭戴貝雷帽、高高瘦瘦、四海為家的流亡者；穿著短褲、沒戴帽子的肥胖老人。我的標本櫃命運和我們在維拉莊園的房子差不多。留在城裡的和我放在雅爾達博物館的一小部分必然已遭蠹蟲等害蟲蠶食殆盡。我從流亡之初收藏的南歐標本，二次大戰期間在巴黎毀了。我從一九四〇年到一九六〇年間在美國捕捉到的蝴蝶（有好幾千隻之多，種類繁多，包括一些大型罕見的）目前在美國自然史博物館裡的比較動物學博物館和康乃爾大學的昆蟲博物館。在這些地方總比在俄國中部的托木斯克或亞托木斯克來得安全。我在麻州劍橋比較動物學博物館做蝴蝶研究那幾年（1941-48），可說是我這一生最愉快的時候，可說和我的俄國童年一樣快樂。我在美國待了二十年，美國就像我的寄養國家。幾乎每年夏天，為了捕捉蝴蝶，我總東奔西跑、不亦樂乎，大多數的州我都去過了。

不管是在懷俄明州西北部傑克遜洞國家保護區、大峽谷、科羅拉多高原深處聖胡安山脈中的泰柳瑞德小鎮上面的山坡，或紐約州奧爾巴尼附近那片以孤絕著名的松樹地，我發現的新蝴蝶已在那裡住了不知幾代，仍將一直住下去。相形之下，變種卻沒有那麼多。我發現的蝴蝶有些是和其他蝴蝶專家一起努力的結果。有的蝴蝶或蛾甚至以我的姓氏為名，如納博科夫尺蛾（*Eupithecia nabokovi* McDunnough）。那隻尺蛾是一九四三年我在猶他州羅吉林（Janes Laughlin）經營的亞爾他旅舍的觀景窗抓到的。這個事件和一個像螺旋般不斷出現的主旋律相合，頗值得玩味。那主旋律始於一九一〇年左右奧瑞德茲河畔的一片樹林，不，或許還要更早，也就是一百五十年前，新冷珀有一條小河⑱被發現的時候。

從情感、欲望、野心或成就感各方面來看，就我所知，真的很少有什麼事能夠超越昆

⑱即納博科夫河，作者曾祖父在新冷珀探險發現的小河。參看第三章。

蟲研究這個領域的探險。這方面的研究不但多采多姿，而且令人極度興奮。打從一開始，這研究就有許多層面是環環相扣的。其中之一就是強烈渴望獨自一人。如果有同伴，再怎麼安靜，在我狂熱地進行研究時，都不免減損專注的樂趣。要從中得到滿足，便不容許妥協和例外。儘管我只是個十歲的孩子，家庭教師就知道我的早晨只屬於我一人，因此刻意走避，不打擾我。

講到這個，我記得我有一個同學⑲來過我家。我很喜歡他，我們兩個玩得很開心。我想，他是在一九一三年夏天的一個晚上來的。他住在城裡，離我家大概有二十五哩。不久前，他父親意外死亡，他的家也就毀了。這個堅強的少年買不起車票，這麼大老遠的，還是騎腳踏車來我家，跟我玩幾天。

在他來到的第二天早晨，我一心一意只想到外面遛躂遛躂，沒告訴他我去哪裡。我沒吃早餐，拿了捕蝶網、藥盒、毒瓶，一溜煙似地從窗戶爬出去了。一進入森林，我就像如魚得水。我一直往前走，想到我那可憐的朋友，就覺得難受：打著黑領結的他臉色蒼白、

⑲即尼古拉・休斯托夫（Nikolay Shustov）。

無精打采地待在炎熱的花園裡，由於不知道做什麼才好，只好拍拍那氣喘吁吁的狗，努力為我的不在找理由。我走到小腿顫抖，滾燙的淚水流個不停，全身因羞愧和自責而抽搐。

現在客觀地來看我對蝴蝶是如何著魔。除了我父母，沒有人真正了解我的狂熱。多年後，我才遇見一個與我同病相憐的人。我學到的第一件事，就是想要增加收藏數量，絕對不可依賴別人。一九一一年的一個夏天午後，O小姐走進我房裡，手裡拿著書，她說她想讓我聽聽對植物學情有獨鍾的盧梭，批評起動物學是如何一針見血。眼看著她那龐大的身軀就要落在椅子上了，我哀嚎一聲。說時遲，那時快，她已經坐下了。椅子上有一個附玻璃蓋的標本盒子，裡面是可愛的菜粉蝶⑳系列。她頭一個反應是自尊受傷。當然，我不能怪她肥胖，把我的寶貝壓壞了。她接著安慰我說：「*Allons donc, ce ne sont que des papillons de potager!*（沒關係啦，不過是花園的蝴蝶而已。）」——不說還好，愈說愈糟。我最近才從史陶丁格昆蟲標本公司買來的一對西西里蝴蝶已經被壓得歪七扭八，還有一隻來自法國西南比亞里茨的大型蝴蝶簡直「血肉模糊」了。還有幾隻我在附近抓到的珍貴得不得了的

⑳菜粉蝶：俗名 Large White，學名 *Pieris brassicae* 的蝴蝶。

蝴蝶也遭殃了。有一隻很像卡納利亞蝶的變種蝴蝶或許用幾滴膠水就可修復，但有一隻左雄右雌、希罕的雌雄嵌體蝶腹部已模糊難辨、翅翼也脫落了。那蝶永遠也回不來了：即使翅膀可以重新固定，但已經無法證明那四片翅膀和彎針下的那個無頭胸部屬於同一隻蝶。第二天早上，O小姐神祕兮兮去了一趟聖彼得堡。晚上回來的時候，送我一樣東西說：「這比你那些菜粉蝶更棒。」原來只是用石膏板固定的一隻普普通通的燕蛾㉑。十年後她告訴我說：「你把我抱得緊緊的，高興得手舞足蹈。」她又杜撰了一段全新的過去。

有一次，我要出國旅行，於是把一個蛾蛹交給我們的鄉下醫生。那是一種很罕見的蛾。我在旅途中收到他的來信，他告訴我說，順利孵化了。其實，那個珍貴的蛹早就被老鼠吃掉了。我回到家的時候，只看到幾隻普普通通的蕁麻蛺蝶㉒。我猜，這個老先生一定是在我回來之前，趕緊到花園抓幾隻，就放到繁殖籠裡充數，以為這樣偷天換日可以矇騙過關。在廚房幫忙的一個對昆蟲興致勃勃的男孩比他厲害多了。他向我借了用具，兩個小時後就

㉑燕蛾：Urania moth，屬於燕蛾科的大型蛾、色彩豔麗，形似鳳蝶。

㉒蕁麻蛺蝶：*Aglais urticae Linnaeus*，翅面黃褐或紅褐色，斑紋黑褐色，前翅外緣齒狀，翅端呈鐮形。

凱旋而歸，手裡拿著一袋蠕動的無脊椎生物，和其他幾樣東西。他鬆開網子開口綁著的繩子，看來是大豐收：有一堆蚱蜢、一些沙子、回家路上匆匆採下的蘑菇、更多的蚱蜢、更多的沙子，還有一隻被壓爛的紋白蝶㉓。

翻開我國大詩人的作品來看，我只發現兩個真正具有感官之美的鱗翅目意象。其中的一隻是從布寧那無懈可擊的詩句跑出來的，想必是蕁麻蛺蝶：

一隻身披絲綢的彩蝶
將翩然進屋，
在藍色的天花板上拍動羽翼，
窸窸窣窣，啪嚓啪嚓。

And there will fly into the room

㉓紋白蝶：學名 *Pieris rapae*，翅面和脈紋白色，前翅頂角中部有二個黑色斑紋，後翅前緣有一黑斑。

A colored butterfly in silk
To flutter, rustle and pit-pat
On the blue ceiling...

還有費特的蝴蝶獨白：

別問我打從何處來，
又要匆匆趕往哪裡；
此時，我在優雅的花朵上歇腳，
此刻，我正在呼吸。

Whence have I come and whither am I hasting
Do not inquire;
Now on a graceful flower I have settled
And now respire.

在法文詩裡，繆塞（Musset）有幾行人人可琅琅上口的詩句（出自〈楊柳〉），非常動人：

金色的蛾輕舞飛揚
飛越芳香的草地

Le phalène dorè dans sa course légère
Traverse les prés embaumés

繆塞對這黃昏之蛾的描寫，精確之至。這種蛾屬於尺蠖蛾科，在英國叫做雄橘蛾[24]。法爾格[25]在以〈四日〉（Les Quatres Journees）為題的詩中寫到夜幕降臨的花園，也有教人嘆為觀止的詩句：「*se glace de bleu comme l'aile du grand Sylvain*（這一片藍中的霜，就像白楊蛺蝶的羽翼。）」在英詩中，很少出現純粹的蝴蝶意象，我最喜歡的一段，出自布朗寧的詩〈爐火邊〉（By the

---

[24]雄橘蛾即學名為 *Angerona prunaria* 的蛾。[25]法爾格（Léon Paul Fargue, 1876–1947），法國詩人。

在我們的另一側有岩石高聳，
峽谷和岩石之間有條小路，
大圓石旁的苔蘚譏諷
一隻蛾身上的斑點，小小的羊齒植物
把牙齒嵌入磨光的石塊中

On our other side is the straight-up rock;
And a path is kept 'twixt the gorge and it
By boulder-stones where lichens mock
The marks on a moth, and small ferns fit
Their teeth to the polished block

一般人對蝴蝶視若無睹的樣子使我驚詫不已。有一次我和一個來自瑞士的朋友在山上走。這人身體健壯，帆布背包裡放著卡繆的書。我故意問他有沒有看到蝴蝶。他平靜地答道：「沒有。」可是方才我們在下坡的小路上走的時候，不是有成群的蝴蝶在我們身邊飛舞？我自己也有過這種經驗。一九〇六年，我第一次為我捕捉到的蝴蝶做採集地點的紀錄。在此之前，回想起兒時一條小徑的夏日時光，再如何歷歷在目，在我的記憶裡還是沒有任何蝶翼、沒有翅膀抖動的樣子、沒有令人驚鴻一瞥的藍，也沒有以飛蛾做為綴飾的花朵。兒時在亞得里亞海邊時，我像是中了魔咒，看不到任何鱗翅目昆蟲。又如一個昆蟲學家和一個興高采烈、沒戴頭盔的植物學家並肩而行，像是置身於險惡植物形成的行星，竟沒看到半隻昆蟲。我在清醒的時刻偷偷拿了一個折疊式的捕蝶網，進入一個經常出現的夢魘：我在海邊的一個小丘，那裡很美，長滿了百里香和草木犀，令人不解的是，所有的蝴蝶都消失了（由此可證，懂得省時省力的製作人常拿兒時情景做為成年夢境現成的背景）。

我很快發現，一個「鱗翅目學家」沈浸在無聲的追尋之旅時，別人看了往往有怪異的反應。不知有多少次，野餐都安排好了，我該有自知之明，把我那些不起眼的工具神不知鬼不覺地帶到有瀝青氣味的遊覽馬車（會用到瀝青是為了趕走馬兒身上的蒼蠅）或有茶葉味道的歐寶敞篷車上（四十年前的汽油就是那種味道）。但是還是被某個表兄弟或姑姑發現了：「你非得帶那個網子嗎？難道就不能像正常男孩那樣玩嗎？你這樣不是讓大家很掃興嗎？」我曾和父親以及一位德高望重的長輩穆若姆瑟夫㉖在巴伐利亞的巴特基辛根健行（四年前，也就是在一九〇六年，穆若姆瑟夫當選俄國第一屆國會的議長）。我們走到 NACH BODENLAUBE（往博德勞伯）路標附近，那位長輩把他那大理石般堅硬冷酷的頭轉過來，看著我——一個脆弱的十一歲男孩——以他那出了名的嚴肅語氣說道：「孩子，快跟上來，不要追逐蝴蝶了。你這樣會破壞我們的步調。」一九一八年三月，在克里米亞濱臨黑海的步道上，我差點被一個O型腿的布爾什維克哨兵逮捕。他說，他以為我用手裡的捕蝶網在跟一艘英國戰船打信號。一九二九年夏天，每當我經過庇裏牛斯東部的一個村子，只要一回頭，便發現身後的村民立刻在原地靜止不動，什麼樣的姿態都有，彷彿我是所多瑪，而他們是羅德之妻㉗。再過十年，在阿爾卑斯濱海山脈，我注意到我後面的草地有一種怪異的起伏，原來是當地一個胖警察跟在我後頭匍伏前進，看我是不是在捕捉鳴禽。我四十幾

㉖穆若姆瑟夫（Sergey Muromstsev, 1850–1910）。

㉗根據《聖經》，所多瑪是罪惡之城，行將滅絕之際，羅德之妻忘了天使警告，忍不住回頭看一眼已成人間地獄的所多瑪城，立刻化為鹽柱。

歲移居美國，這個國家對我的捕蝶行動，比起其他國家，有著更多病態的興趣。似乎人愈老，手裡拿著捕蝶網就愈怪。有一臉嚴峻的農夫要我注意「禁止垂釣」的警示標語；在高速公路上，有人從急馳而過的車上對我發出嘲笑的嚎叫聲；睡眼惺忪的狗兒不去理會最可怕的流浪漢，反而跳起來對我呲牙裂嘴、嗥叫狂吠；正在學走路、搖搖擺擺的小不點對我指指點點，他們的媽媽則是一臉困惑；思想開明的遊客曾問我，我抓蟲子是不是要做魚餌；有一天早晨在聖塔菲附近的荒原上，高大絲蘭花開得燦爛奪目，一隻黑乎乎的大母驢居然跟著我走了一哩以上的路。

4

我把所有的人拋開之後，從我們的維拉莊園走上那條崎嶇的紅土道路，往原野和森林的方向前進。白晝的生氣和色澤似乎發出同情的震顫，包圍著我。

波翅紅眼蝶㉘這深色的清秀佳人每兩年才現身一次（剛好與我的記憶一致），有時在冷杉間飛舞，有時在路邊歐洲蕨上做日光浴，讓人看見牠那紅色的眼斑和黑白相間的翅緣。

小巧可愛的英雄珍眼蝶㉙沒讓我網住。還有幾隻蛾在飛來飛去——這些喜歡陽光的傢伙穿著俗麗的衣裳，像彩色飛機在花間穿梭，或像失眠男士在尋找隱匿芳蹤的女子，如在灌木中橫衝直撞鐵銹色的枯蝶蛾㉚。我注意到有一片柔軟、淺綠色的葉子陷入蛛網中（這是我童年發現的重大神祕事件之一），那時我就知道那不是葉子，而是被吃掉一半的大翡翠蛾㉛。還有那木蠹蛾㉜的幼蟲，體節明顯，頭部扁平，呈肉色，帶有紅色光澤，這種奇特的生物，用法式比喻來說，就是「和蟲子一樣赤裸裸的」。我在一條小徑上行走時，發現這蟲子正穿越路面，瘋狂地找尋一個可以結蛹的地方（可見蛻變的壓力真大，竟可以在公共場所這樣丟人現眼）。前一年的春天，在靠近公園小門那棵粗壯的樺樹樹幹上，我還發現了一隻席維斯天社蛾㉝的深社變種（對讀者來說，只是另一隻灰色的蛾）。小橋下的溝渠裡有一隻黯黃色的西爾維爾斯弄蝶㉞和一隻蜻蜓（在我看來只是一隻藍色斑蜻）如膠似漆的樣

㉘Arran Browns，學名 *Erebia ligea*，又名紅帶山眼蝶，翅展 37-45 毫米。㉙學名 *Coenonympha hero* 的眼蝶。㉚Oak Eggar，學名 *Lasiocampa quercus*。㉛Large Emerald，學名 *Geometra papilionaria* 的尺蛾。㉜學名 *Cossus cossus* 的蛾，幼蟲是土著的珍饈美味。㉝學名 *Odontosia sieversi* 的蛾。㉞學名 *Carterocephalus silvicolus*。

子。兩隻雄銅色蝶從一朵花上升，不斷纏鬥，一直到高空。過了一會兒之後，其中一隻倏地下降，回到方才停留的薊草。這些都是常見的昆蟲，但隨時都可能出現更有趣的傢伙，讓我看得目瞪口呆。記得有一天，我小心翼翼地拿著網子，靠近一隻停在小樹枝上的蝴蝶。這是非常特別的一隻小線灰蝶，翅膀上有細紋，腹面棕色部分有W字樣。牠合起羽翼，下方比較小的那對翅膀以一種特別的圓形動作互相磨擦，或許因此產生細微的、快活的啪嚓聲，但因頻率太高，人的耳朵無法聽到。這是我渴望以久的一種珍貴蝴蝶。距離夠近之後，我就出手。你聽見一個網球冠軍選手的呻吟聲。明明是手到擒來的一球，偏偏漏接了。你看到世界棋壇大師威爾・愛德蒙森[35]的灰頭土臉。電視同步轉播他和一個業餘棋手夏克[36]在白俄首都明斯克的一家咖啡館決戰。夏克是在明斯克當地執業的小兒科醫師。愛德蒙森一時大意，失去了他的車，也輸給了夏克。那天，除了變得蒼老的我，沒有人看到我把網

---

[35] 威爾・愛德蒙森（Wilhelm Edmundson），影射愛德蒙・威爾森（Edmund Wilson）。威爾森在一九六五年七月十五日出刊的《紐約時報》書評抨擊納博科夫翻譯、注釋的《尤金・奧涅金》。不久，納博科夫即在這本自傳加入這一段。

[36] 夏克（Dr. Schach），Schach在德文裡是「下棋」的意思。

子裡的小枝子拿出來，然後失神地看著網狀薄紗布上的一個洞。

5

在我們莊園那兩個新舊苑之間有一條南、北走向的馬車道，路面維持得很好，還有一條很泥濘而且遍地轍痕，從這條往西，可以到巴托沃。在這兩條車道交會處附近，有一個地方兩邊斜坡都長滿了山楊木。就在這裡，我確定在六月的第三個禮拜可以看到一種藍黑色的大蛺蝶。這種蝴蝶有純白的條紋，牠們在肥沃的土壤上方滑翔、旋轉，合起翅膀、停駐在地上的時候，腹面的顏色和下面厚厚的泥巴很相配。這些都是喜歡糞土的雄蝶，即老一輩鱗翅目專家說的白楊蛺蝶。確切地說，牠們是屬於布科維納亞種（Bucovinan subspecies）的蛺蝶。我還只是個九歲的孩子，不知這個地理群，然而我已經注意到北俄的標本和霍夫曼書中描繪的中歐標本看起來大有不同。我立刻寫信給庫茲聶索夫（Kuznetsov）。他不但是俄國最偉大的鱗翅目學家，他的研究也是舉世聞名的。我把我發現的這個新亞種命名為白楊線蛺蝶（"*Limenitis populi rossica*"）加上我的描述和水彩素描寄給他。經過一個月漫長的等待，庫茲聶索夫終於回信了。他只是在我寫的信背後草草寫下兩個字：*bucovinensis* Hormuzaki（布科維納蛺蝶）。這就是那隻蝴蝶的學名，霍姆薩基捷足先登了。氣死了！我恨霍姆薩基！我在庫茲聶索夫在較晚發表的一篇論文看到這麼一句：「有小學生老是愛為白楊蛺蝶小小的變種命名。」這種話真的很傷人。儘管白楊蛺蝶讓我遭受挫敗，我還是不屈不撓，在第二年又「發現」了一種「新」的蛾。那年夏天，我總是在沒有月亮的晚上，在公園草地上鋪上床單，也把那討厭的螢火蟲蓋起來，再用一盞乙炔燈來照（六年後，這燈將照在我的初戀情人塔瑪拉的身上）。這時，蛾會從漆黑的四周飛過來，飛到那一圈明亮得像競技場的光圈之中。就在那魔法床單上，我抓到一隻美麗的夜蛾。我一看到這蛾，立刻注意到牠和其他夜蛾的不同。牠的前翼是淡紫和紫紅色的（而非金褐色），收納口器的薄片狀器官較窄。我還沒在我手邊任何一本書上看過這種蛾。我把我的描述和素描寄給理查．紹斯，希望能在《昆蟲學家》這本期刊發表。他也沒看過這種蛾，還非常好心地幫我去大英博物館查證，結果發現這蛾在很早以前已由克雷許馬命名為「*Plusia excelsa*」（紫夜蛾）[37]

[37] 紫夜蛾：這種蛾是克雷許馬（Kretschmar）在1862年發現的。

紹斯在信中以極其同情的字眼告訴我這個壞消息：「這是源於窩瓦河流域非常罕見的品種……非常珍貴……你能發現，實在可喜可賀……」我強忍悲傷，接受這個事實。我知道，我不該挑明，但還是要說：多年後，我把我小說中的一個瞎了眼的男人取名為克雷許馬，算是報了一箭之仇㊳。

現在，且讓天蛾登場——我童年時代的噴射機！在六月的夜，色彩慢慢死去。我拿著網子，站在盛開的丁香花叢前。夜色中的丁香，灰撲撲的，像紫色幽靈。一輪潮溼的新月掛在附近的草原上空。丁香愈來愈暗沈，我從來沒有這麼急切過。多年後，我不知去過多少地方的花園——雅典、昂蒂布、亞特蘭大——都沒有這樣熱切的欲望。來了！牠突然來了，低低的嗡嗡聲在花朵之間流轉。那天蛾橄欖綠和粉紅的流線性身軀被顫動的光暈包圍著，牠停在花冠上方的半空中，把長長的舌頭伸進去，吸吮。兩個月後，可在溼潤的楊蘭上看到天蛾的漂亮幼蟲（這蟲子眼睛突出來的時候，很像極小型的響尾蛇）。每一個小時和

㊳即《黑暗中的笑聲》（*Laughter in the Dark*, 1932）中的阿畢納斯・克雷許馬（Albinus Kreschmar）。情婦及其舊情人聯手欺騙他，讓他失去一切。

季節都有可喜之處。在寒冷、霜凍的秋夜，可在樹幹塗上混合糖漿、啤酒和蘭姆酒的汁液來吸引飛蛾。在刮著強風、漆黑的夜裡，你用燈籠一照，可以看到樹幹溝槽黏稠、發亮的地方有兩、三隻蛾正在吸蜜汁，有力的翅膀像蝴蝶一樣開張一半，前翼是苔蘚灰，後翼則像是豔紅色的綢衣。「*Catocala adultera*（裳夜蛾！）」我一邊興奮地往家裡亮著燈的窗口尖叫，一邊跌跌撞撞地跑回家給父親看我的斬獲。

6

在我們家的房子和曬乾草的廣場之間有一座英式庭園。那庭園很大，有迷宮般的步道和屠格涅夫小說中提到的長凳，除了本地土生土長的樅樹和樺樹，還種了從外地進口的橡樹。打從我祖父開始，我們就設法維護這座庭園，免得它變荒蕪，然而永遠也無法一勞永逸。庭園主道的沙子鋪得整整齊齊的，那鼴鼠的粉紅爪子卻不斷把一小團一小團黑色的土扒出來，堆成一個個小丘，讓每一個園丁都頭疼極了。陽光斑駁的小徑上長滿了雜草、菇類，又有像山脊的樹根橫斷路徑。一八八〇年代，熊已經被趕盡殺絕，然而偶爾還是有麋鹿不請自來。在一塊雄渾壯麗的大石頭上，有一小株花楸和一株更小的山楊往上爬升，像手拉著手的兩個笨拙、羞澀的孩子。有些人總是防不勝防，像是在鄉間野餐、迷了路的人或是來此尋歡作樂的村民，他們會在長凳或大門亂寫一些髒話，幫我們看守獵場的老伊凡每每氣得發瘋。這庭園還在「解體」。就像今天我企圖在回憶中走上那些彎彎曲曲的小徑，從一個點走到另一個點，我驚覺這路有很多空白，可能是因為遺忘或無知。這樣的未知地，古代繪製地圖的人稱之為「睡美人」。

那英式庭園再過去是田野。田野上有雛菊、藍鐘、山蘿蔔等交相輝映，翩翩飛舞的蝶翼熠熠生輝。此時，這一切化做彩色薄霧飛快掠過我身邊，就像洲際旅行，從餐車窗口瞥見的草原那樣可愛、豐美，然而沒有機會一探究竟。

那綠色仙境的盡頭是高牆般巍然的森林。我曾在林間遊盪，仔細察看樹幹（一棵樹當中被施了魔法、不能發出聲響的部分），看有沒有某種叫新英格蘭叫 Pug（尺蛾或鳳蛾）的小蛾。白天，這種小蛾會張開翅膀、露出腹部依附在樹幹上的斑點。那森林猶如有陽光照射的綠色海洋，我在那海底慢慢地繞著大樹幹走。已經被發現和命名的尺蛾或鳳蛾已有洋洋灑灑一長串，如果我能受到幸運之神的眷顧，讓我發現某個不得了的新品種，該有多好。想到這裡，我就飄飄欲仙，似乎沒有更棒的事了。我那天馬行空的想像力以近乎奇詭的方式在表面上迎合我的欲望，給我幻覺，讓我好像看到這樣印刷出來的小字：「……已知這是唯一的標本……」、「……這個全世界獨一無二的尺蛾標本（*Eupithecia petropolitanata*）是一個俄國小學生發現的……」、「……由年紀尚輕的俄國收藏家發現的……」、「……我是在一九一〇年……一九一一年……一九一二年……一九一三年……於聖彼得堡皇村區發現的……」三十年後，在猶他州瓦薩奇嶺㊴的那個黑夜，我終於得到神天福佑。

一開始，大概在我八、九歲的時候，我遊盪的範圍不出維拉和巴托沃之間的田野和山林。如果我要去的地方有五、六哩路或更遠，就騎腳踏車去，把網子綁在車上。然而，不少森林小徑不是輪子可以通行的。當然，我可以騎馬，但林子裡有兇猛的虻蟲，會叮咬馬匹，因此不能讓馬在林中停留，即使只是片刻都不行。我那匹棗紅色的馬兒有一天就碰上了虻蟲。牠本來精神抖擻，幾乎要爬上綁著牠的那棵樹，突然遭到虻蟲的襲擊。那大隻的有著水汪汪的眼睛和老虎般的身軀，灰色、小隻的則有更令人害怕的針狀吻部，動作也比

㊴瓦薩奇嶺（Wasatch Range）。一九四三年八月一日，納博科夫在此地亞爾他旅舍的觀景窗，抓到了一隻前所未見的尺蛾。此蛾因而以他為名，學名為納博科夫尺蛾（*Eupithecia nabokovi* McDunnough）。

較遲緩。我發現有兩、三隻可惡的虻蟲死死黏住我那匹馬的頸部，我戴著手套，打扁這些骯髒的吸血鬼。雖然研究雙翅類昆蟲的專家可能會皺眉，但我的馬兒能得到解脫，我也鬆了一口氣。不管怎麼說，我要去捕捉蝴蝶的話，寧可用走的，不想利用任何交通工具（當然，除非能用飛的，悠閒地在原始山岩上翱翔，從茂密得像厚毯子般的植物上方掠過，或者飛過雨林花團錦簇般的頂篷）。如果你對一個地區瞭如指掌，偶爾偏離路線的時候，特別有一種興味。你可以在路邊任何一個地方留連，走到林間空地，步入幽谷，來到有著某種土壤和某種植物的地方，或者去你熟悉的一種蝴蝶的棲地瞧瞧，看看牠們在不在家、過得如何。

記得是一九一〇年左右，七月的一天，我非常想去奧瑞德茲河再過去的那片廣大的沼澤地探險。我沿著河岸走了三、四哩之後，發現一座搖搖晃晃的步橋。過橋時，我可以看到左邊小村莊的農舍和蘋果樹，綠色河岸旁堆放著成排黃褐色的松木。草地上有一塊塊鮮豔的東西，那是農家少女丟在地上的衣服。她們一絲不掛地在淺淺的河裡戲水，又鬧又叫的，對我視若無睹，好像我是背負回憶的隱形人似的。

在河流的另一邊，有一大群小小的、豔麗的藍色雄蝶吸吮著泥濘、肥沃、富含牛糞的土壤。在我跋涉而過的當兒，牠們全都飛起來，天空像是飄散著藍色亮片。我走了之後，牠們才又翩然降落在原來那塊沃土。

穿過成群矮小的松樹和赤楊，就是沼澤了。雙翅目昆蟲在我耳邊嗡嗡作響，頭頂上有隻鷸鳥拉開喉嚨大叫，我腳底下的溼地也咕嚕咕嚕的，一聽到這些聲音就知道會出現罕見的極地蝴蝶。不知有幾個春夏秋冬，這類蝴蝶的圖像已讓我深深著迷，有關他們的文字描述，更令我神魂顛倒。不一會兒，這蝶已在我身邊飛舞。在結了果實的越橘之上（那果實有著淡淡的、夢幻的藍），在死水的棕色眼睛之上，在苔蘚和泥沼之上，在芳香的沼澤蘭花的花序之上（這種花即俄國詩人口中的 *nochnaya fialka*〔夜的紫羅蘭〕），一隻與北歐女神同名、深色的小蝴蝶[40]低空掠過。漂亮的蘭蛾[41]，這種像寶石般美的飛蛾嗡嗡地飛過牠做為食物的沼澤植物。我追逐有玫瑰邊緣的黃蝶[42]以及色澤像灰色大理石的眼蝶。儘管蚊子密密麻麻地停在我前臂上，幾乎像長了黑色的毛，我還是彎下腰網住一隻翅膀有銀斑的蝴蝶。牠在我網子裡鼓動翅膀，我的喉嚨發出喜悅的咕噥聲。我可從沼澤的氣味中聞到我手

[40] 即北歐神話中愛與美的女神弗蕾雅（Freya）。這種蝴蝶的學名為 *Boloria freija*，屬於一種豹蛺蝶。[41] 學名 *Anarta cordigera* 的夜蛾。[42] 學名為 *Colias interior* 的蝴蝶。

指沾上的蝶翼微香。不同的蝴蝶有不同的香味，有香草香、檸檬香、麝香，還有一種很難說清楚，總之就是一種帶有霉味的甜香。我還不知足，再往前走。最後來到沼澤的盡頭。再過去升起的土地是長滿羽扇豆、毛茛和釣鐘柳的樂園。蝴蝶百合在黃松樹下盛開。遠方，急馳的雲影在森林線上方綠得暗沈的斜坡與朗思峰[43]灰灰、白白的部分投下斑點。

我承認，我不相信時間。我喜歡把使用過後的魔毯折疊起來，讓毯子的花樣相疊。讓遊客絆倒吧。永恆的無上至樂就是自己可任選一處風景，待在那裡。我的選擇就是被罕見的蝴蝶和牠們賴以為食的植物包圍。這是一種狂喜。但在這狂喜的後面還有別的。很難解釋那是什麼，就像一個瞬間的真空吧，我所鍾愛的一切盡納其中。那種感覺也像與太陽和石頭合而為一。一種感激之情油然而生，讓我心頭一凜。我該感謝誰呢？也許是時時照拂人類命運的精靈，也許是會逗幸運兒開心的溫柔鬼魂。

---

[43] 朗思峰（Longs Peak），在美國的科羅拉多州，可見這裡描寫的場景已從俄國轉移到美國。隨著地理環境的改變，植物也有所不同。

第七章

1

二十世紀初，聶夫斯基大道上的一家旅行社展示了一節長達三呎的國際臥車模型。這模型唯妙唯肖、巧奪天工，遠勝過我的發條塗漆鐵皮火車。可惜，這火車模型是非賣品。你可以看到那臥車模型內部的藍色布料裝潢、貼著花紋皮革的車廂壁、光可鑑人的壁板、鑲嵌在牆上的鏡子、鬱金香花朵形狀的閱讀燈等種種裝潢細部令人嘆為觀止。車窗寬大的和狹窄的相間，有的是單扇，有的是兩扇，有些是毛玻璃。有幾個車廂還可以看到鋪好的床鋪。

偉大而令人神迷的北方快車（一次大戰之後，車廂外觀顏色從原來優雅的棕色改成暴發戶般的藍色）全部是由這樣的國際車廂組成，每週兩次往返聖彼得堡和巴黎。然而，到了俄德邊境（維爾茲波洛沃—埃德特庫能），鐵軌從俄國那慵懶的寬軌（六十•五英吋）變成歐洲標準的窄軌（五十六•五英吋），燃料也從樺木變成煤炭，旅客必須換搭另一列外表相像的火車。要不是得換車，不然就可說直達巴黎。

我還能從意識的最角落搜尋出五次以上搭乘北方快車前往巴黎的回憶，最後目的地不是蔚藍海岸就是比亞里茨。以一九〇九年那年的旅行來說，我們一行人共有十一個人，家裡的臘腸狗也來了。我父親戴著手套和旅行帽坐在包廂中看書，我們的家庭教師也跟他同一間。我和弟弟在隔了一個盥洗室的另一間包廂。再過來是母親和女僕娜塔夏的包廂。下一間則是我的兩個妹妹和她們的英國家庭教師拉文敦小姐（她後來做了沙皇子女的家庭教師）及俄國保姆的包廂。我父親的男僕歐西普落單，於是跟陌生人（知名的法國演員佛迪）同一間包廂（十年後，歐西普因為沒把我們家的腳踏車交出來給國家，自己拿來用，而遭迂腐的布爾什維克黨人槍殺）。

從歷史和藝術來看，一九〇九年是由英國諷刺漫畫雜誌《笑翻天》（*Punch*）的一幅漫畫揭開序幕：英國女神向義大利女神俯下身去，那義大利女神頭上有塊西西里麥斯納地區的磚頭——或許這是從地震得到靈感畫出來的最可怕的景象。那年四月，探險家佩里抵達北極。五月，俄國男低音夏里亞賓❶在巴黎演唱。六月，謠傳更新、更好的齊柏林飛船就要問世，美國國防部於是發布新聞稿，宣布計畫組成有空戰能力的海軍。七月，法國飛行家白里奧❷從法國加萊海岸起飛，橫越英吉利海峽，在多佛降落（他因為指南針故障，失去方向，而在空中多繞了一圈）。那年八月底，我們坐的火車在俄國西北部的樅樹和沼澤間飛馳而過，翌日已身在德國松林和石楠間。

我和母親在一張折疊桌上玩一種叫做「上當者」❸的紙牌遊戲。雖然是大白天，桌上的紙牌、玻璃杯和行李箱的鎖頭都映照在車窗上。火車穿越森林和田野，突然進入深谷，

---

❶夏里亞賓（Fyodor Ivanovich Shalyapin, 1873–1938）。

❷白里奧（Louis Blériot, 1872–1936）。

❸上當者（*durachki*），一種俄國紙牌遊戲。

村莊向後飛馳，無形的賭徒為了不斷冒出火花的籌碼不肯歇手。我們玩了很久、很久。今天，在這灰濛濛的冬日早晨，我人在明亮的飯店房間裡，我在鏡子裡看見同一個行李箱鎖頭。鎖頭還亮晶晶的，行李箱則已有七十年的歷史。那箱子是豬皮做的，沈甸甸的，是旅行必備的高級皮箱，箱子上的王冠紋飾下有厚實的白銀精工打造的字母：「H・N・」。那是我母親一八九七年去佛羅倫斯度蜜月時買的。一九一七年，那箱子裝了一些珠寶，從聖彼得堡被運到克里米亞，後來又運到倫敦。一九三〇年左右，我們把箱子附的水晶和銀器盒子典當了，上蓋內側設計精巧的皮革夾層還是留下。這只箱子跟了我三十年，早就彌補了那些損失。我從布拉格到巴黎、從聖納薩爾到紐約都帶著它。這箱子曾出現在美國四十六個州兩百多家汽車旅館房間和出租房子的鏡子裡。在我們從俄國帶出來的東西當中，就數這旅行箱最堅縕耐用，這個事實不但合乎邏輯而且具有象徵意義。

媽媽問我：「*Ne budet-li, ti ved' ustnal*（還沒玩夠？不累嗎？）」她一邊慢條斯理地洗牌，一邊沈思。包廂的門開了，我從車廂走廊的窗子看到電線——六條細細、黑黑的電線，斜斜地往上攀爬，儘管閃電擊中一支又一支電桿，那些電線還是以勝利的姿態上升，就在快爬到窗戶頂端之際，還是被最狂猛的一記閃電擊落，又回到原來的起點，再往上爬。

火車穿越某個德國大城之時，行進速度變成一種莊嚴的漫步，幾乎擦過樓房和招牌。

這時，我常感到一種雙重的興奮——即使是終點站也沒能給我這種感覺。我看到城市、玩具般的電車、菩提樹、磚牆等進入包廂內，溶入鏡中，充滿走道的窗戶。火車與城市非正式的接觸是一種令人震顫的經驗。我還喜歡想像自己是路人，因為看到一長列、浪漫、赤褐的火車從眼前駛過而感動。那火車走道間的簾幕像蝙蝠翅膀一樣黑，車廂上的銅鑄金屬字母在低低的夕陽中發亮，氣定神閒地穿越大道，通過鐵橋，然後轉彎，繞過最後一條街的房子時，所有的窗戶突然像燃燒一樣閃閃發光。

這種視覺混合也有缺點。餐車大大的窗子映照出包裝簡單的礦泉水瓶、折出尖摺角的餐巾、巧克力棒模型（那些甘椰牌、科勒牌等包裝紙包的其實是木頭）。從搖搖晃晃的藍色走道走過去，那景象起初讓人覺得像是到了一個沁人心脾的避風港。我們吃著吃著，直到最後致命的一道端上來。有人背靠我們的桌子，搖搖擺擺地端著盛著滿滿的餐盤，好讓另一個人通過，那人也是端著滿滿的盤子努力在保持平衡。這時，我感覺到整列火車、上面的服務生和所有的乘客都像被束縛在風景之中，而風景本身則是在複雜的運轉系統當中——白晝之月固執地停留在與盤子齊高之處；遠方的原野呈扇形開展；附近樹木以某種無形的節奏往鐵軌的方向掃掠；一條原本平行的鐵路線，因與我們這條相接而自盡；一道長滿青草的河岸在眨眼，然後上升、上升，那小目擊者在各種速度的衝擊下，不由得吐出他吃下的那一份草莓果醬煎蛋捲。

到了晚上，*Compagnie Internationale des Wagons-Lits et des Grands Express Européens*（大歐洲臥車與快車國際公司）才讓人感覺名不虛傳。我躺在半明半暗的包廂中，我睡下鋪，弟弟睡上鋪（他睡著了嗎？他人在上面嗎？）。我盯著東西看，看東西的局部，然後看影子。我看到一小塊影子小心翼翼地移動，但不知要往哪裡去。火車的木造部分發出一點點吱吱嘎嘎的響聲。在通往洗手間的那扇門旁邊的掛鉤吊了件黯淡的衣服，更上方是盞雙殼夜燈，那夜燈的藍色流蘇隨著列車行進有節律地搖晃著。看著車廂裡這些東西且動且停，那隱在幽暗中的祕密動靜，實在很難想像車外的黑夜迎面呼嘯而來——我知道夜正匆匆——與車身擦出難以辨識的火花。

我想像自己是火車司機，才能入睡。我讓乘客無憂無慮地在自己的包廂中享受旅程、抽菸、給彼此會意的微笑、點頭、打瞌睡，服務生、廚師和列車長（我必須把他們調到其他地方）在餐車乾杯，而我自己坐在駕駛室，戴著護目鏡、渾身髒兮兮的，眼睛盯著愈來愈窄、最後相連的鐵軌以及漆黑遠方中寶石紅和翡翠綠的光點。這一切都打點好了之後，舒服的睡意才會入侵我的血管。但是，我在睡夢中看到的景物卻全然不同——一顆玻璃彈珠在平臺鋼琴下滾來滾去，或是一部已然傾倒但輪子仍兀自轉動的玩具火車。

火車速度的改變會擾亂我的睡眠之流。緩慢的燈光一道道從我們身邊掠過，檢查同一個縫隙，然後出現明亮的一圈，測量陰影的大小。此時，火車發出西屋電氣式的一聲長嘆，停了下來。有東西從上面掉下來（天亮後，才發現那是我弟弟的眼鏡）。我喜歡把身子挪到床尾，連床單一部分也拖過去，小心翼翼地解開遮陽簾的鉤子。車窗的簾子只能拉上一半，再往上就碰到上鋪邊緣上不去了。

蒼白的蛾繞著一盞孤燈打轉，像環繞木星的衛星。長凳上的報紙被風翻得七零八落。火車上某個地方傳來悶悶的聲響，那是某人在放聲咳嗽。眼前的車站月臺沒什麼特別有趣的，但在火車發動之前，我的視線還是黏在那裡，無法轉移。

翌日早晨，只見一道長長的、乳白色的霧籠在潮溼的原野上，溝渠四周圍繞著其貌不揚的柳樹，更遠處有一排白楊樹——啊，火車正駛過比利時。下午四點，我們抵達巴黎。儘管我們只在巴黎停留一個晚上，還是有時間去買點東西，像是迷你艾菲爾鐵塔（那是銅鑄的，再塗上粗糙的銀漆）。第二天中午，我們搭乘往馬德里的南方快車。晚上十點左右，我們在離西班牙邊境只有幾哩的比亞里茨的拉內格勒斯站下車。

2

在那個年代，比亞里茨仍保有原來的特色。通往我們別墅的那條路旁有灰撲撲的黑莓叢和雜草叢生的待售地。卡爾登飯店還在興建之中。再過三十六個年頭，以前一座宮殿的所在地蓋了王宮飯店，少將山繆爾・麥克科洛斯基將住進那飯店的皇家套房。聽說，在六〇年代有人看到十九世紀最厲害的靈媒修姆❹用赤腳（模仿鬼魂的手）撫摸尤珍妮克王后（Empress Eugénic）那信賴別人的親切臉龐。在賭場附近的步道上，有個用炭筆描眉、上了年紀的賣花女帶著做作的微笑，攔住了一個行人，飛快地把一朵盛開的康乃馨插進他的鈕孔。那行人偏過頭去，注視那被不好意思插上的花，左臉頰的皺紋更深了。

在灌木間尋尋覓覓、色彩豔麗的枯葉蛾❺和我們家鄉的大不相同（不管如何，我們的枯葉蛾是不會在橡樹上繁殖的），而此地的斑點木蝶❻出沒的地方不是樹林，而是籬笆，翅

❹修姆（Daniel Home, 1833-86）。

膀的斑點不是淡黃色的，而是茶色的。克麗奧派翠拉蝶❼這種看來像是熱帶地區的蝴蝶，翅膀是檸檬黃或橘黃，在花園裡懶洋洋地拍動翅膀，一九〇七年曾大出風頭，現在捕捉得到仍教人興奮。

戴著草帽的孩子在沙灘上玩沙，他們的父母坐在海水浴場後面那些形形色色的椅子和凳子上。有人看到我跪在地上，利用放大鏡點燃我找到的一個蜂巢。那時，男士流行穿緊身、褲腳短的白長褲。以今天的眼光來看，那種款式的長褲好像是洗過而縮水，十分滑稽。在那特別的季節，女士則是穿有絲綢翻領、輕薄的外套加上正面和袖口有褶邊的上衣，戴著帽冠大而帽簷寬的帽子和繡得細密的白色面紗，撐著有飾邊的陽傘。在微風的吹拂下，嘴唇都變鹹了。一隻迷路的黃雲斑蝶❽飛快衝過抖動的海岸線。

其他的動作和聲音則來自小販。他們叫賣*cacahuètes*（花生）、摻了糖的紫羅蘭、天色

---

❺枯葉蛾（Oak Eggars），學名*Lasiocampa quercus*。❻斑點木蝶（Speckled Woods），學名*Pararge aegeria*。❼克麗奧派翠拉蝶（Cleopatra），學名*Gonepteryx cleopatra*。

❽黃雲斑蝶（Clouded Yellow），學名*Colias croceus*。

般綠的開心果霜淇淋、顆粒狀的口香糖，還有從紅色桶子取出的大餅。那餅吃起來乾乾、沙沙的，口感像薄餅。我清清楚楚地看到那賣薄餅的小販彎腰扛著沈重的桶子，在深深的、粗粉狀的沙地裡跋涉（後來重複疊上的印象絲毫未曾模糊我最初看到的）。有人叫他，他就把肩上的背帶一扭，砰地讓桶子立在沙地，就像一座比薩斜塔。他用袖子擦擦臉，讓桶蓋上的指針旋轉。指針轉啊轉，發出粗嘎的聲音。一個蘇幣❾能買到多大的薄餅，完全看運氣。顧客得到的餅愈大，我就愈為他難過。

我們在海灘的另一邊游泳。這裡的救生員是身穿黑色泳裝、身材魁梧的巴斯克人，協助女士和孩童享受驚險刺激的衝浪。他們會緊抓著顧客的手，讓顧客仰躺在迎面而來的浪濤之上。充滿泡沫的綠色海水漲起，人也跟著飄上來。海浪猛然從後面落下，人也跟著跌下去。這樣翻滾十來次之後，全身像海豹一樣發亮的救生員就把氣喘吁吁、渾身顫抖、鼻子使勁抽嗒的顧客帶上岸，到平坦的前灘。那裡有個下巴長了銀白色的毛、令人看一眼就忘不了的老婦人從曬衣繩上飛快挑出一件浴袍。在一間沒有讓人偷窺之虞的小木屋裡，另

❾蘇幣（sou），法國舊輔幣。

一個服務人員會幫你把沾滿沙子、變得溼答答、沈甸甸的泳衣脫下來。泳衣「啪」一聲掉到地板上，泳客打著哆嗦，踩在藍藍的、滲水的泳衣條紋上。小屋有松木的氣味。那服務人員是個駝子，而臉上每一道皺紋都光彩煥發。他捧著一盆熱騰騰的水進來讓人泡腳。我從他那裡學到一個字，即巴斯克語言中的「蝴蝶」：*misericoletea*。至少聽起來發音像是這樣，我把這個字保存在記憶的細胞培養玻璃瓶中（後來我在字典找到了七個比較近似的字，最像的一個是 *micheletea*）。

3

在沙灘上，色澤比較深褐也較溼的那一塊是堆沙堡最好的地方。有一天，我在那兒挖沙子的時候發現，身邊多了個叫柯蕾特的法國小女孩。

她到十一月才滿十歲，我則是在四月就已經十歲。我注意到她光著腳踩在一個有缺口的紫貝殼上，腳趾細細長長的。她說，噢，我不是英國人。她五官突出，臉上布滿雀斑，似乎連綠眼珠上也有斑點。她穿著運動服，上身是藍色緊身衣，袖子捲起，搭配藍色針織短褲。起初，我還以為她是男孩，但覺得奇怪，因為那纖細的手腕戴著手環，水手帽下還垂懸著螺絲錐狀的棕色捲髮。

她說起話來嘰嘰喳喳的，就像鳥叫，混合著女家庭教師的英語和巴黎的法語。兩年前，在同一個海灘上，我才和吉娜如膠似漆。她是塞爾維亞人，長得很可愛、皮膚黝黑，但動不動就生氣。她的父親會用自然療法為人治病。我還記得她心臟下方那片杏黃色的肌膚下有一顆痣（真不可思議，畢竟我和她那時才八歲）。她家是在一棟寄宿公寓裡，大廳地板上堆了許多可怕的便壺，有的已滿，有的半滿，有的表面還冒著泡泡。有一天早上，我去找她的時候，她正在穿衣服。她給我一隻死天蛾。那是她的貓發現的。但我遇見柯蕾特的時候，我馬上知道這次才是真愛。對我而言，比起我在比亞里茨其他偶爾在一起的玩伴，柯蕾特似乎令我感到特別陌生。我可以察覺出她沒有我快樂，得到的愛也比較少。她那長滿細毛的細嫩前臂有一塊淤青。我不由得想到可怕的事。「被夾到的話，會跟媽咪擰我一樣痛喔。」她指的是被螃蟹夾到。我想出各種「英雄救美」的計策。我聽到有人以有點不以為然的口吻對我母親說，柯蕾特的父母是「巴黎中產階級」。我知道像他們那種人總是從巴黎大老遠開著藍黃兩色的豪華轎車來到這個度假勝地（當時這麼做可是拉風得很），我想別人眼中的輕蔑因此而來。柯蕾特卻是跟一條狗和家庭教師坐普通列車來的。柯蕾特的狗是條母獵狐犬，脖子掛著鈴鐺，屁股很會左搖右晃。牠活力充沛，可以把柯蕾特玩具水桶裡的海水舔得一乾二淨。我記得那水桶上有風帆、落日和燈塔的圖案，但那隻狗的名字就是想不起來。唉，怎麼拚命想也沒用。

我們待在比亞里茨那兩個月，我對柯蕾特的熱情遠超過對克麗奧派翠拉蝶。由於我爸媽不怎麼想和她父母見面，我只有去海灘才看得到她。但我常常想她，要是我發現她剛哭過，一種無能為力的痛苦就會襲上心頭，使我淚水盈眶。我雖然打不到在她柔弱的脖子上叮咬的蚊子，但我可以用拳頭揍扁一個對她動粗的紅髮男孩。她常給我一把又一把握得熱熱的硬糖。有一天，我們低頭在看一隻海星，柯蕾特的鬈髮碰到我的耳朵。我覺得癢癢的，她突然轉過頭來，在我的臉頰親了一下。我一時激動，不知道該說什麼才好，只是說：「妳這隻小猴子！」

我有一枚金幣。我想，有了這枚金幣，我就可以帶她私奔了。我要帶她去哪裡？西班牙？美國？波城再過去的山上？我聽到卡門在歌劇裡高歌：「*Là-bas, là-bas, dans la montagne*（去那邊，去那邊，去那座山中。）」在一個怪異的夜裡，我只是躺著，沒睡著，傾聽浪濤拍岸，計畫怎麼逃走。海洋似乎在黑暗中上升、摸索，又臉朝下重重地跌下。

我們離家出走的經過，倒是沒什麼好說的。我的記憶只留存幾個影像，一個是她在隨風飄動的帳篷背風處順從地穿上帆布鞋，那時我正把捕蝶網放進一個棕色紙袋。另一個影像是我們為了躲避家人的尋找，跑進賭場附近一家漆黑的電影院（那賭場當然是個禁地）。我們在電影院裡坐著，手牽著手，柯蕾特的狗就窩在我倆之間。那狗不時跳到柯蕾特的膝上，脖子上的鈴鐺發出輕柔的響聲，跟我們一起觀看在聖塞巴斯蒂安一場濛濛細雨中的鬥牛表演。那牛橫衝直撞，相當精采刺激。最後一個影像則是林德羅夫斯基帶著我在步道上走。他的一雙長腿以一種不祥的快速度前進。他繃著一張臉，我可以看到他那嚴肅的下巴肌肉在抽動。林德羅夫斯基另一隻手牽著我弟弟。我弟弟那時九歲，戴著眼鏡，像一隻小小的貓頭鷹，一邊快步向前，一邊盯著我，既敬佩又好奇的樣子。

在離開比亞里茨之前買的小紀念品當中，我最喜歡的一樣不是黑石頭做的小公牛，也不是能發出宏亮聲音的貝殼，而是某種現在看來似乎深具象徵意義——一支海泡石做的筆桿，裝飾部分有水晶做的小窺孔。你拿著這筆桿，靠近一隻眼睛，另一隻眼睛瞇緊，睫毛不會閃動影響視力之後，就可看到一個神奇的景象，有海灣、懸崖的輪廓，懸崖盡頭還有一座燈塔。

我把那筆桿及其窺孔裡的小宇宙召回眼前，刺激我的記憶做最後一次的努力。我再一次回想柯蕾特那隻狗的名字——在那遙遠的海灘上，在往昔那片光滑如鏡的黃昏沙地，日落時分的海水漸漸塡滿每一個足跡——啊，想起來，想起來了，一個顫抖的回音響起：佛洛斯，佛洛斯，佛洛斯！真令人開心。

我們在巴黎停留一天，然後才踏上歸鄉之路。柯蕾特已經回到巴黎了。我們在巴黎那天，天空是一種冷冽的藍，我在小鹿公園見到了柯蕾特（該是我們的家庭教師居中安排的）。那是我們最後一次見面了。她手裡有個鐵環，可用一根短棒來轉動。她打扮得高雅而時髦，讓人感受到秋天的味道和巴黎風情，就像城裡的小姑娘。她從她的家庭教師那裡拿了一樣東西，塞進我弟弟手裡，作為臨別禮物，然後就準備走了。一盒糖霜杏仁果。我知道，那是給我一個人的。她的身影穿過光和影。她輕輕敲打晶亮的鐵環，沿著被枯葉堵塞的噴泉繞啊繞。我就站在不遠處看著她。那枯葉已與我的記憶混合，加上她皮鞋的皮革和手套。她衣著的細部（也許是蘇格蘭帽上的緞帶，也許是褲襪上的圖案）讓我想起一顆玻璃彈珠裡的七彩螺旋。我似乎還緊抓著那束虹光，不知道該放哪兒才好。她轉著手裡的鐵環，繞著我跑，愈跑愈快。公園柵欄低低的，是一個個半圓形互相交錯形成的圖案，在碎石路上投下細細、長長的影子。她的身影也沒入那影子中，最後不見了。

第八章

1

現在來看幾張幻燈片。且讓我先說明一下地點和時間。我和我弟弟是在聖彼得堡（即帝俄首都）出生的。他生於一九〇〇年三月中旬，我則比他早十一個月出生。我們小時候本來都是由英文和法文女家庭教師教導的，由說俄語的老師從旁協助，但最後都換成俄國老師。這些俄國老師大都是聖彼得堡大學的研究生。我們的家教時期始自一九〇六年，延續了將近十年。一九一一年起，上了中學之後，仍有家教老師。我們常在秋天到國外度假，他們也跟著去。到了冬天，每一個家庭教師都跟我們同住在聖彼得堡的公寓，其他時候則和我們住在鄉下莊園，那裡離聖彼得堡約有五十哩。這些年輕人即使再能熬，往往不出三年便掛冠求去（我又比我弟弟更難纏）。

我父親挑選家庭教師的原則，看來是別出心裁：每次都挑選不同的階級或種族，好讓我們體驗席捲過俄羅斯帝國的各種風潮。我猜他是故意這麼做的。回顧過去，那模式卻格外清晰，那些老師的身影出現在光亮的記憶光碟中，就像許許多多由幻燈機投射出來的影像。

一九〇五年夏天，村裡的校長來家裡教我們俄文拼字；他是一個令人尊敬而且讓人難忘的人。他一天只來幾個小時，不像其他家庭老師跟我們生活在一起。然而，他正好出現在我們的家教時期一開始和即將結束之際。一九一五年復活節的假期，維拉莊園附近一片冰天雪地，我們在酷寒、藍得發紫的天空下滑雪。除了我和弟弟、爸爸，還有一個叫佛爾金❶的家庭教師。他是最後一個教我們的，也是最糟的一個。我們在那裡遇見了老朋友，也就是那位校長。他就住在那棟屋簷掛著冰柱的校舍。他請我們去他家吃點心。說是「點心」，其實是一頓精心準備的大餐。老校長容光煥發，我父親也很高興，不由得大塊朵頤，連平常最討厭的食物（酸奶烤兔肉）都吃下去了。

室內太暖和了。我的雪靴解凍了。我以為這靴子是防水的，其實不然。我的眼睛雖然被積雪反射的強光刺痛，還是努力辨識牆上掛的一幅利用許多印刷字體拼湊出來的托爾斯泰畫像，就像《愛麗絲夢遊仙境》裡有一頁上面的老鼠尾巴。托爾斯泰這個大鬍子文豪的臉就是由他的一篇小說〈主與僕〉拼湊出來的，一個字都不少。招待我們的校長五官跟托翁有那麼點像。我們的叉子正要叉上那不幸的兔子之際，門突然打開，脖子圍著女人用的毛線圍巾、鼻子凍得發青的赫利斯托佛被帶到我們身邊。他是我們家的僕人，臉上掛著癡傻的笑容，手上提著一只巨大的野餐籃，裡頭有食物和酒。這是我們家的傻奶奶叫他送來的（她在巴托沃過冬），擔心校長準備的食物不夠。父親叫赫利斯托佛把那籃子原封不動地提回去，免得讓校長難堪。他還給奶奶寫了張簡短的字條，好心的奶奶看了恐怕大惑不解。父親做的事常常讓奶奶想不通。奶奶總是穿著光滑的絲綢長袍、戴著紗網手套倚靠在沙發上，用一把象牙扇為自己搧風，整個人活像件古董傢具。她總是在她伸手可及之處放一盒

❶佛爾金的真實姓名為尼古拉・薩克哈洛夫（Nikolay Sakharov）。

水果口香糖或是一杯杏仁牛奶，還有一面手鏡，因為她差不多每隔一個小時就得用一個巨大的粉紅色粉撲來補妝。她顴骨上的小痣，在層層蜜粉的覆蓋下，看來像是顆小小的葡萄乾。儘管她素來慵懶，倒是不畏風霜，一年到頭都睡在敞開的窗戶旁邊。一夜，風雪大作，翌日清晨女僕發現雪覆蓋了她的床鋪和她的身體，她已躺在一層晶亮的白雪之下，但她還是一夜好眠，臉色紅潤。她一生中最鍾愛的，只有她的小女兒，也就是嫁給馮里亞爾雅斯基的娜德茲達。她就是為了娜德茲達才會在一九一六年突然變賣巴托沃的產業。那時正是帝俄的黯淡時期，這交易沒讓任何人得到好處。她向所有的親戚抱怨，她的天才兒子必然是鬼迷心竅，才會摒棄「光明」的仕途，還說我們家列祖列宗不是都以替沙皇服務為榮嗎？讓她尤其難以理解的是，我父親明明知道財富可以帶來舒適的生活，卻選擇做一個「自由派」，還為革命推波助瀾，到頭來恐怕落得一文不名。她的預言沒錯。

2

教我們拼字的老師是木匠之子。在接下來的幻燈片中，第一張是個年輕人，我們叫他歐多❷，一位希臘公教助祭的兒子。一九〇七年的夏天很涼爽，他陪我和弟弟在鄉間散步，身穿一件拜倫式的黑斗篷，斗篷上還有個S形的銀鉤。在巴托沃森林的深處有條小溪，附近就是那個吊死鬼的鬼魂常常出沒的地方。每次經過那裡，我和弟弟都吵著要他表演。他的演出不但褻瀆鬼神，而且很蠢。他低著頭，把斗篷一甩，像吸血鬼一樣，繞著一株可憐的白楊樹，慢慢地跳啊跳著。一個潮溼的早晨，他在學吸血鬼跳來跳去的時候，香菸盒掉出來了。我幫他在地上找，發現了兩隻新近蒞臨的藍目天蛾❸。這種可愛的蛾有著絲絨般的灰紫色羽翼，真是這個地區的稀客。那兩隻蛾靜靜地在交配，長滿栗鼠毛的腿緊緊抓住樹底下的青草。同一年秋天，歐多跟我們一同前往比亞里茨。幾個禮拜之後，他突然離開我們。他把我們送他的吉利牌安全刮鬍刀放在枕頭上沒帶走。枕頭上還別了一張字條。我似乎記得有一次看到通往客廳的那扇門半掩，歐多，我們的歐多跪在地上，蜷縮著身子，扭絞著雙手。在他面前的是我那年輕、美麗、驚訝得目瞪口呆的母親。然而我分不清這到

---

❷歐多（Ordo），真實姓名為歐汀塞夫（Ordyntsev）。

❸藍目天蛾：一種學名為 *Smerinthus tremulae amurensis* 的天蛾。

底是我自己的回憶，還是別人告訴我的。我很少這樣，但就歐多這件事，我實在不知道。多年以後，我母親追憶往事，不時提起當年她在無意間點燃的愛苗，不覺莞爾。我似乎從自己的心靈角落瞥見歐多肩上那浪漫的斗篷飄啊飄，因此我可能把歐多在森林中手舞足蹈的若干情節轉移到我在比亞里茨公寓那間朦朧幽微的客廳撞見的情景（在那窗戶底下，在廣場被繩子圍起來的地方，當地一個名叫席吉斯蒙德・樂久友❹的熱氣球飛行員正在為一個果凍色的巨大氣球充氣）。

下一個是烏克蘭人❺。他是個活力十足的數學家，有著黑色的鬍子和燦爛的笑容。他在一九〇七年至一九〇八年冬天有一段時間住在我們家。他也有獨門絕活，其中最吸引人的就是讓硬幣消失的魔術。他把一枚硬幣放在紙上，用酒杯蓋起來，然後硬幣就消失不見了。你隨便拿一個喝水用的玻璃杯，杯口用一張畫了線的紙（其他紋路也可）仔仔細細地糊起來，以加強幻覺。你把一枚小小的硬幣（如二十戈比的銀幣）放在同樣畫了線的紙上。

---

❹席格斯蒙德・樂久友（Sigismond Lejoyeux）。源於佛洛伊德（Sigmund Freud，1856–1939）的人名遊戲。Freude在德文是「快樂」（joy）的意思。

❺真實姓名皮登柯（Pedenko）。

用酒杯快速掠過硬幣，注意兩邊的線條要對齊。完美疊合的線條可以製造出自然的奇蹟。這種奇蹟讓年幼的我印象深刻。這個可憐的魔術師有一個星期日休假臥倒在街頭，被警察送到冷冰冰的牢房，跟十來個酒鬼關在一起。原來他心臟病發作。幾年後，他便死於心臟病。

下一張在螢幕上看起來好像放顛倒了。那人是我們的第三位家庭教師，其實照片中的他在倒立。他是個大塊頭的拉脫維亞人，體格極其健美。他可以用雙手撐起巨大的身軀往前走，會耍啞鈴，才一眨眼的工夫，就可以使一個房間充滿一整個部隊的汗臭味。如果我調皮搗蛋（例如，在他下樓的時候，讓彈珠從樓梯上面的平台滾下，擊中他那英挺、堅硬的頭殼），他認為該好好給我一頓教訓，就要我戴上拳擊手套跟他打一場。他一出拳就打中我的臉。我寧願被打得鼻青臉腫，也不願被罰抄寫，寫到手抽筋。O小姐曾罰我寫 *Qui aime bien, châtie bien*（愛之深，責之切）這個成語兩百遍。經過一個月的風暴之後，那拉脫維亞老師就離開我們家了。他是個好人，然而他走了以後，我並不想念他。

接下來是個波蘭人[6]。他是個英俊的醫學生，有著清澈的棕色眼珠和光滑的頭髮，看起來很像一個很紅的法國諧星麥克斯·林德。這個麥克斯從一九〇八年到一九一〇年都在我們家。一個聖彼得堡冬日，他的表現讓我刮目相看。那天早上，我們和平常一樣在街上散步，突然碰到暴動。哥薩克人揮舞著皮鞭，那副神情凶狠而愚蠢，使小小的馬兒噴著鼻息騰躍不已，以嚇阻激動的群眾。雪地上有一團團黑黑的東西，那是帽子，至少還有三隻高統橡皮鞋。有那麼一刻，似乎一個哥薩克人朝向我們走過來，我看到麥克斯從外套裡面的口袋掏出一把小小的自動手槍——這手槍讓我一見鍾情。可惜，暴動很快就平息了。他曾帶我們去看他哥哥一兩次。他哥哥是個削瘦的羅馬天主教牧師，地位崇高，和麥克斯用一連串有很多齒擦音的波蘭語在討論政治或是家裡的事。他那蒼白的雙手在我們這兩個希臘公教教徒的小腦袋上揮舞。我可以想像我父親和麥克斯夏日在鄉間打靶的情景。我們家林子裡有一塊破舊的警示牌，上面寫著「請勿狩獵」，上面彈痕累累。這麥克斯是個很有活力的年輕人，很討人喜歡。但他有時還是會說他偏頭疼，無精打采，因此無法跟我去踢足球或去河裡游泳。我很驚訝，他居然會這麼虛弱。我現在才知道，那年夏天他和一個有夫之婦私通。那女人的莊園離我們家有十二哩。白天有空的時候，他會溜到狗舍。我們家的看門狗都用鐵鍊綁在那裡。麥克斯拿東西給那些狗吃，籠絡牠們。晚上十一點，那些狗

❻即歐科洛庫拉克（Borislav Okolokulak）。

被放出來，在我們家房子四周駐守。這時正是麥克斯要開溜的時候。我父親的波蘭男僕偷偷地幫他把所有的東西都準備好，放在灌木林裡，包括腳踏車、車鈴、打氣筒、褐色皮革做的工具箱，甚至還有褲掛架。這一路坑坑疤疤、塵土飛揚，焦急難耐的麥克斯好不容易才來到偏遠的幽會地點——森林中的狩獵小屋，此舉可謂依循風雅偷情的偉大傳統。他騎車回來，迎向他的是黎明寒冷的霧氣和四隻健忘的大丹狗。早晨八點，新的一天又開始了。一九〇九年秋天，麥克斯也跟我們去比亞里茨度假。每晚上演的森林歷險記就此中斷。我很好奇，對麥克斯來說，去比亞里茨算不算解脫？麥克斯以虔誠、懺悔的心，請了兩、三天假，在一個美麗、可靠的愛爾蘭小姐的陪同下去了一趟盧爾德。那位小姐就是柯蕾特的家庭教師，而柯蕾特就是常常和我一起在沙灘上玩的那個小女孩。翌年，麥克斯就離開我們，前往聖彼得堡一家醫院的放射科任職。據我所知，他後來在兩次大戰之間成了波蘭醫界的名人。

在天主教徒之後來了個新教徒，一個信奉路德教派的猶太人。這個人物我們姑且叫他藍斯基❼。我和弟弟在一九一〇年秋冬跟他去德國，翌年一月才回聖彼得堡上學。藍斯基在我們家待了三年左右，指導我們寫作業。那時正是O小姐的統治時期。O小姐是在一九〇五年冬天來到我們家的，最後終於不敵俄羅斯人的入侵，黯然神傷回洛桑去了。藍斯基是黑海地區窮人家的孩子。他常想起從當地預校畢業之後到考進聖彼得堡大學那段販賣彩繪石頭自食其力的日子。那石頭是從卵石海灘撿來的，以亮麗的油彩畫上海濱景色，可以當文鎮。藍斯基有張橢圓形的臉，臉色紅潤，刮得精光的頭皮微微泛青。他的睫毛很短，無框夾鼻眼鏡之後是一對好奇的眼睛。我們馬上就發現他有三個特質：他是個優秀的老師，但是一點幽默感都沒有，而且與其他家庭教師比較，他需要我們保護。只有我們父母在家，他才能高枕無憂。萬一他們不在，就會慘遭我那些姑姑的攻擊。在她們看來，我父親對集體屠殺等暴政的筆伐不過是個一個任性的紳士心血來潮之作。我常常偷聽到她們在說藍斯基的出身多可怕，還有我父親那「瘋狂的實驗」。聽到她們那麼說，在她們面前，我就會變得很粗魯無禮，然後躲在廁所裡痛哭流涕。我並不是因為特別喜歡藍斯基才這樣。藍斯基是個破鑼嗓子，有潔癖，老是用一塊特殊的布在擦拭鏡片或是用一種特別的小工具修指甲。他像個老學究一樣注重遣詞用句。或許最令人受不了的是他每天早晨盥洗的方式。他一下床時就穿上鞋子和褲子，紅色吊褲帶掛在背後晃來晃去，怪異的網狀背心包裹著他

❼真實姓名澤藍斯基（Piilip Zelenski）。

那肥胖、毛茸茸的軀體。他邁開大步走到最近的水龍頭，把他那紅潤的臉、青色的腦袋和肥肥的脖子浸在水裡，接下來是聲音大得嚇人的俄式擤鼻子。他的身體滴著水，眼前模糊不清，但還是以同樣堅定的步伐走回臥室。他在房間的一個祕密角落藏著三條神聖的毛巾（偶爾，他會非常 *brezgliv*，這個俄文形容詞很難翻譯，意思是神經質、有潔癖，像一碰到鈔票或把手，就會去洗手。）

他向我母親抱怨，說我和瑟格是兩個小外國佬、怪胎、紈袴子弟、傲慢的小鬼。他還舉一些作家為例，他說一般正常的孩子都會對岡察洛夫、葛瑞格洛維奇、柯羅藍科、史坦尤科維奇、馬明—席畢里雅克❽這樣的作家著迷，只有我們兩兄弟表現出「病態的冷漠」。在我們看來，那些作家實在無聊得要死（可和美國一些「地方作家」媲美）。讓我們打從心底生氣的是，他建議我父母讓我和弟弟過一種比較「平民」的生活方式。因此，我們在柏林就不能住在亞德隆大飯店，改住寄宿公寓。那公寓大而幽暗，座落在一條死氣沈沈的巷

---

❽岡察洛夫（Ivan Aleksandrovich Goncharov, 1812-91），俄羅斯小說家和遊記作家、葛瑞格洛維奇（D. V. Grigorovich, 1822-99）、柯羅藍科（Vladimir Galaktionovich Korolenko, 1853-1921）是小說家、史坦尤科維奇（Konstantin Stanyukovich, 1843-1903）、馬明—席畢里雅克（D. N. Mamin-Sibiryak, 1852-1912）。

子裡。我們也不能坐鋪著長毛地毯的豪華國際列車，改坐搖搖晃晃、前後顛簸的*Schnellzugs*（普通快車），忍受骯髒的地板和污濁的雪茄菸臭味。不管是在聖彼得堡或是外國城鎮，商店裡的東西總是讓他看得目瞪口呆，我和弟弟卻不屑一顧。他打算結婚，但除了薪資，其他一無所有，因此成家這件事，他極其小心謹慎地在計畫。他自己要買的東西，總是再三考慮，不輕易下手，但有時他也有魯莽的衝動，擾亂了預算。有一天，他注意到他想追的一個女人在帽子店裡眼巴巴看著一頂有著紅色羽飾的帽子，他就買給她了。那個女人是個可怕的老巫婆，後來他花了一段時間才擺脫她的糾纏。我和弟弟耐著性子聽他一五一十地講他的白日夢，也就是他計畫和未來老婆同住的那個溫馨、儉僕的小窩；屋裡每個角落都不遺漏。有時，他的幻想非常不切實際。他曾看上商店裡的昂貴吊燈。那家店叫亞歷山大，在聖彼得堡市區，專門販賣中產階級喜歡的各種稀奇古怪的雜貨。他不希望店員知道他中意哪一樣。他說，如果我和弟弟發誓不盯著他要的東西看，克制一點，不要引起不必要的注意，他就帶我們去看。千叮嚀萬囑咐之後，他才帶我們來到一隻可怕的青銅章魚下方。他說，他會輕輕地發出一聲喵嗚，讓我們知道這就是他很想要的東西。他向我們介紹他的未婚妻時，一樣躡手躡腳、竊竊私語的樣子，以免驚動命運之獸（他似乎認為自己跟這怪獸有仇）。他的未婚妻是個嬌小玲瓏、優雅動人的年輕小姐，眼神像受到驚嚇的瞪羚，黑色面紗散發出新鮮紫羅蘭的芳香。我還記得我們是在柏林波茨丹默街與普萊維特街轉角那家雜貨店附近遇見她的。普萊維特街上都是落葉，我們住的寄宿公寓就在那裡。藍斯基要我們保密，不要向父母提起他未婚妻在柏林的事。我們在那雜貨店櫥窗裡看到一個有機械裝置的模特兒正在刮鬍子。電車從我們身邊呼嘯而過。這時，下雪了。

3

現在可以進行這一章的主題了。那年冬天，藍斯基想出了一個可怕的點子，計畫隔週日在我們聖彼得堡的家放映幻燈投影片。他打算用這種方式為一群小朋友介紹「富含教育意義」（說到「富含」這兩個字的時候，他抿了一下薄薄的嘴唇）的文學作品。他相信小朋友會很喜歡，而且可以分享難忘的經驗。他認為這麼做除了可以為我們增加見識，也有助於我們兄弟與人交際。這個團體就以我們這一對悶悶不樂的兄弟為核心，他找了許多小朋友來，包括僕人的子女、和我們年齡相近的堂兄弟姊妹，還有每年冬天在無聊的宴會上認識的小朋友，加上我們的同學（他們出奇地安靜，但什麼好笑的都看在眼裡）。我那溫柔又樂觀的母親放手讓他做，他就租了一套複雜的器材，還雇用一個垂頭喪氣的大學生來當他的助手。從現在的眼光來看，藍斯基實在是個古道熱腸的人，尤其樂於幫助貧困的同志。

我永遠也忘不了第一次聚會的情景。藍斯基選了一首萊蒙托夫的敘事詩。那首詩敘述一個年輕僧侶離開他在高加索的隱居之地，在山林間漫遊。詩中融合平鋪直敘與令人驚奇、動容的 *fata morgana*（幻覺）。這正是萊蒙托夫作品的特點。這詩頗長，有七百五十行，只用了四張幻燈片（第五張在放映前就被我不小心弄破了）。

由於考慮到有發生火警的危險，藍斯基選擇在一間廢棄的兒童房放幻燈投影片。那個房間的一角有個漆成銅棕色、圓筒狀的熱水器，還有一個有蹼足的浴缸。為了美觀起見，那浴缸用床單蓋住了。房間的窗簾拉上了，讓人看不到窗下的院子、成堆的樺木以及那間陰暗馬廄（有一部分被改建成可停放兩部車的車庫）的黃色牆面。儘管房間裡的一個老衣櫃和兩個行李箱看來格格不入，這個破舊、隱密的房間還是擺好了幻燈機、一排排的椅子、跪墊、靠背長椅，準備讓十來個觀眾就坐（包括藍斯基的未婚妻以及三、四位家庭教師，不包括我們的O小姐和格林伍德小姐），因而變得狹小、擁擠，讓人透不過氣來。坐在我左邊的表妹最坐不住。她差不多十一歲，有一頭金色長髮、貝殼般粉紅的皮膚，就像漫遊仙境的那個愛麗絲。每次她在座位上動一下、玩弄項鍊的墜子、用手背輕撫自己的秀髮和後頸，或者雙膝在蕾絲連衣裙底下的黃色絲綢襯裙裡擦碰，由於她跟我靠得很近，我都可以感覺到她臀部的骨頭碰觸到我的。坐在我右邊的是我父親波蘭男僕的兒子。他穿著水手服，一動也不動，跟俄國皇太子像極了。更巧的是一樣得了血友病。一年當中有幾次，宮廷馬車會載著一位名醫來到我們家門前，在那裡等了又等。雪徐緩地、斜斜地飄下。如果你盯著最大片的灰灰的雪花，看它飄落下來（從你凝望的那扇凸肚窗飄下），就可看到雪花粗糙、不規則的形狀。你看到它在空中飄來飄去，覺得既單調又頭暈、頭暈又單調。

燈滅了。藍斯基唸那長詩開頭的幾行：

時間：不是很多年以前，

地點：美麗的阿拉格瓦河與庫拉河

如姊妹般擁抱、合流，

就在這裡，矗立著一座修道院。

那修道院和不遠處的兩條河流冒出來之後，就一直在那裡。這一幕蒼白、飄忽（如果能出現一隻燕子，從上面掠過就好了！），過了兩百行之後，才出現一個少女，手裡拿著水罐，看來像是喬治亞地方的人。那個大學生抽出一張操作幻燈片，出現特別的一聲卡嗒，畫面就從布幕上消失了。展示的畫面不但被放大了，移走的速度也受到影響。此外，就沒有什麼令人驚奇的。我們看到的只是一般的山峰，不是萊蒙托夫那浪漫的山巒：

在黎明的光輝中上升
像煙霧裊繞的祭壇

Rose in the glory of the dawn
Like smoking altars,

那年輕僧侶對一同隱居的同伴講述他和一頭豹搏鬥的經過：

我令人望而生懼！
我也是一頭豹，狂野、勇猛，
牠的怒火、牠的咆哮都變成了我的。

I was awesome to behold!
Myself a leopard, wild and bold,

His flaming rage, his yells were mine

後面傳來輕柔的貓叫聲，可能是跟我一起上舞蹈課的小男孩盧夫斯基或是阿里・尼特（一兩年後他成了惡名昭彰的搗蛋鬼），也有可能是我的一個堂兄弟在作怪。藍斯基那尖細的聲音不絕如縷。我發現除了少數幾個，例如我那個生性敏感的同學山繆爾・羅索夫，大家都在偷偷嘲笑藍斯基，害我後來還被取笑。然而，我對藍斯基有著深深的同情。看他那剃得精光的後腦杓下方溫柔的皺褶、他的勇氣以及揮動教鞭那神經兮兮的樣子，實在教人不忍。教鞭如果太靠近布幕，就像撲了空的小貓爪子。布幕上的色彩就會動來動去，有時還會消失。快結束的時候，更是無聊得令人難以忍受。操作幻燈機的那個大學生手忙腳亂的，找不到第四張投影片。那張一定是跟用過那幾張混在一起了。藍斯基在黑暗中耐心等待，有幾個觀眾舉起手，在驚慌的白色布幕投下黑影。這時，有個言語粗鄙、腦筋動得很快的男生把腳抬高，在布幕上玩影子遊戲（那個男生可能是我嗎？我的另一個像海德❾的

❾海德（Edward Hyde），源於史蒂文生（Robert Louis Stevenson, 1850-94）原著小說《變身怪醫》（*The Strange Case of Dr. Jekyll & Mr. Hyde*），後來改編成著名的音樂劇。

化身？）大家不但哄堂大笑，還群起效尤。投影片最後終於找到，投射到布幕上的時候，我想起兒時的一次旅行。我們的火車在暴風雨中進入又長又黑的聖哥薩德隧道，出來的時候已經無風無雨：

藍、綠、橘，
令人驚奇的美好和幸運。
峭壁上，一隻瞪羚步伐穩健地行走，
一道彩虹跨過，把牠捕獲。

Blue, green and orange, wonderstruck
With its own loveliness and luck,
Across a crag a rainbow fell
And captured there a poised gazelle.

接下來的禮拜日下午更是擁擠、可怕，一些家族故事不斷浮現在我腦海，揮之不去。

十九世紀八〇年代初期，外公因為無法為我舅舅找到合意的私立學校，就在聖彼得堡的家（地址：海軍碼頭十號）辦了個「家庭學院」，請了十來個最好的教授到家裡來授課，也讓朋友的子女（共二十個左右）免費上課。友人的孩子非但有時有不聽話的問題，多半令人失望。我想起外公那嚴峻的形象，固執的他不斷地在找學校。他那悲傷和奇異的眼神是我很熟悉的，我在他的相片上看過。他找來最俊美的男孩到家裡上課。聽說，為了幫自己的兩個兒子找伴，他還付錢給窮男孩的父母。雖然藍斯基的幻燈投影片課程和外公的「家庭學院」沒什麼關連，我總把這兩件事聯想在一起，但我還是無法忍受藍斯基的課。他這麼做只是把自己變成笨蛋、討厭鬼。我們又上了三次課（普希金的〈青銅騎士〉、塞萬提斯的《唐・吉訶德》以及《非洲：驚奇之地》），母親在我苦苦哀求之下終於讓步，中止了藍斯基的幻燈投影課程。

現在，我想起了那些幻燈投影片。那些投射在溼溼的布幕上、像果凍般的圖片（布幕弄溼是為了讓畫面更亮麗），看起來是多麼俗氣、誇張，反之，玻璃就可愛多了。你用拇指和手指拿著玻璃幻燈片，放在光源下——這些半透明的袖珍圖片，像口袋裡的仙境，也像散發光芒、靜謐而美麗的小小世界！多年後，我也在顯微鏡神奇鏡筒下、光亮的底部發現同樣精確而寧靜的美。在投影用的玻璃幻燈片中，那縮小的風景可以激發想像力，而在顯微鏡下，昆蟲的器官放大了，以供科學家冷靜研究。在這個世界的空間裡，被縮小的大東西和被放大的小東西，在想像與知識之間，似乎有一個微妙的交會處。從本質來看，這就是藝術。

4

藍斯基看起來是這麼多才多藝，講起課來是多麼仔細、周全，實在讓人想不到他在大學的功課竟然面臨不及格的危險。他雖然費了九牛二虎之力，碰到金融和政治的題目，還是一竅不通。我還記得有一次他要參加最重要的期末考，緊張得坐立不安。考前，他緊急向我父親求救，要我父親私下為他做模擬口試，看看他對查爾斯・紀德[10]的《政治經濟學

[10] 查爾斯・紀德（Charles Gide, 1847–1932），政治經濟學者，法國作家安德烈・紀德（André Paul Guillaume Gide, 1869–1951）的叔叔。

原理》的認識能不能過關。我為藍斯基擔心，因此躲在門口偷聽。我父親翻了翻紀德那本書，然後問了他幾個問題，例如：「東西的『價值』是怎麼來的？」「鈔票和紙幣有何不同？」藍斯基著急地清清喉嚨，然後便默不作聲，好像斷氣了一樣。過了半晌，才發出微弱的咳嗽聲。那長長的靜默被我父親敲打桌面聲打斷。父親忍不住說了他幾句，藍斯基突然抗議：「書上沒寫！」其實，書上寫得明明白白的。我父親最後嘆口氣，把書合上，輕聲細語地說：「*Golubchik*（小老弟），這樣是不行的——你根本什麼都不懂！」藍斯基極力維護尊嚴地反駁：「關於這點，我不同意。」我們家的司機送他到大學，他在車子裡呆坐著。天黑了，漫天大雪，他才坐雪橇回來。他不發一語，失望地直接回到自己房間。

藍斯基在離開我們家之前結了婚，然後去高加索度蜜月，也就是去萊蒙托夫的山中徜徉。回來後，又跟我們過了一個冬天。一九一三年夏天，藍斯基告假，為我們上課的家庭教師是瑞士人諾耶爾先生。這個老師體格強健，鬍子又粗又密。他朗讀羅斯丹的《西哈諾·德·貝荷傑哈克》⓫給我們聽，每一句都唸得很動人。他還會模擬各個角色的語調，有的聽來像長笛，有的像巴松管。打網球輪到他發球的時候，他總是穩穩地站在端線上。他穿著皺皺的棉布褲子，粗壯的雙腿分得很開，突然用力把球打出去的時候，膝蓋會彎一下，看起來架勢十足，然而只是虛張聲勢，那發出去的球總是沒什麼力道。

一九一四年春天，藍斯基離開我們，再也不回來了。我們的家庭教師換了個來自伏爾加省的年輕人。他長得英俊瀟灑、家世良好，是網球好手，也很會騎馬。在那個時候，我和弟弟在功課上已經不大需要他的幫忙，他靠那些本事已經夠了。他那樂觀的贊助人向我父母保證，他絕對可以勝任愉快。我們第一次聊天，他隨口提到《湯姆大叔的小屋》⓬是狄更斯寫的。我跟他打賭，說那書不是狄更斯寫的。他因此輸掉了他的格鬥拳套。從此以後，他很小心，不敢在我面前提到任何小說中的人物或主題。他是個窮小子，褪了色的大學制服飄散出一種汚濁的、像是乙醚的怪味，還好不會令人作嘔。他舉止優雅、個性溫和，字跡像荊棘又像鬃毛豎立，令人難忘（這樣的字跡，後來我只有在瘋子寫的信上看過。唉，我在西元一九五八年就曾收到過這樣的信）。關於他的拜把兄弟和「馬子」，他有一籮筐的

⓫《西哈諾・德・貝荷傑哈克》（*Cyrano de Bergerac*），是羅斯丹（Edmond Rostand，1868–1918）寫的名劇。席哈諾是名英勇的軍官，也是浪漫的詩人，暗戀表妹羅珊，但因自己長了一個怪異的大鼻子，而不敢表達愛意。他麾下的英俊士兵克利斯蒂安也愛上羅珊，但卻不知如何啓齒，於是席哈諾就藉克利斯蒂安之名，傳達愛慕之情。此劇曾改編為電影《大鼻子情聖》。

⓬《湯姆大叔的小屋》（*Uncle Tom's Cabin*），又譯《黑奴籲天錄》，作者是史托（Harriet Beecher Stowe, 1811–96）。

黃色故事（他以夢幻、溫柔的語調偷偷地告訴我，沒用半個下流字眼）。他也認識我們家的朋友。其中有一個是時髦女士，年紀幾乎是他的兩倍大。他不久就跟她結婚，目的卻是為了除掉她。他利用在列寧政府擔任公職的機會，把他老婆送到勞改營。那女人就在勞改營裡死了。那女人最後在勞改營喪命。我愈想起這個人，愈相信他是個瘋子。

後來我還聽到藍斯基的消息。他還跟我們住在一起的時候，就向岳父借了一筆錢，打算從事一種瘋狂的生意：購買各種新發明，然後加以利用。如果說他把那些發明占為己有，並不厚道，也不公平。他提起這些發明的時候，總是眉飛色舞，就像他是那些發明的生父。他對那些東西很有感情，儘管沒有事實證明，看來也不像在騙人。有一天，他還邀請我們大家坐車去試試他用金屬條做的一種新的路面（我試著在幽暗的時光隧道中辨識那金屬條散發出來的奇特光芒）。結果，我們的車胎被刺破了。幸好他買到了另一件熱門的東西，也就是他說的「電動飛機」的設計藍圖，看起來像白里奧⑬設計的老飛機，且讓我再引用他的話，那飛機用的是「伏特發電機」。那架飛機只在他和我的夢中飛翔過。在戰爭時期，他

---

⑬白里奧（Louis Bleriot, 1872-1936）。第一個飛越英吉利海峽的法國飛行家。他設計的飛機就叫「白里奧 XI」。

還推出一種神奇的馬食，形似 *galette*（**法式烙餅**）的薄餅（他曾啃一小口，也請朋友品嘗），但大多數的馬還是喜歡吃原來的燕麥。他也會拿一些專利跟別人交換，全都是瘋狂的點子，因而債台高築。剛好他岳父過世，留給他一筆遺產。那時必然是一九一八年初，我們被困在雅爾達，還接到他的來信。他不但願意給我們金錢上的援助，還說他一定會盡己所能幫助我們。他很快就把繼承到的錢投資在東克里米亞海岸的一座遊樂園，不但費心請樂團來演奏，用一種特殊木材蓋了一座滾軸溜冰場，還做了噴水池和人工瀑布，且用紅綠兩色的燈泡來做照明。一九一九年，布爾什維克黨人來了，遊樂場的燈泡熄了，藍斯基流亡法國。我最後一次得知他的消息是在二〇年代，據說他在蔚藍海岸以畫貝殼和石頭為生，過著三餐不繼的生活。納粹入侵法國之後，他怎麼辦呢？我不知道，也寧可不去想像。他這個人雖然古怪，但不失為純潔、正派的人。他律己極嚴，就像他的文法一樣嚴謹。他當年給我們聽寫的句子很有趣：*kolokololiteyshchiki perekolotili vikarabkavshihsya vihuholey*（**教堂敲鐘人屠殺倉皇逃出的麝鼠**。）多年後，我在紐約的美國自然史博物館，有一位動物學家問我，俄文是不是像一般人想的那麼難，我就唸那句繞口令給他聽。幾個月後，我又碰到這位動物學家。他說：「你知道嗎？我一直在想那些莫斯科麝鼠，百思不解：那些麝鼠為什麼倉皇出逃？先前是在冬眠嗎？躲起來了？還是怎樣呢？」

5

回想起我那一連串的家庭教師，他們為我幼小的生命帶來的不是怪異、不和諧的聲音，反而是一種穩定與圓滿。我很高興為記憶的無上成就做見證。記憶若運用得巧妙，就可把在過往歲月浮懸、飄蕩的聲音聚合起來，促成內在的和諧。我喜歡透過想像，使不和諧的和絃得到解決、變得完美。在回憶裡，有些東西恆久不變，像那張在慶生和命名日用的長桌。夏日的下午，我們會把那張桌子搬到戶外，擺在花園沙地上，在一排樺樹、椴樹和楓樹下吃巧克力。那花園就在林園和房子的中間。我看到桌巾、坐在那裡的人，綠葉在他們頭上搖啊搖，光和影子在他們的臉上舞動。那綠葉甚至有一種傳奇的光彩，無疑地是被熱情的回憶誇張了。我藉由回憶，不斷地回到過去。我一次又一次從外面或林園深處走向那張長桌，而不是從房子走過去。我像一個浪子，靜悄悄地返抵家門，因為興奮而頭暈目眩。我透過顫動的稜鏡辨識親朋好友的臉龐，無聲的嘴唇在被遺忘的話語中平靜地開合。我看到巧克力和藍莓塔冒出來的熱氣，注意到一個白楊樹的翅果不斷旋轉，像小小的直升機慢慢降落在桌巾上。桌子的另一頭是少女裸露的手臂，懶洋洋地伸得長長的，掌心向上，露出綠松石般的靜脈，迎向一片一片的陽光，好像在等人家遞給她什麼東西，也許是胡桃鉗子。在家庭教師坐的那個位子，一個身影出現，然後消失，又換另外一個。我思想的悸動和葉影的顫動合而為一：歐多出現了，然後不見了，取而代之的是麥克斯，又變成藍斯基，接下來則是村子裡的校長。這一連串的變化不斷重複。突然間，色彩和線條各就各位，某個按鈕像被啓動，聲音之流活了起來：你一言我一語；胡桃敲開來了；有人隨手把胡桃鉗遞出去發出喀嗒一聲；三十個人的心臟同時搏動，砰砰，砰砰，淹沒了我自己的心跳聲；一千棵樹發出的颯颯聲與嘆息聲；夏日的小鳥發出響亮而具有地方特色的合唱聲；在河的另一邊，在樹的節奏聲之後，村裡的年輕人在河裡洗澡，不斷喧嘩鬧嚷，像是為這一幕加上狂亂的掌聲。

第九章

1

我面前擺著一本大開本、用黑色布面裝幀的剪貼簿。這本子已經很破舊了，裡面收集的是一些舊文件，包括畢業證書、草稿、日記、身分證、用鉛筆寫的字條和一些印刷品。母親生前在布拉格一直珍藏著這本剪貼簿，直到過世。在一九三九年和一九六一年間，這剪貼簿跟隨著我歷經浮沈。藉由這些古老的文件和我自己的回憶之助，我為我父親寫了下面這篇簡短的傳記。

弗拉基米爾・狄米崔維奇・納博科夫是法學家、公法學者、政治家，俄國司法部長狄米崔・尼古拉維奇・納博科夫與女爵瑪麗亞・馮・郭爾夫之子，在一八七〇年七月二十日生於聖彼得堡附近的皇村。一九二二年三月二十八日在柏林被刺身亡。他在十三歲以前，都是由家庭教師教導，有教他英文或法文的女老師，也有教他俄文和德文的男老師。他從一個男老師那兒染上 *passio et morbus aurelian*（**對蝴蝶的迷戀與狂熱**），後來也遺傳給我。一八八三年秋天，他進入 *Gymnasium*（**大學預校**）（相當於美國涵蓋高中課程的專科學校）就讀。學校就在加加林街（這條街的名字大概在一九二〇年代被短視的蘇聯人改名了）。那時，他就已經有出人頭地的雄心壯志。有一個冬夜，規定要交的作業他還沒做完。他寧可染上肺炎，也不願在教室黑板前被人嘲笑。於是，他只穿著單薄的睡衣，坐在敞開的窗戶前（對著宮殿廣場和廣場裡那被月光擦亮的圓柱），任霜夜的寒氣侵身，希望自己明天就能病倒。第二天，他仍然容光煥發、精神抖擻，病倒的竟然是讓他害怕的那個老師。一八八七年五月，當年他十六歲，已經完成了大學預校的課程，得到了一枚金質獎章，接著到聖彼得堡大學攻讀法律。一八九一年一月大學畢業，繼續到德國哈勒大學深造。三十年後，當時曾跟他在黑森林騎腳踏車的一個同學把一本《包法利夫人》寄給我母親。那是我父親的遺物，正是他在德國留學時帶在身邊的小說。扉頁上有他的題字：「法國文學的一顆無與倫比的珍珠」。這個評語到現在仍然成立。

一八九七年十一月十四日，他與二十一歲的伊蓮娜．伊娃諾芙娜．盧卡維什尼科夫結為連理。（在我們這個重視週年紀念日的家，往後的每一年都會特別慶祝這一天。）當年，他們曾在鄉下比鄰而居。兩人生了六個孩子（包括頭胎的死產兒）。

一八九五年，他進入議會，擔任初級議員。一八九六年至一九〇四年，他在聖彼得堡的帝國法學院教授刑法學。議會議員有何公開行動都必須先請求法院院長的許可。我父親在《法律評論》（*Pravo*）發表他那篇著名的〈基許涅夫喋血記〉（The Blood Bath of Kishinev）時，自然沒徵求法院院長的同意。他在文章中譴責警方是一九〇三年基許涅夫屠殺事件的推手。因為這篇文章，沙皇在一九〇五年一月革除了他的議員資格，從此他和沙皇政府一刀兩斷。他一面繼續從事法學研究，也更堅定地投入反專制的政治活動。從一九〇五年到一九一五年，他擔任國際刑法學會俄國分會的會長。有一次在荷蘭開會，一方面是現場需要口譯，一方面是為了自娛，他把俄語、英語口譯為德語和法語，還能逆向翻譯回來，因而語驚四座。他反對死刑，沒人辯得贏他。他在人前人後始終如一。一九〇四年，他參加一場官方宴會，眾人舉杯祝福沙皇萬壽無疆，唯獨他不肯。據說，他還曾登報出售他的議員制服。從一九〇六年到一九〇七年，他和海森、卡明卡共同擔任自由派的日報《言說》(*Rech*) 和《法律評論》的編輯。當時，自由派報紙根本難得一見。在政治方面，他是俄國立憲民主黨的黨員。這個黨後來改了一個更好的名字，也就是人民自由黨。他是個很有幽默感的人，看到俄國編百科辭典的人在有關他的條目中偶爾提到他的意見和成就，極盡斷章取義之能事，不禁忍俊不住。一九〇六年，他獲選為俄國第一屆國會的議員。這是個具有人道關懷和俠義之風的機構，而且是屬於自由派的（無知的外國政論家卻受到蘇維埃宣傳的影響，把這個國會和古老的 *boyar dumas*（古俄羅斯由臣子組成的沙皇智庫）混為一談。他在國會發表了幾次精采的演說，引發全國各地的回響。不到一年，這國會就被沙皇裁撤掉了，很多議員，包括我父親在內，企圖在維堡另起爐灶並召開會議（我記得父親有一張在芬蘭車站拍攝的照片，他把車票塞在帽緣），還發表革命宣言，直到一九〇八年三月，他被判刑，必須吃三個月的牢飯。他賄賂獄卒，拜託一位忠實的朋友（卡明卡）偷偷把字條帶出去，給在維拉的媽媽。「今年夏天，V抓到斑木蝶了嗎？你告訴他，我在監獄院子只看到硫磺蝶和菜粉蝶。」出獄後，他被褫奪公權，但是可以在猛力抨擊政府的自由派報紙《言說》工作（這是沙皇執政下常見的矛盾）。這報紙耗費他一天九小時的心力。一九一三年，他在基輔報導貝里斯被判無罪的風風雨雨。貝里斯被控告殺死一個基督教家庭出身的小男孩，以利用他的血來做法術❶。這是舊俄，正義和輿論還能佔上風，再過五年就蕩然無存了。然而為了這篇報導，我父親還是被政府罰了象徵性的罰款一百盧布（約當六〇年代的一百美元）。第一次世界大戰開打不久，他就被徵召到前線去了。最後，他回來聖彼得堡的參謀總部任職。由於軍職在身，他不便積極參與一九一七年三月自由派第一次掀起的運動。打從一開始，歷史似乎急於阻撓，不讓他在西方模式的俄羅斯共和國展現他的政治才華。一九一七年在臨時政府草創階段，也就是立憲民主黨還能運籌帷幄之時，他在部長理事會擔任一個重要但不引人注目的角色，即執行祕書。一九一七年底的那個冬天，他被選為立憲會議的議員，後來這個立憲會議遭到解散，他即被布爾什維克黨的水手逮捕。十一月革命已經爆發，血流滿地，員警四處逮人，但秩序和反秩序的混亂有時反成了我們的助力：我父親在一條陰暗的走廊前行，看見盡頭有一扇打開的門，於是走出去，到了一條

❶這是個子虛烏有的命案。謠傳被殺死的孩子其實是個小女孩，她利用火車靠站上車販賣自家做的糕餅，因為來不及下車，就坐到下一站，最後被人送回家，毫髮無傷。但還是有人誣告貝里斯（Mendel Baylis），說這個猶太人殺死一個小男孩。

小巷。他吩咐他的僕人歐西普把他的背包拿來，在一個隱祕的角落碰頭，然後就去克里米亞了。背包裡有魚子醬三明治，那是我們的廚子，忠心的尼古拉・安德列維奇自動幫他準備的。從一九一八年中到一九一九年初，克里米亞曾經兩度被布爾什維克黨人占領，在沒被占領的期間，我父親在克里米亞地方政府當無法可管的司法部長（他總愛這麼挖苦自己），和喜歡扣扳機的鄧尼金❷軍隊常有磨擦。一九一九年，他自願過著流亡生涯，先住在倫敦，後來到了柏林。當年一起辦報的自由派老朋友海森也來到這裡。我父親和他一起在《舵報》擔任編輯，直到一九二二年被一個兇惡的暴徒暗殺。那個暴徒在第二次世界大戰期間，被希特勒任命為移民局官員，負責俄國移民事務。

他著作宏富，主要是寫政治和刑法方面的書。他對好幾國的詩文有深入研究，默背了幾百首詩（他最喜愛的俄國詩人是普希金、丘特切夫❸和費特❹。他還發表了一篇評析費

❷鄧尼金（Anton Ivanovich Denikin, 1872—1947），俄國南部白軍的領導人，在內戰時期領軍和紅軍對抗。

❸丘特切夫（Fyodor Ivanovich Tyutchev, 1803-73），十九世紀俄國詩人，以歌詠自然、抒發感情的短詩見長。

❹費特（Afanasy Afanasyevich Fet, 1820-92），俄國詩人、翻譯家，小說家屠格涅夫和托爾斯泰的朋友。

特的論文，寫得相當出色）。他也是研究狄更斯權威，除了福樓拜，他也非常推崇斯湯達爾、巴爾札克和左拉，然而在我看來，那三個實在是令人討厭、平庸的小說家。他常說，對他而言，能寫出一篇故事或一首詩，好比做出一台機器那樣，是個不可思議的奇蹟。然而，要他寫法學或政治的文章，反倒輕而易舉。當時俄羅斯新聞報導流行天花亂墜的陳腔爛調，加上舊世界的古典教育舊式隱喻的薰陶，他還是保有一種單調而明確的寫作風格，至少在我疲憊的耳朵聽來，他的文字有一種灰色的莊嚴，很吸引人。然而他的口語卻大異其趣，不但多采多姿，而且有一種奇特的趣味，常常富含詩意，但偶爾也會冒出幾句粗話（就像我們某些老一輩的窮親戚）。他留下來的一些聲明草稿和社論（以 *Grazhdane!* 開頭，意思是「市民」）。像是書法練習簿的字體，用美麗、工整得不可思議的斜體寫的，幾乎沒有修改的痕跡，顯示一種純淨、信心與心物合一。我的字體則獐頭鼠目，手稿亂七八糟。就像現在我寫下的這幾行，為了描寫他兩分鐘行雲流水寫出來的，我可足足花了兩個小時，不斷修改、重寫和修正，有如一場紙上大屠殺。他的手稿有如思想的完美抄本。他在愁雲慘霧的宮殿裡，把自己塞進學童課桌椅，不費吹灰之力，兩三下就寫出米哈伊爾大公退位的文章（米哈伊爾是沙皇尼古拉二世之弟。尼古拉二世和其子退位，把王位傳給他，他卻拒絕了）。想當然耳，我父親也是個厲害的演說家，他的演說有著一種英式的冷靜，沒有切肉的手勢，也不會用蠱惑人心的言語吠叫。可我要是沒有列印出來的講稿照本宣科，必然語無倫次。我不但字寫得像鬼畫符，也沒遺傳到父親的口才。

他有一本重要著作《刑法論文集》（*Sbornik statey po ugolovnomu pravu*），一九〇四年在聖彼得堡出版，直到最近，我才有緣一見。那本書是一位叫做安德魯・菲爾德（Andrew Field）的朋友好心送我的。他在一九六一年去蘇聯旅行的時候，從一家二手書店買到的。此書彌足珍貴，可能還是獨一無二的（扉頁上有紫色墨水印「米哈伊爾・伊夫葛雷佛維奇・侯篤諾夫藏書」）。全書共三百一十六頁，收錄了十九篇論文。我父親在其中的一篇〈論性犯罪〉中討論倫敦的案例，提到八到十二歲的「荳蔻少女」被好色之徒辣手摧花。奇怪，這篇竟然有點預言色彩。在同一篇，他以開放而「現代」的筆法探討各種異常行為，還為「同性戀」造了個合宜的俄文字：*ravnopoliy*。

他在《言說》或《法律評論》發表過的文章共有好幾千篇，難以全數列出。在後面的一個章節裡，我會提到他寫了一本有歷史趣味的書。他在書中講述他在戰時以半官方身份訪問英國的經過。他還寫了些回憶錄，記錄一九一七年至一九一九年的事，後來收錄在《俄國革命檔案》（*Arhiv russkoy revolyutsii*），由柏林的漢森出版印行。一九二〇年一月十六日，他在倫敦國王學院（King's College）發表演說，講題是「蘇維埃統治與俄國的未來」。一個禮拜後，他的講稿發表在《新天下》（*New Commonwealth*）雜誌第十五期的增刊（我母親把這篇講稿剪下來，工工整整地貼在她的剪貼簿上）。那一年春天，我在劍橋參加全國辯論賽，為共產主義辯護的正方來自《曼徹斯特衛報》，我是反方。我把父親那篇講稿大部分都背起來了。結果正方獲勝，我忘了對手的名字，只記得自己一直在背誦父親寫的東西，覺得口乾舌燥。那是我第一次以政治為題的演說，也是最後一次。在我父親去世前的幾個月，一份由流亡者辦的雜誌《戲劇與人生》（*Teatr i zhizn*）開始連載他的兒時回憶（我們兩人做的事現在終於有了交集——只是太短了）。我這才發現原來父親在第三預校的拉丁文老師發起脾氣那麼火爆。他描寫得真是活靈活現。我也從中得知父親很早就愛上歌劇，而且至死不渝：從一八八〇年到一九二二年，歐洲第一流的聲樂家他都聆賞過。雖然他不會任何樂器（只會彈出《魯斯蘭》序曲開頭那幾個莊嚴雄偉的和絃），喜愛的歌劇樂曲的每一個音符他都記得。這音樂的基因從十六世紀管風琴師沃爾夫岡・葛勞恩沿著這顫動的琴絃傳到我父親身上，跳過我，再傳給我的兒子。

2

我十一歲那年，父親認為我除了繼續跟著家庭教師學習，上學對我來說應該也有好處，因此我就去特尼雪夫學校就讀。特尼雪夫學校是聖彼得堡最有名的學校。這學校雖然也算預校，但是很新，而且學風比一般的預校來得現代、自由。學生在這個學校要修習十六個學期的課程（分八個預科班），相當於美國學制的六年中學教育加上大學一、二年級。我在一九一一年一月註冊入學，從「第三學期」開始讀，約當美國學制的八年級。

每一學年始於九月十五日，結束於五月二十五日，其中有幾個比較長的假期。學期間有兩星期的空檔是要留給巨大耶誕樹的。我們把耶誕樹擺在最漂亮的一間客廳，樹頂的星星可以碰觸到淡綠色的天花板。另外還有一個禮拜的復活節假期，彩蛋使早餐桌增色不少。由於從十月到翌年四月霜雪紛飛，因此一想起以前求學的日子，背景都是冬日。

大伊凡（他有一天消失了）或小伊凡（我有時會派他去做一些浪漫的事）在早上八點左右會來叫我起床，那時外面的世界仍被嚴寒的褐色陰暗籠罩著。臥房的電燈有一種沈悶、教人不舒服的黃膽色調，刺痛我的雙眼。我把嗡嗡作響的耳朵靠在手心，用枕頭支撐手肘，勉強自己完成還沒寫完的十頁作業。我的床頭桌上有一個很特別的小鐘，就在那穩固的雙頭獅燈座旁。那鐘有著直立的水晶外殼，印著黑色數字、象牙白薄片，像紙一樣，從右翻到左，每次停留一分鐘，就像老電影中的靜態廣告。我給自己十分鐘來把書上寫的印在我的腦袋裡（現在這要花我兩個小時！）、十二分鐘來更衣沐浴（伊凡會助我一臂之力），然後飛奔下樓，咕嚕咕嚕地喝下一杯溫熱的可可。那可可表面中央的一圈皺皮被我用手指挑了出來。早上就這樣手忙腳亂地度過了。我本來還跟盧斯塔羅先生——一個身手矯捷得像橡皮的法國人——學拳擊和劍術，這些課後來只好停了。

但是盧斯塔羅先生還是幾乎每天到我們家，和我父親鬥拳或擊劍。我的毛皮外套還沒穿好就急急忙忙穿越綠色的客廳（雖然耶誕節已經過了很久，那裡還飄散著一絲絲冷杉、熱熱的蠟和橘子的香味）奔向圖書室。我先聽到一陣跺腳和削刮東西的聲音，既而看到父親那高大、壯碩的身影。穿著白色防護衣的他看來更加魁梧，他一會兒猛攻，一會兒閃躲。除了劍身撞擊的鏗鏘聲，身手敏捷的老師不時發出短促的口令（像是*Battez!*（刺）、*Rompez!*（停））。

父親此時有點氣喘吁吁，粉紅色臉龐冒著汗珠，他脫下凸出的面罩，給我一個早安的親吻。學問與運動、書皮的皮革與拳擊手套的皮革在此水乳交融。肥肥胖胖的扶手椅在書牆前排排站。在這寬敞的房間裡，盡頭有閃閃發亮的東西。那是從英國買來的一套「拳擊球」設備——由四支鋼柱支撐一塊板子，下面吊著一個梨狀拳擊袋。那袋子會發出像機關槍掃射「啦—嗒—嗒」的聲音。一九一七年，全副武裝的街頭霸王從窗戶爬了進來，問我們家的管家那拳擊袋是做什麼用的。管家解釋了一番，那些霸王姑且信之。蘇維埃革命爆發之後，我們不得不離開聖彼得堡，那圖書室被拆了，我們的藏書也遭到顛沛流離的命運，少數逃過一劫者卻在國外出現。大約十二年後，我在柏林一家書報攤竟巧遇從我們家浪跡天涯的一本書，上面還有我父親的藏書章。真巧，那本書就是威爾斯的《星際戰爭》。又過了十年，有一天我在紐約公共圖書室發現，在我父親名下，列了一本目錄[5]。父親為自己的藏書印了本漂漂亮亮的目錄，這正是那一本。那些書的幽靈似乎仍然精神飽滿、時髦雅致地站在他的書架上。

[5] 即 *Systematicheskii catalog biblioteki V. D. Nabokova*，一九〇四年出版於聖彼得堡，一九一一年增補。

3

之後，他又重新戴上面罩，繼續跺腳、刺擊，我則趕緊沿著原路跑回去。我們的前廳有一個大壁爐，裡頭的木頭發出嗶嗶剝剝的聲音。通過這暖和的前廳，走到室外，肺部立即遭受冰涼的衝擊。我在那裡看了一下，看到底要坐哪部車上學，是賓士還是渥斯利。我們家的賓士是輛灰色的敞篷車，由溫和、臉色蒼白的司機佛柯夫駕駛。這部車雖然是部老車了，但輪廓看來似乎動力十足。我們更早用的是四輪電動車，沒有車鼻，也沒有聲音，非常乏味。然而那部賓士和那長長的英國豪華黑色轎車共用一個車庫，就顯得老氣、頭重腳輕，引擎蓋畏畏縮縮的，一副可憐兮兮的樣子。

坐上較新的那部黑色轎車，這一日之始讓人精神抖擻。開這車的是我們家的第二個司機皮洛葛夫，他是個矮矮、壯壯的傢伙，那土黃色的膚色和他穿在燈芯絨外套的毛皮大衣和橙褐色的綁腿非常搭調。碰到塞車，他不得不踩剎車的時候（他的身體像彈簧一樣突然伸展開來）或者我用傳聲筒跟他說話，我發現他粗肥的頸部後面會變得通紅。由於車子前後座有分隔玻璃，不得不用那傳聲筒說話，但傳聲效果不好，而且很刺耳。他其實比較喜歡開我們在鄉下用的那部耐用的歐寶敞篷車，一年有三、四個季節可以開，他時速可以開到九十六公里（那可是在一九一二年的古早時代，不比現在，可見他飆得有多快）。想到那無拘無束的夏日——不用上學、遠離市囂——我總聯想到那部車在漫長、寂寞的公路上發出洪亮的吼聲，即使消音器已經打開，那車子的聲音還是很大。第一次世界大戰開打的第二年，皮洛葛夫被徵召到前線，我們家的司機就換了膚色黝黑、有著狂野眼神的契嘉諾夫。他以前是賽車好手，曾在俄國和國外參加比賽，在比利時的一次比賽發生意外，車子撞毀了，他也斷了好幾根肋骨。一九一七年，我父親從克倫斯基❻的內閣辭職後不久，契嘉諾夫擔心我們家那部渥斯利可能會被充公，為了救這部車，他決定把它解體，把零件藏在一個只有他知道的地方。儘管父親萬般反對，他還是把車子分屍了。後來，在一個蕭瑟的秋天，布爾什維克黨人占了上風，克倫斯基的一個助手就向我父親要一部堅實牢固的車子，讓首相被迫離開的時候可以搭乘。我們那部賓士已經垂垂老矣，跑不動了，那部渥斯利又

❻克倫斯基（Aleksandr Fyodorovich Kerensky, 1881-1970），二月革命後成立的臨時政府的領袖，在布爾什維克黨發動的十月革命後失去政權。

以不可告人的方式消失了。如果說我還珍藏這段有關借車的回憶（最近我這位鼎鼎大名的朋友說根本沒這回事，那必然是他的副官做的），那是因為我是從作曲的角度來看的——這正是我祖先一段插曲的主題再現：克莉絲蒂娜・馮・郭爾夫在一七九一年出借訂做的新馬車給皇室逃亡到瓦倫內斯。

聖彼得堡比其他都市（如波士頓）下大雪的機會來得大。在第一次世界大戰之前，城裡的主要交通工具是雪橇，在許多雪橇中可見有幾輛車在其中穿梭，從不會塞得教人叫苦連天，像現代的新英格蘭在美麗的白色耶誕那樣塞得寸步難行。很多奇異的力量影響了這個城市的建築。人行道旁白雪的堆積以及步道上八角形木塊的排列是那麼工整，讓人不禁猜想這是不是街道幾何學和雪堆物理學互相勾結的結果。不管如何，不到十五分鐘，司機就能把我送到學校。我們家的門牌號碼是大海軍街四十七號，隔壁是奧金斯基親王的宅第（四十五號），再過去是義大利大使館（四十三號），然後是德國大使館（四十一號），再來就是廣闊的瑪麗亞廣場，再過去的房屋門牌號碼依序遞減。瑪麗亞廣場的北邊有個小公園。一天，有人看到那公園的一棵菩提樹上掛著一隻耳朵和一根手指——這些屍塊是一個恐怖分子的遺體。他住的地方就在公園另一邊，他在製造炸彈包裹，手不小心滑掉了。同一排菩提樹也曾目睹這樣的慘案：第一次革命期間（1905-06），憲兵隊騎著馬鎮壓民眾，有些孩子逃到小公園的菩提樹下躲起來（鑲了銀邊的樹葉在珠母貝白的霧裡，聖以撒克的青銅圓頂在遠方升高），還是慘遭胡亂射殺。

到了聶夫斯基大道，還要往前再走一長段，路面上鋪著一大片明亮的藍色網子，以防硬梆梆的雪飛起來，擊中乘客的臉。有時可見衛兵披著斗篷，乘坐由兩匹黑色種馬拉的雪橇在雪地上疾行，馬兒一邊奔跑，一邊噴著鼻息。這時如果能一舉超越那雪橇，實在教人大呼過癮。左邊的一條街有個好聽的名字——*Karavannaya*（意思是「卡拉凡街」），那裡有家令人難忘的玩具店。不久，西尼澤利馬戲團表演的地方就到了(他們的摔角比賽很有名)。最後，橫越一條冰封的運河，就來到位於摩霍法雅街（又名摩斯街）的校門口。

4

我父親屬於偉大的俄國無產階級知識分子。這是他自己的選擇。特尼雪夫學校的特點是以民主做為原則，對所有的階級、種族和信仰一視同仁，還有與時俱進的教育方式，我父親也認為讓我去這所學校就讀是正確的決定。除了這些，特尼雪夫學校和其他任何一所學校其實無大差別。我們學校的男學生和其他學校一樣，接受某些老師、討厭某些老師，愛說黃色笑話，有什麼性知識也會互通有無。我在體育方面的表現還滿出色的，因此上學不會覺得太可怕。我最怕學校老師要拯救我的靈魂。

他們怪我和這兒格格不入、太愛現（主要是我的俄文報告夾雜了英文和法文詞彙，其實我想到什麼就寫什麼，不是賣弄）。學校洗手間毛巾不但髒兮兮而且溼答答，我不肯用，也被老師責罵一番。連打架用指關節也不行，老師說要像俄國拳擊手用手背摑人才是正宗。校長對運動幾乎一無所知，雖然肯定運動有團結合作的價值，但還是質疑我在踢足球的時候為何老是擔任守門員？「為什麼不和其他隊友一樣，在場上跑來跑去？」我由司機開車送我上學，也激怒了學校老師。他們認為我該像其他同學一樣，做乖乖的小民主派，搭街車或坐馬車。有一個老師還建議我至少該請司機把車停在離學校兩、三個路口之外，同學才不會看到穿著制服的司機脫帽恭送我上學。他跟我說的時候，還因為厭惡，五官糾結成一張鬼臉——這就好像校方允許我拎住一隻死老鼠的尾巴四處走動，只要我不故意拎著牠在別人的鼻子下晃來晃去。

然而校方認為我最糟的一點是我死都不肯參加任何群體活動或組織。校方為我們安排了小組討論的課外活動，進行社會問題的辯論以及閱讀有關歷史問題的報告，還精心挑選官員出席這項活動，我們升上高年級後，還要針對當前政治問題進行更進一步的討論。我拒絕參加這所有的小組討論，因此連最溫和、最好心的老師都被我激怒了。學校一天到晚給我壓力，要我參加某一個小組，我雖然從來就沒屈服過，還是倍感壓力。儘管每一個人都一直在說我父親樹立的榜樣，我還是我行我素。

我父親的確是個很活躍的人，但我就像一些名人之子，透過自己的稜鏡來看父親的活動，因而看到很多奇幻的色彩，而我老師看到的只是刺眼的光線。由於父親的興趣很廣泛，包括犯罪學、法律、政治、政論和慈善活動等，因此他有很多會議需要參加，會議地點經常就在我們家。

我們家的前廳很寬敞，講話都會有回音。還沒進門，只要前廳遠端傳來一個特別的聲音，我就知道又有人要來家裡開會。我放學回來的時候，家裡的 *shveitsar*（門房）忙著在前廳大理石樓梯下方的凹處削鉛筆。他用的是一部笨重的老式削鉛筆機，裡面有個颼颼作響的輪子，他一手快速轉動把手，一手握住插入側面洞口的鉛筆。多年來，他一直是最典型的「忠僕」，我們難以想像出比他還忠心耿耿的人。他這人有鬼才，常常用兩根手指飛快撫平左右兩邊的鬍子，身上老是飄散著一股炸魚的味道。那味道源於他住的那個神祕的地下室，他那癡肥的老婆和一對與我同年的雙胞胎兒女也住在那裡——那男孩也進了學校，那女孩是個有紅銅色的捲髮、教人難忘的黎明小女神，邋裡邋遢的，常用藍色眼珠斜眼看人。那削鉛筆的瑣事想必讓可憐的老尤斯丁覺得很苦，讓我不由得同情他。像我自己寫字只用削得很尖的鉛筆，總是用一個小花瓶裝削好的一束B3鉛筆。我用的削鉛筆機就夾在桌緣，我每天要轉動那把手一百次，那機器小小的抽屜不一會兒就堆滿了茶褐色的筆屑。後來，我們才發現他早就和沙皇的祕密警察有所接觸。當然，他還是新手，布爾什維克黨領導人捷爾任斯基（Feliks Edmundovich Dzerzhinski, 1877-1926）或史達林時期蘇聯祕密警察首腦雅戈達（Genrikh Grigoryevich Yagoda）下面的人要比他厲害多了，這人還是討厭得很。早在一九〇六年，警察就懷疑我父親在維拉祕密召開會議，就買通尤斯丁做奸細。那年夏天，我們全家要去維拉鄉下的莊園，尤斯丁也懇求我父親讓他一起去那裡幫忙打雜（他小時候在這裡的餐室做過跑腿的小弟）。我已不記得當初他用的是什麼藉口，他最終目的還是暗中監視維拉這邊的進展。這尤斯丁神出鬼沒，一九一七年到一八年間威風凜凜地帶著勝利的蘇維埃黨人踏入我父親在二樓的書房就是他，接著又帶他們經過家裡的琴房、我母親的房間到東南角落那個房間（我就是在那裡出生的）。他們也不放過壁龕和彩色壁爐上擺的皇冠。尤斯丁曾抓一隻鳳蝶送我，這下子總算得到足夠的獎賞了。

晚上八點左右，前廳堆了很多大衣，地上擺滿了禦寒套鞋⑦。在圖書室隔壁的會議室，有一張長桌，上面鋪著厚厚的毛氈，削好的鉛筆在毛氈上排列得整整齊齊。我父親和那些與他志同道合之士在那裡討論反對沙皇的種種。眾聲喧嘩之中，黑暗角落的一座大鐘突然插嘴，發出西敏寺教堂的鐘聲。會議室再過去是神祕的深處——儲藏室、不斷迴旋而上的樓梯，以及一個算是食品儲藏室的房間——我和我的表哥尤里在往德州的路上曾在這裡歇會兒，手裡拿著槍。有一天晚上，這裡也藏著一個睡眼惺忪的間諜，他是警察派來的，後來被我們的圖書管理員葛林伯格小姐發現了，於是跪下求饒。我怎能跟學校老師討論這些事？

5

反動派的報紙一天到晚都在攻擊我父親的政黨，不時會用一些粗鄙的漫畫來諷刺他

---

❼套在皮鞋外面用以保暖或防水的鞋子。

們，像是我父親和米留科夫把聖俄羅斯裝在盤子裡端給猶太世界等。對這種事，我已見怪不怪。然而，有一天，我想是在一九一一年的冬天，勢力最大的一家右派報社花錢叫一個大有問題的記者胡亂寫篇文章，影射我父親的種種❽。由於那篇文章的真實作者聲名狼藉，以俄國的決鬥規則來說就是 *neduelesposobnïy*（**不配決鬥**）。我父親於是請那家報社裡名聲沒那麼壞的一個編輯出面。

我國式的決鬥是件大事，不像傳統的巴黎式決鬥。那個編輯考慮了好幾天，看是否要接受我父親的挑戰。他最後還是決定和我父親決鬥。我和平常一樣上學。由於我不看報紙，完全不知道這事的進展。有一天，我發現同學在傳閱一本雜誌，他們都在看某一頁，一邊看一邊竊笑。我算好時機，把那雜誌搶來一看，原來是最近一期八卦週刊，對我父親決鬥的事做了番捉風追影的報導，還不用腦袋地評論他給對手選擇武器的經過。那週刊狡猾地諷刺我父親此舉等於是自己打自己嘴巴，說他曾經為文批評封建制度，怎麼自己也落入這個窠臼，還長篇大論說我們家僕人有多少，他的西裝又有幾套。我得知他選擇我的姑丈柯

---

❽那個記者叫史聶薩雷夫（Snessarev），文章刊在《新時代》（*Novoe Vremya*）一九一一年十月十六日。

洛梅采夫上將做他的助手。這姑丈是對日戰爭的英雄，在對馬海峽戰役擔任海軍上校，把他的驅逐艦開到燃燒的旗艦旁邊，救出了身陷火海的海軍總司令。

放學後，我查出這本雜誌是我最要好的朋友帶來的。我罵他，說他怎麼可以背叛我、取笑我。接下來，兩人大打一架。他的背撞到書桌，腳卡在一個縫隙，腳踝還骨折，因此躺了一個月。他還夠義氣，沒在家人和師長的面前提到我。

看他被人抬下樓，我雖然覺得難受，但我自己的不幸一下子就淹沒了那種難受。不知什麼原因，那天司機沒來載我，我只好自個兒坐出租雪橇回家。這一路，酷寒、蕭瑟，那雪橇實在慢得可以，因此我有足夠的時間在路上細細尋思。現在，我終於恍然大悟，為什麼前一天幾乎都沒看到媽媽的身影，晚上也不見她下樓吃飯。這時，我也才了解最近瑟諾特在給父親什麼特訓。瑟諾特甚至是比盧斯塔羅更高明的劍術老師。我一直在問自己：他的對手會選擇什麼武器？刀劍？還是子彈？還是他們老早就決定了？我小心翼翼地把我父親的形象——我敬愛、熟悉、朝氣勃勃的那個模樣——去除面罩和防護衣，站在決鬥場上。那決鬥的地方可能是在穀倉或騎馬學校。我想像他和他的對手，兩人都袒胸露背，穿著黑色長褲，瘋狂格鬥。他們的動作強勁而帶有一種怪異的笨拙。然而即使是最優雅的劍客，真正廝殺的時候，也免不了會有這種笨拙。這個景象如此令人厭惡，我幾乎感覺到一顆成熟、赤裸、瘋狂悸動的心臟馬上就要被刺穿了。我發現自己在那一剎那似乎希望決鬥者拿的是比較抽象的武器。不久，我就陷入更深的痛苦了。

雪橇沿著聶夫斯基大道慢慢爬行，朦朦朧朧的光在漸漸深沈的暮色中游移，我想到父親放在他書桌右邊上面抽屜裡那把沈甸甸的黑色白朗寧手槍。我知道他書房裡有這麼一把手槍，當然其他顯而易見的東西我也很清楚，像是那個時代流行的水晶藝術品和有紋路的石頭，閃閃發光的家人照片，巨大且打上柔光的佩魯吉諾畫作，像蜂蜜一樣明亮的小罐荷蘭油，書桌再過去還有一幅巴克斯特用蠟筆為我母親畫的一幅有玫瑰和霧氣的肖像畫。那畫家畫出她的上半身，描繪出細緻的特點——上翹的灰色髮絲（她的頭髮從二十幾歲開始就變成灰色的）、美麗的前額曲線、鴿藍色的眼珠和優雅的頸項線條。

我催促那年老、像破爛玩偶的雪橇司機開快一點。但他只是把身子傾到一邊，用手臂畫一個特別的半圓形，好像要讓他的馬兒相信，他會把右腳毛靴裡插的短鞭抽出來，抽打牠一下。那鬃毛蓬亂的小馬見狀，也做出像是要加速前進的樣子。雪橇在雪的覆蓋下前進，我幾乎生出一種幻覺，以為自己置身於所有俄國男孩都知道的著名決鬥中：我看到了普希金，第一槍就身受重傷，他打起精神坐起來，給他的對手丹特斯一槍❾；我看到萊蒙托夫微笑面對馬爾提諾夫❿；我看到粗壯結實的索比諾夫⓫，他的對手蘭士奇（Lenski）跌倒了，手中的武器飛到樂團那邊去了。在俄國，任何一個有名氣的作家都會描寫這種致命的遭遇、生死之會、古典的意志決鬥（不像電影或漫畫那種背對背走幾步然後轉身過來開槍那種可笑的表演）。近年來，有幾個顯赫的家族，或多或少都有人死在決鬥場上。我乘坐的雪橇，夢遊般行駛在摩斯卡雅街上，決鬥者黯淡的側影也慢慢朝向對方移動，在古老鄉間莊園潮溼的林地上，在蕭瑟的軍事訓練場上或者在兩排冷杉之間飄雪的大道上，舉起手槍，對著薄暮的縫隙，射擊。

然而，在這一切之後，還有一個特殊的情感深淵。我拚命想要繞過這個深淵，否則我會涕淚縱橫。我對我父親，除了尊敬，還有微妙的友情，完美的默契。我們一起追蹤倫敦報紙報導的溫布敦網球賽，一起解開棋題，我每次提到當代的某個二流詩人，他的舌下隨即流瀉出普希金的五音步詩，讓人只能甘拜下風。我們父子常常喜歡說一些自己發明的胡

❾這事發生在一八三七年一月二十七日，結果普希金死在丹特斯（George d'Anthes, 1812-95）槍下。❿一八四一年七月二十七日，萊蒙托夫與軍官馬爾提諾夫（Martinov）決鬥，結果身亡。這是有預謀的凶殺。⓫索比諾夫（Sobinov, 1872-1934），柴可夫斯基歌劇《尤金・奧涅金》中的男高音。

言亂語、教人捧腹的斷章取義、用逗趣的方式學舌，開不足為外人道的私密玩笑——這些都是我們的快樂密碼。然而，他的行為舉止卻極為嚴格，子女或僕人和他作對時，會用尖酸刻薄的話來說他。但他天性仁慈，因此歐西普拿錯了襯衫給他穿、讓他失禮，他也沒責罵這個僕人。同理，他了解我是因為自尊才做出錯事，就沒嚴厲處罰我，還突然原諒了我。記得有一天，我沒背好老師指定背誦的文章，就故意用刀片把自己膝蓋上方的地方割傷（那刀疤現在還在），不去上學。父親似乎無法對我動怒。父親為什麼不生氣？說其說我高興沒被處罰，不如說是困惑。他後來才承認他小時候也做過類似的事。因為我向他吐實，因此饒了我。

我記得有一個夏日午后，他突然衝進我房裡，拿了我的捕蝶網又飛奔到陽臺的臺階上，不一會兒食指和拇指之間就捏著一隻罕見的俄羅斯白楊蛺蝶。那隻雌蝶先前剛好在他書房陽臺的一片山楊葉子上曬太陽。（雖然這不過是四、五年前的事，但我覺得像是陳年往事。）我還記得我們沿著長而平坦的盧加公路騎單車。有效率的裝束是這樣的：結實的小腿、燈籠褲、花呢外套和格子帽。他穿戴好了之後，就騎上他那部高高的「達克斯」。他的僕人把那單車牽到前廊，好像它是匹馴良的馬兒。我父親先看看車體是否擦得發亮，然後戴上小山羊皮手套，在歐西普不安的目光下檢查車胎是否夠硬，接著他抓緊把手，把左腳放在從車架後面凸出的金屬腳踏桿上，右腳從後輪的另一邊用力踩，這樣來回三、四次後，車子就動了起來，於是他悠閒地把右腳放在踏板上，左腳向前伸，在坐墊上坐好。

我終於到家了。一走進前廳，就聽到響亮、歡樂的話語聲。下面這段就像夢境的安排一般發生得正是時候。我那當海軍上將的姑丈走下樓梯。在樓梯中段鋪著紅地毯的平臺上，一尊缺了手臂的希臘女人雕像下方有個孔雀石缽，那是給客人放名片的。我父母站在那裡跟他說話，他哈哈一笑往上看，用手中的手套拍打欄杆。我馬上意會到，那場決鬥已經取消了。對方已經道歉，於是大事化小、小事化無。我從姑丈身邊衝過，跑到樓梯平臺上。媽媽的臉龐看來和平常一樣平靜，我無法正視我父親。接下來，我的心澎湃洶湧得像布因尼號下的波浪——艦長正把她開到燃燒的蘇佛洛夫號旁，而我沒有手帕。一轉眼，十年過去了。一九二二年的一個晚上，我父親的老朋友米留科夫在柏林公開演講，遭到兩個俄國法西斯黨人⑫刺殺。我父親為了救這個朋友挺身而出，雖然狠狠打倒了其中的一個刺客，

---

⑫這兩人，塔博提斯基（Sergey Tabortisky）與夏貝爾斯基—波克（Pyotr Shabelsky-Bork），本是極右派的保皇黨人，後來變成法西斯黨人。

被卻另一個開槍射中要害。然而，這個未來事件當初並未在我們聖彼得堡宅第那個明亮的階梯上投下陰影，我父親的手摸著我的頭，那冷冷的大手也沒有顫抖，也還看不出這人生的棋局，棋子走的路線將如何錯綜複雜。

第十章

1

二十世紀初，梅因・瑞德上校❶的西部蠻荒小說儘管在美國早就退燒，精簡後的俄語譯本卻讓俄國兒童大為風靡。由於我能讀英文，所以可好生享受那未經刪節、原汁原味的《無頭騎士》。這本書的情節錯綜複雜，像漩渦一樣一圈又一圈，大意是：兩個好朋友互相交換衣服、帽子、坐騎，結果不該死的那個被誤殺了。我收藏的那個版本（很可能是英國版）還在我記憶的書架上。那是一本紅布裝幀、肥肥厚厚的書，有著一幅淡灰色的卷頭插畫。書還新的時候，包了一層薄薄的書套，封面的光澤就被遮蔽了。書在我手上的時候，書套已經綻開，本來折疊得就有問題，後來又被撕破了。那卷頭插畫上的人物無疑就是露伊絲・波因德克斯特那不幸的哥哥（也許還有一、兩隻郊狼，除非我想成瑞德上校寫的另一個故事《死亡射擊》。）那幅插畫在我想像的火光長期照耀之下，現在已經完全褪色了（我發現我在一九五三年的春天把這一章譯成俄文時，這一頁竟然奇蹟似地被真實的景物取而代之，即那年你和我從租來的那個牧場木屋❷望去的景象：那天早晨，那仙人掌和絲蘭的荒原傳來一隻鵪鶉——那鵪鶉，我想應該是甘柏氏鵪鶉❸——的悲鳴。此情此景讓我內心

❶梅因・瑞德（Mayne Reid, 1818-83），生於愛爾蘭的英國小說家，在一八四〇年移居美國。他寫的冒險小說在歐洲和北美相當風行。納博科夫童年便讀到了瑞德在一八六六年寫的《無頭騎士》（*The Headless Horseman*），十一歲試圖將這本書改寫成亞歷山大體的法文詩。他本人也曾承認說瑞德是他移居美國的原動力之一。瑞德曾娶十三歲少女為妻。

❷「你和我」指納博科夫和他的夫人薇拉。那牧場在亞歷桑納州的波特（Portal）。

❸甘柏氏鵪鶉，學名 *Callipepla gambelii*。

充滿受之有愧之感。）

現在，讓我介紹我的表哥尤里。他是個面黃肌瘦的男生，理了個平頭，露出圓圓的腦袋瓜，還有一對發亮的灰色眼珠。他父母已離異，也沒有請家庭教師來照顧他，而且只住在城裡，沒有鄉下莊園。從很多方面來看，他都與我不同。他的父親葉甫堅尼・勞希・馮・特洛本伯格男爵是華沙督軍，冬天他就在華沙和父親同住。夏天，他的母親——也就是我那古怪的三姑妮娜——如果沒帶他一起去中歐溫泉勝地，他就待在巴托沃或維拉。即使她帶他去，也總是獨自去散步，久久才回來，由幫忙跑腿送信的男孩和女僕來照顧他，讓他覺得無聊得很。尤里跟我們在維拉鄉下的時候，總是很晚起床。我整個早上都在外頭抓蝴蝶，四、五個小時後回來吃午飯，還沒看到他的身影。他還是個小不點兒，膽子就很大，碰上「自然史」卻怕個半死，不敢去摸任何會蠕動的東西，不敢用手握住一隻小青蛙，讓牠像個被囚禁的小人兒，在自己的掌心搔癢、摸索出路，也不敢讓毛毛蟲爬上自己裸露的皮膚，看牠有節奏地、小心翼翼地起伏、前進，因此無法享受牠給人那種涼涼的、很舒服的愛撫。他收集塗了彩漆的鉛製小士兵。但那些小人偶對我來說沒什麼意思。他對那些小士兵的制服知之甚詳，就像我能分辨種種不同的蝴蝶一般。他什麼球都不打，不會丟石子，也不會游泳，但他從來就沒告訴我他是旱鴨子。有一天，我們看到鋸木廠附近的河流上漂浮著一堆松木，於是踩著那些圓木過河。尤里踩到的一根特別滑，那樹幹打轉，他就撲通一聲跌了下去，差點淹死。

我們最早是在一九〇四年的耶誕節左右在維斯巴登認識的(那年,我五歲半,他七歲)：我還記得他從一家藝品店出來，朝我的方向飛奔過來，急著想給我看他手裡拿著的一條鏈子和一把一吋長的銀製玩具手槍。他突然跌倒，在人行道上摔了個四腳朝天，膝蓋都流血了。他爬起來，沒有哭，手裡還握著那迷你的武器。不知是一九〇九年，還是一九一〇年的夏天，他熱情地拉我走進梅因・瑞德的書裡。尤里是讀俄文版的（他除了姓氏，一切都比我要俄國化），在找好玩的情節來演出時，喜歡加上美國早期作家庫柏❹的東西和他自己的異想天開。在玩這遊戲的時候，我比較客觀、冷靜，儘量忠於原著。我們通常以巴托沃的林苑做為演出場所，那裡的小徑甚至比維拉的更迂迴而且坑坑洞洞的。我們用彈簧槍獵殺對方，使力把鉛筆長的棍子射出去（以英勇的姿態把棍子銅做的尖端附的橡膠吸盤拔下）。我們也有各式各樣的空氣槍，可以射出蠟做的子彈或有羽飾的短箭。被射中的人不

❹庫柏（Fenimore Cooper, 1789-1851）曾做過水手，寫了不少小說以及歷史方面的書。

會死，但是會很痛。一九一二年，他帶來一把鑲有珠母貝的左輪手槍。我們的家庭教師藍斯基不動聲色地把這把槍沒收、鎖起來了。在此之前，我們把一個鞋盒蓋子炸成碎片（這只是前奏曲，我們打算來場真正驚心動魄的）。我們在一條綠蔭大道上，輪流把那蓋子舉得高高的，兩人保持紳士的距離。謠傳在幽暗、遙遠的往昔，曾有人在這裡決鬥。第二年夏天，他跟母親到瑞士去了。我這表哥一九一九年就死了。在他死後不久，他的母親回到他們那年七月投宿過的飯店，住進同一間房間。她把手伸進扶手椅的縫隙，找一支掉了的髮簪，沒想到拿出來的是一個穿著胸甲的迷你騎兵。他的馬已經不見了，雙腿還彎彎的，好像夾著一匹隱形戰馬。

一九一四年六月，他來我們莊園待一個禮拜（那時他十六歲半，我十五歲，我們之間的年齡差異開始顯露）。花園只有他和我兩個人的時候，他做的第一件事就是若無其事般地從一個漂亮的銀盒子抽出一根琥珀黃的香菸。他要我看那鍍金菸盒鐫刻的一個算式：3×4＝12。這是為了紀念他終於可以和G伯爵夫人共度的三個春宵。他現在和赫爾辛福斯一個老將軍的年輕妻子相戀，同時和嘉特契納地區一個上尉的女兒打得火熱。我每次看到他那世故的新作風，內心總有一股悵然。他問我：「我要打幾通電話，不想讓人知道，要上那兒去打？」於是，我帶他走過五棵白楊樹、一口乾涸的老井（幾年前，我們才用繩索把三個嚇壞了的園丁從那井裡救出來），來到一條通道，接著走到僕役廂房。廂房迷人的窗臺上傳來鴿子咕咕叫的聲音。那裡有一道印滿陽光的牆，上面就掛著我們鄉下莊園最偏僻也最老舊的一支箱型電話，轉動危危顫顫的曲柄，才傳來接線生那微弱的聲音。尤里現在比多年前那個騎野馬的少年更加自在、好交際。他坐在一張靠牆的牌桌上和僕人聊天（這種事我不會做，也不知道要怎麼做），長腿晃來晃去。有時，跟他說話的是一個留著鬢腳的老僕人。以前，我從未見那個老人笑過。有時，他在跟廚房工作的一個丫頭調情，那時我才注意到她那裸露的脖子和大膽的眼神。尤里的第三通長途電話終於打完了（他的法語說得很糟，我既吃驚，又感到安慰），接著我們一起走到村子裡的雜貨店。要不是他，我從來也沒想過會去，更別提還買了一磅黑白相間的葵花籽。我們漫步回家。那時已是傍晚，蝴蝶已準備休憩，我們津津有味地嗑著這種瓜子，然後把殼吐掉。表哥教我如何一顆接著一顆，如輸送帶般接連不斷地嗑：用右側的後牙咬開，然後用舌頭把果仁推移出來，吐殼，把果仁推到左側的臼齒，在咀嚼的同時，右側牙齒又咬開一顆了。他承認他是死忠的「君主主義者」（這是一種浪漫的信念，不是真的和政治有關），然後譴責我那完全抽象的「民主主義」。他從他的詩集草稿本子背了幾首寫得還算流暢的詩，還驕傲地說道有個叫做狄倫諾夫－湯姆斯基❺的詩人稱讚他寫得不錯。他說，那個詩人欣賞義大利式的題詞或標題，如〈失戀之歌〉、〈夜之甕〉等，喜歡長韻，如 *vnemlyu múze ya*（我傾聽繆思）和 *lyubvi kontúziya*（愛的挫傷），我也以我能想到的最好的字（我自己還沒用過）去跟他一拚高下，像是 *zápoved*（戒律）和 *posápivat*（嗤之以鼻）。他剛發現《戰爭與和平》這本書。他對托爾斯泰的蔑視兵法非常憤怒，瘋狂地崇拜青年公爵包爾康斯基。我第一次讀這本小說則是在十一歲的時候（就在柏林那棟陰森森洛可可風格的出租公寓裡，我坐在土耳其沙發上，面對一個黑暗、潮溼的後花園。那後花園裡的落葉松和小精靈，就像一張舊明信片，永遠留在我那本書裡）。

我突然看見自己身穿軍官訓練學校的制服：我們在一九一六年，又在往村子的路上散步，且在路上交換衣服（就像莫里斯・吉拉德和注定要死的亨利・波因德克斯特），尤里穿上我的白色法蘭絨褲子，打上我的條紋領帶。那年，他只在我們這裡待了短短的一個禮拜。我們想出了一個沒有人形容過的遊戲。在花園盡頭有個小小的、圓形的運動場，周圍都種了茉莉，中央有一個鞦韆。一個人平躺，頭在做記號的地方之上，另一個人調整那個鞦韆的繩索長度，讓綠色的鞦韆板剛好從躺著那個人的額頭和鼻子上方幾公分的地方擦過，然

❺狄倫諾夫—湯姆斯基：尤里拿詩人狄倫・湯姆斯（Dylan Thomas）來開玩笑。

後讓鍬韆擺動的幅度愈來愈大。這樣躺著的那個人就會覺得站在鍬韆上的那個人從很高的地方飛過來，飛快地從自己的臉上掠過。三年後，他在鄧尼金的軍隊裡當騎兵，在克里米亞北部和紅軍作戰時，戰死了。在雅爾達的我看到了他死亡的那一幕：他奮不顧身地向前衝刺，把其他弟兄拋在腦後，在紅軍的槍林彈雨中獨自前進，好幾顆子彈打得他的頭顱前面凹陷下去，像是被可怕鍬韆鐵板撞到一樣。他從小到大都渴望這樣的浴血之戰，拔出手槍或寶劍英勇向前飛奔，現在該已心滿意足。我希望我能用更豐富的文字來為他寫墓誌銘，現在暫且這麼說：尤里以一種天賦來統御所有的情感和思想，那天賦等同於最高道德、有著絕對高度的榮譽感。

2

最近，我又重讀《無頭騎士》那本小說（我看的是沒有插圖、枯燥乏味的版本）。本書有它要傳達的東西。例如，主後一八五〇年（那上尉提起年代總是用「主後」❻），德州一間圓木建造的旅舍裡的酒吧，說話開門見山的「酒館夥計」。那夥計是個花花公子，你看他身上的襯衫皺巴巴的，卻是「上好的棉布和蕾絲」做的。那彩色玻璃瓶像是「在他背後發亮的彩虹」，也像「一道光暈，圍繞在他那香噴噴的頭上」（玻璃瓶間有個荷蘭鐘會發出「有趣的滴答聲」）。冰塊、酒、莫農加希拉河流域出產的威士忌倒入一個又一個酒杯。沙龍瀰漫著麝香、苦艾和檸檬皮的味道。地板上的白色沙子在松香油燈的照耀之下，顯現一個個深色的星號——那是有人吐痰的地方。在另一個年頭，也就是主後一九四一年，我在達拉斯和福特・沃斯之間一個加油站的霓虹燈下，抓到了幾隻珍奇的蛾。

那個壞蛋走進酒吧裡來了，就是那個「用鞭子抽打奴隸的密西西比人」，以前在義勇軍擔任上尉，長得還滿英俊的，但喜歡裝模作樣，一臉陰沈，名叫凱西爾斯・卡爾豪恩。他舉杯，「為美國人祝福美國這個國家國運昌隆，闖入本地的外國人咎由自取，特別是那——的愛爾蘭人。」（作者用「d_d」這個暗語來形容。我初次看到的時候，大惑不解，不知是指「夭壽的（dead）」愛爾蘭人？還是「令人討厭的（detested）」愛爾蘭人？」）他故意槓上

❻基督徒紀年多用「主後」或「主歷」。一般以AD兩字代表「主後」，源於拉丁文 *Anno Domini*，意思就是 in the year of our Lord。

那個騎野馬的好手莫里斯（他繫著大紅領巾，穿著被割破的天鵝絨長褲，流著愛爾蘭的熱血）。這個年紀輕輕的馬販其實是個男爵。故事結尾，他那興奮莫名的新娘才發現他原來是莫里斯．傑拉德爵士。也許因為引發讀者一時的興奮，這個愛爾蘭作家才會在美國——他的第二家鄉——爆紅，但沒多久就乏人問津了。

和卡爾豪恩起衝突之後，莫里斯立刻依序做了下列幾個動作：把酒杯放在櫃台上，從口袋掏出一條絲質手帕，擦擦襯衫繡花胸口「被威士忌弄髒的地方」，把右手中的手帕換到左手，從櫃台拿起剩下的半杯酒，把酒往卡爾豪恩的臉潑去，再平靜地把酒杯放回櫃台。這段情節由於我和表哥表演過很多次了，所以這個次序我現在還記得一清二楚。

他們就在空空的酒吧決鬥，用的是柯爾特六發式的手槍。儘管我對這場決鬥很有興趣（……兩個人都受傷了，血流滿地），我還是不得不在想像中離開酒館，跟著大夥兒鴉雀無聲地來到旅舍前（「在飄散香味的黑暗中」），發現幾個小姐「可能不是良家婦女」。

卡爾豪恩那漂亮的表妹露伊絲．波因德克斯特登場了，更讓我覺得精采刺激。露伊絲的父親是蔗糖莊園主人，「在他那個階級中，他是地位最崇高，也是最高傲的人」（我不解的是，一個種甘蔗的老人有何地位？有什麼好驕傲的？）她因嫉妒而感到痛苦（我知道這種痛苦。記得在宴會上，有個膚色白皙的小女孩名叫瑪拉．盧夫斯基。她的黑髮上繫著白色絲質的蝴蝶結。不知什麼緣故，她突然對我不理不睬，讓我好生難過。）她站在屋頂平台的邊緣，雪白的手臂靠在「露水滴溼的石牆上」，兩個乳房因呼吸急促而上下起伏，且讓我再讀一次，她的乳房起起伏伏，手中的長柄望遠鏡對著……

我後來發現那長柄望遠鏡到了包法利夫人的手裡，後來變成安娜・卡列妮娜的，後來給契訶夫筆下那個抱著小狗的女士拿了去，最後被她在雅爾達的碼頭上丟掉了。她的望遠鏡對著牧豆樹下斑駁的影子。她的心上人就在那裡和一個有錢牧場主的女兒閒聊。她名叫唐娜・伊西朵拉・柯瓦魯比歐・德・洛斯・雅諾斯（「有著一頭茂密得可和野馬尾巴媲美的秀髮」）。

莫里斯後來向露伊絲解釋，就像一個騎士對同伴說話一樣：「有一次，唐娜・伊西朵拉被粗魯的印第安人圍困，我把她救了出來。」有著法國血統的露伊絲嗔道：「你不是說，這不足掛齒。但是，如果有男人為我做這樣的事……」莫里斯焦急著地問：「妳會怎麼回報？」「當然囉，我會愛上那個人的。我願意付出一半生命看你落在壞人和他的酒鬼同伴手裡，再用另一半生命把你救出來。」

接著，我們發現那個英勇的作者插入一段奇異的自白：「在我這一生中，最甜蜜的一個吻是在獵場上被一個美女親吻。她從她的馬鞍靠過來，親吻坐在馬鞍上的我。」

他坐在馬鞍上享受這個豔福。可想而知，這個吻有著一定的長度，也有身體的接觸。雖然我那時只有十一歲，還是不免想到在馬匹上做愛限制必然很多。我和尤里都知道有個男生曾經試過，卻被那女生的馬摔到水溝裡去了。我們在樹林裡冒險，玩到精疲力竭之時，就躺在草地上講起女人的事。現在看來，我們那樣天真無知簡直不可思議，那時已有各式各樣的「性愛自白」(例如艾里斯❼書裡寫的等等)，描述兩個小鬼怎麼瘋狂做愛。我們還不知道可以到貧民窟買春。如果聽說有兩個正常男孩像白痴一樣一起打手槍(如現代美國小說以同情的筆調描述了，連所有的氣味都形容出來)，似乎就像知道有人和沒有手腳的畸形兒睡覺一樣好笑而且無可想像。我們理想中的女人是桂妮薇爾王后伊瑟妲❽，不是那麼冷酷無情的美女，另一個男人的妻子，既驕傲又順從、追求時髦且敢於掙脫傳統的束縛，有著一雙小手和纖細的腳踝。我們在舞蹈課和耶誕派對也看過一些穿著潔淨的襪子和輕便

---

❼艾里斯(Havelock Ellis, 1859-1939)，英國性心理研究大師，終生從事人類性科學的研究和教育，探討人類精神世界和性生物學的關係，和佛洛伊德並列性科學研究的先驅。

❽桂妮薇爾王后：亞瑟王的王后，與亞瑟王最好的朋友、武藝最高超的騎士藍斯洛相戀。

舞鞋的小女孩。我們從她們閃爍著火光的虹膜看到各種點心和聖誕樹頂的星星，也為她們著迷。她們戲弄我們，回眸望著我們，也出現在我們那朦朦朧朧、快快樂樂的夢境中。但是那些小仙女和我們夢寐以求的美少女以及戴著大帽子的狐狸精是不同類的人。我用鮮血簽署絕對保密的誓約之後，尤里才告訴我這個祕密：他在十二、三歲的時候，在華沙偷偷愛上一個已婚女人，過了幾年，終於上了她。我擔心我那兩小無猜的沙灘之戀相形之下會黯然失色，於是編了一段的風流韻事來跟尤里說。不過，我已經忘了當初是怎麼說的。不久，我真的陷入情網。現在，我要做點不同的，像是一邊在空中翻兩個筋斗還一邊跳威爾斯的搖擺舞（會耍特技的老手應該知道我在說什麼）。請肅靜，好嗎？

3

一九一〇年八月，我和弟弟跟父母及家庭教師（藍斯基）在德國東南的巴特基辛根。之後，我父母去慕尼黑和巴黎旅行，接著就回聖彼得堡去了。從秋天一直到初冬，我們兩兄弟都跟藍斯基待在柏林矯正牙齒。幫我們看牙的是一個美國牙醫，忘了他是叫羅威爾，還是羅文。他把我們的牙齒拔掉了幾顆，用細線把其他的牙齒綁起來，再給我們戴上不雅觀的牙套。他用一個梨狀的橡皮球把熱燙燙的東西注入我們的齒洞，很痛。這還不打緊，更可怕的是阻隔牙齦和舌頭的棉花團塊。那是牙醫師為了處置的方便塞進去的。我就是無法忍受那種乾乾的接觸和嗄吱嗄吱的聲響。在我們無助的雙眼之前，有一片玻璃窗。陰鬱天空下，遠方電車發出悶悶的轟隆轟隆，淒清的海景或灰色的葡萄也隨之在透明之中震顫。*In den Zelten achtzehn A*（**時代街 18A**）這地址以揚抑格❾朝向我飛舞過來，奶油色的電動出租計程車低聲運行，送我們到那個地址。經歷早晨的酷刑之後，我們想盡各種辦法補償自己。我弟弟很愛去菩提樹街拱廊裡的蠟像博物館，看腓德烈大帝的擲彈兵、與木乃伊在說悄悄話的拿破崙、在睡夢中寫幻想曲的李斯特，以及在狀似鞋子的浴缸中被刺死的馬拉❿（當時我還不知道馬拉也熱中於鱗翅目研究）。我的最愛則是拱廊角落一家叫做葛魯柏的

---

❾揚抑格：一個音步由一個重讀音節加上一個非重讀音節構成。

❿馬拉（Jean-Paul Marat, 1743-1793），法國大革命時期著名的活動家和政治家，因長時間在地窖中工作得了嚴重溼疹，只得一邊在浴缸泡藥浴，一邊工作，後來被右翼保皇黨派來的女刺客柯黛刺殺身亡。參看法國畫家大衛（Jacques-Louis David, 1748-1825）畫的〈馬拉之死〉（The Death of Marat, 1793）。

店家。這是一家很有名的蝴蝶標本專賣店。從陡峭、狹窄的階梯爬上去，我就來到那個飄散著樟腦味的天堂。我每兩天就去一次，問老闆我訂的查普曼新發現的燕灰蝶⓫或曼恩最近重新發現的紋白蝶⓬到底來了沒有。我們想要在一座公立球場好好打網球，但強勁的冬風不斷在球場上驅趕落葉。雖然藍斯基不怎麼會打，但他堅持要打，我們只好讓他上場。他連外套都沒脫，就這麼二對一的打起來。最後，我們下午只好去柏林西邊庫達姆大道的滑輪溜冰場。我記得藍斯基一而再、再而三地衝向一根柱子。他想衝過去，抱住那柱子，結果總是砰地一聲摔倒了。過了一會兒，他會坐在絨毛護欄旁邊的座位上心滿意足地享受一塊切成楔形的微鹹摩卡蛋糕，上面還有鮮奶油。可憐的瑟格摔了跤，又爬起來，我不斷超過他。我一直忘不了他摔跤的模樣。一支軍樂隊每十分鐘左右就復甦一次（那時德國還是音樂之國），指揮者的動作突梯無比，然而樂聲還是壓不過沒完沒了的車輪聲。

過去在俄國有一種特別的學齡男生，外表看來不一定是體育高手，也不是特別聰穎的

⓫查普曼的燕灰蝶：學名為 *Callophrys avis*。
⓬曼恩的紋白蝶：學名為 *Pieris manni*。

樣子，在課堂上常常無精打采。他們瘦瘦的，甚至還有點像得了肺癆的樣子，然而在足球和西洋棋的表現極其出色，不管任何運動或競技，不費功夫就學了起來。俄國以前有這樣的男生，無疑地，現在也有。（我的隊友和對手，著名的夏拉巴諾夫兄弟博雅‧席克和柯斯特亞‧布柯托夫，如今在何方？）我很會滑冰，換用滑輪，也是駕輕就熟，就像本來用老式刮鬍刀換成安全刮鬍刀片一樣。沒多久，我就知道如何在滑輪溜冰場的木質地板上表演兩、三種花招，可要我去舞廳就沒辦法（不單是我，像席克和布柯托夫那樣的高手到了舞廳還不是變得笨手笨腳）。溜冰場的教練都穿大紅色的制服，既像輕騎兵裝束，又像飯店服務生，全都講英語，操著這種或那種口音。在一般客人當中，我注意到有一群美國小姐。這些明豔的異國美女乍看之下都一樣。我獨自在場上飛舞，一邊分辨她們的臉龐。我從她們身邊掠過之時，聽到一個甜美、帶有鼻音的女性聲音答道：「是啊，這小子真厲害，不是嗎？」（她才剛說完，我就摔了個四腳朝天。我在溜冰場上，從來沒這麼摔過。）

至今，她那高䠷的身影還在我眼前。她身穿剪裁合身的海軍藍洋裝，寬大的天鵝絨帽子用一根亮晶晶的別針固定。顯然，她名叫露薏絲。晚上，我躺在床上，想像各式各樣的韻事。我想著她的柳腰和雪白的喉嚨，擔心自己的褲襠——以前只有短褲磨擦不舒服，才有這樣的擔心。有一天下午，我看到她站在溜冰場的大廳，教練中最大膽的一個，一個像卡爾豪恩那種油頭粉面的流氓，摟著她的腰，嬉皮笑臉地在徵詢她的意見。她別過頭去，像個孩子般扭動，還是掙脫不了。第二天的夜裡，那個教練就被開了一槍、脖子被繩索套住，然後被活埋、再來一槍、脖子被勒住、被凌辱、有人拿著槍枝冷酷地瞄準他，最後放他一馬，讓他在恥辱中苟延殘喘。

藍斯基這人既單純又講求原則。這是他第一次出國，既要盡情觀光，又要克盡自己為人師之責，對他來說有如魚與熊掌難以兼得。我們就利用這一點，要他帶我們去父母不讓我們去的地方。像他就無法抗拒冬園那樣的地方。一天晚上，我們坐在冬園的包廂裡，暢飲巧克力冰飲。那裡的表演通常是這樣的：首先上場的是穿晚禮服的雜耍藝人，接著是一個女人在紅綠交替的燈光中以抖音來段詠嘆調，胸脯上的萊茵石金光閃閃，然後一個喜劇演員出場表演用滑輪溜冰。在單車表演之前有一個節目叫做「慶典女郎」。觀賞那個節目之時，我又再次感受到在溜冰場上跌個四腳朝天的那種羞恥和驚愕。在那些嬌豔如花、圍成一圈的美國女孩中，我看到了露薏絲的臉龐。那些嗲聲嗲氣、不知羞恥的女孩，從左到右、再從右到左，跟著節奏高舉秀腿做出波浪狀。那十條一模一樣的美腿，就像花冠般從有荷葉邊的篷裙伸出來。那一刻，我知道一切都已成過去，我失去她了。我永遠都不原諒她唱得那麼大聲、笑得那麼紅豔。我不原諒她用那麼可笑的裝扮來掩飾自己，既不像驕傲的克里奧⓭女人，也沒有狀似西班牙裔女子的風情。當然，我無法完全不想她。但那次看秀受到震驚之後，任何女性的形體都會為我帶來一種令我不解的難受。不知經歷多少次這種難受之後，我問我父母這是怎麼一回事（這時他們已經來到柏林，看我們過得如何）。我父親一邊翻著德國報紙，故意用英語回答我：「孩子，這只是自然的一種可笑的反應，就像人害羞會臉紅，悲傷時眼睛會紅腫一樣。」然後，他突然轉向媽媽，以一種震驚的語氣對她說：「*Tolstoy vient de mourir*（托爾斯泰剛剛過世。）」

「*Da chto ti*（我的天哪！）」媽媽痛苦地吐出這幾個字，雙手在膝上緊緊交握，說道：「*Pora domoy*（該是回家的時候了。）」彷彿托爾斯泰的死亡是大災難的凶兆。

⓭克里奧：路易斯安那州法國後裔。

4

現在，我要說騎腳踏車的事，至少這是我的版本。接下來那個夏天，尤里沒來維拉。我得獨自對付我那浪漫的躁動。下雨天，我總綣縮在那個非常少用的書架底下。微弱的光線在抑扼我那鬼鬼祟祟的好奇心。我在八十二卷的俄文版《布魯克豪斯百科全書》翻查最隱晦、隱晦得撩人或是累人的術語。這百科全書裡的文章寫得極為詳盡，為了節省空間，文章的標題的字會縮寫成一個字母。文章用古雅的小字字體印得密密麻麻，除了要集中精神閱讀，那縮寫字母又給人化妝舞會那種目眩神迷的感覺。原本不能再熟悉的字眼，這會兒在和我們渴望的眼睛玩捉迷藏：「摩西想要廢除P，但失敗了……在奧地利哈布斯堡時代，P在女皇瑪麗亞．泰蕾莎的庇護下繁榮昌盛……在德國很多地區，P的收益必須交給神職人員……俄國官方從一八四三年開始允許P的生存……孤苦無依的女僕在十歲或十二歲被主人、少爺或男僕誘拐之後，最後幾乎都淪落到P。」我初次接觸契訶夫或安德列夫寫的娼妓之愛還一頭霧水，然而百科全書的那種描述，非但沒解釋清楚，反而爲此事更增添了神祕感。天氣好的時候，我會去捕蝶、打球等，但不管做了多少運動，我每個傍晚還是要騎腳踏車出去，進行一趟迷濛的發現之旅。騎了一個下午的馬之後，我總是在彩色繽紛的黃昏騎腳踏車。那種感覺很微妙，幾乎教人說不出來。我把我那輛恩菲爾德牌的腳踏車手把顛倒過來，降到比鞍座還低的地方，變成我想像中的賽車式樣。我在林苑的小徑，沿著鄧祿普輪胎昨天留下的轍印，靈巧地躲過樹根凸出之處。我撿拾一根枝條，用敏感的前輪壓斷它，從兩片落葉之間通行，再從一個小石頭和一個洞中央經過（那小石頭必然是前一天晚上才從那個洞被移開的）。小溪上的橋是短暫的坦途。我沿著網球場的鐵絲網籬笆前進，輕輕推開林苑盡頭那扇刷上白漆的小門。此刻，自由帶給我憂鬱的狂喜。我在長長的鄉間道路上疾馳。那路面被太陽曬得硬硬的，邊緣則還有點怡人的溼軟。

那年夏天，我總會騎車經過一間小木屋。那木屋在低低的夕陽中變成金黃色。馬伕長查哈爾的女兒寶蘭卡就站在門口。這女孩和我同年，她靠著門框，裸露的雙臂在胸前交叉。這種溫柔、閑散的姿態只有俄國鄉間才見得到。她看我靠近，臉上洋溢著歡迎的光輝。我騎得更近了，那煥發的神采就縮減成半個笑容，接著嘴角緊閉，只剩一絲光彩掛在唇邊。等我到她面前，這最後的光彩也消散了，那張漂亮的圓臉變得毫無表情。然而，我一走開，在往上坡路段衝刺之前，轉過頭來，看她最後一眼，她臉上的酒窩又回來了，那謎樣的光采又在那張親愛的臉龐上重現。我從沒跟她說過一句話。後來，我就不再打從她家門口經過了。但在之後的兩、三個夏天，我們不時又用眼神交往。她不知從哪兒冒出來，站在一段距離之外，總是打赤腳，左腳背磨擦著右腿肚，或是用無名指抓淺褐色頭髮上的分線。她的身子總是斜倚著某個地方，像是靠在馬廄的門上，看我的馬兒裝鞍或在某個涼颼颼的九月早晨靠在樹幹上，和莊園僕人目送我們回去城裡過冬。每次看到她，都覺得她的胸脯似乎看來更柔軟了一點，前臂也更強壯了些。有一天，她終於飄離我的視線（她在十六歲那年嫁給了遠方村子的一個鐵匠）。在那之前，有一、兩次我看到她那雙眼距略寬的榛果色眼珠閃爍著一抹淡淡的嘲笑。說也奇怪，她的微笑只是在我的記憶裡不消散，就成為第一個能使我的睡夢燒出一個洞的人。每次我夢見她，在一陣翻來覆去之後清醒，總是覺得溼溼冷冷的。然而，在真實生活裡，我實在怕她那雙沾滿泥巴的腳和飄散著霉味的衣服會使我作嘔，我不會像一般主子對下人示好那樣來侮辱她。

5

寶蘭卡不但讓我魂縈夢繫，還留給我兩個特別鮮明的印象。就讓這些印象和她的身影同時浮現在我眼前。第一個印象在我心中留存了很長的一段時間，和日落時分在門扉倚立的那個寶蘭卡有所不同：我彷彿瞥見楚楚可憐的她化身為林中仙女。那樣的美人兒，還是別去驚擾她來得好。一個六月天，我們在奧瑞德茲河的岸邊。那年，我和她都是十三歲。我熱中於捕捉絹蝶，正確地說，該是學名叫 *Parnassius mnemosyne*（雲紋絹蝶）的蝴蝶。這是一種古代就有的奇特蝴蝶，像上了釉彩般的半透明羽翼會瑟瑟作響，還有像柳絮那樣柔軟的腹部。我在蝴蝶的後面追逐，結果來到冰冷、藍藍的水邊，附近有乳白色的水茄冬和深色的赤楊形成一片濃密的灌木叢。突然間傳來一陣潑水聲和叫喊聲。我看到寶蘭卡和三、四個光著身子的孩子的身影出現在芳香的灌木後頭。他們就在那裡的廢棄澡堂沐浴，離河邊約有幾呎。她全身溼答答的，嬌喘吁吁，一個鼻孔抽動著，起了雞皮疙瘩的雪白肌膚之下有一根根彎彎的肋骨，小腿肚還有一點一點的黑色泥巴。她的髮絲因為溼潤而色澤變深，一把彎彎的梳子在她的秀髮間發亮。她窸窸窣窣、嗶嗶剝剝地推開荷花莖前進，一個女孩和一個小子在後頭追她。那女孩肚子鼓鼓的、理了個平頭，而那不知羞恥、毛毛躁躁的小子腰部只繫了條繩子（根據我們地區的傳說，可對抗邪惡之眼）。在我從厭惡和渴望的可怕迷霧中爬出之前，我看到了我所陌生的寶蘭卡蹲在破舊的碼頭木板上顫抖，雙臂交叉遮住胸脯，以抵擋東風，還伸出舌尖逗弄追她的那兩個人。

另一個印象是一九一六年耶誕假期中的那個禮拜天。我在華沙線（那是離我們鄉下莊園最近的鐵路線）一個叫做西佛斯基的小車站月台上。四周靜寂無聲，雪像毯子把月台包裹起來。遠方灌木叢在薄暮中從銀色變成鉛灰，我等著它散發出陰沈的紫煙。那煙代表火車來了。我滑了一天的雪，準備回聖彼得堡。紫煙準時出現，同時我看到寶蘭卡和另一個女孩從我身邊走過。她們包著厚厚的頭巾，穿著巨大的毛氈靴子和沒什麼剪裁、難看死了的鋪棉長大衣，那大衣粗糙的黑布還破了個洞，露出棉絮。寶蘭卡走過我身邊的時候，我看到她的眼睛下方有淤青，嘴唇腫脹（她丈夫常在禮拜六揍她嗎？）她以好聽的聲調悶悶不樂、自顧自地說：「*A barchuk-to menya ne priznal*（你看，少爺不認識我了。）」那是我唯一一次聽她開口說話。

6

我少年時代夏日薄暮時分常騎車打從她家門口經過。如今，那些黃昏借用她的語調在對我述說。我騎到田野間一條道路和荒涼的公路交會處，總在那裡下車，讓車子靠著電線桿。記得有一次日落燦爛輝煌得可畏，太陽在一望無垠的天空中徘徊良久。在那不知不覺變得深沈的暮色中，可以看到被染得金黃的星體結構細部、黑暗雲層中的光縫，或是一片平坦、如夢似幻的沙灘——就像海市蜃樓一般。那時，面對那幸福的震顫，我不知道該怎麼辦才好（現在總算知道了），也不知如何擺脫，如何把這樣的情景轉化為印刷文字交給讀者，那種無能為力更給我壓迫感。接下來，巨大的影子開始入侵田野，電線桿在寂靜中嗡嗡作響，夜間的食客爬上了植物的莖。一隻有美麗條紋的毛毛蟲輕輕地咬，咬，咬啊。我在史普勒的書上還沒看過這種毛蟲。他爬到一株風鈴草的莖，上顎啃咬最近一片葉子的邊緣，悠哉悠哉地啃出一個半圓形，然後伸長頸部，再慢慢地彎曲，繼續在那漂亮的凹面啃咬。我把這蟲兒連同那片只剩一丁點的葉子放進火柴盒裡帶回家，讓他在來年生出一個光輝燦爛的奇蹟，不過我的思緒跑到別的地方去了：我的海灘玩伴吉娜和柯蕾特；那個叫露薏絲的舞孃；慶祝派對中所有臉兒紅通通、穿著低肩帶洋裝、秀髮如絲的女孩；慵懶的G伯爵夫人（我表哥的女人）以及在我痛苦的新的夢中巧笑倩兮的寶蘭卡——這些女子的身影重疊、混合，變成另一個人。我還不認識她，但不久之後就認識了。

我還記得一次特別的日落。我的腳踏車鈴向那餘暉借了點火。我頭頂上方，如黑色五線譜的電報線路之上，幾朵有紅鶴般粉紅鑲邊的深紫色長雲在天空中排列成扇形，動也不動，這個景象有如色彩和形狀的奇妙歡呼！然而，這個奇景漸漸消失，周遭的一切也慢慢地昏暗下來。但就在地平線上方，在一個清澈、碧綠的空間之中，烏黑的層雲底下，我的雙眼發現了遠處的景致。只有傻瓜才會誤以為這是落日殘餘的部分。在巨大的天空，那一景只占一小塊，但有一種奇特的潔淨，就像把望遠鏡倒過來看到的景觀。一群寧靜的迷你雲彩在那兒靜候，形成燦爛的迴旋，那乳脂般的白、那樣的遙遠，好像是在另一個時空。那雲彩雖然遙遠，每個細部都完美無缺，儘管已經縮小，形狀還是毫無瑕疵。我知道一個美好的明天即將到來。

第十一章

1

一九一四年夏天，寫詩的狂熱初次降臨在我身上。要找回那個夏天，很簡單，我只要努力去想一座亭子。那時，我十五歲，身材削瘦，一天碰到了一場大雷雨，於是跑到一座亭子裡躲雨。那年七月，經常雷雨交加。每一年，我至少會夢見那亭子兩次。夢中，那亭子和夢裡的一切無關。我的夢，從誘拐到動物崇拜，無奇不有。在我夢裡，那亭子就像一幅畫作的畫家簽名，聊備一格，依附在我夢的畫布一角或是巧妙地變成圖畫中某個裝飾的一部分，有時似乎懸掛在中央，具有相當的巴洛克風格，然而和旁邊的樹不會格格不入。那些樹很美，像是黑黑的樅樹和明亮的樺樹，樺樹的樹液還流到那亭子的木頭上。亭子窗子的彩繪玻璃是菱形的，有酒紅、暗藍和玻璃瓶般的綠，頗有教堂的味道。那亭子是木頭建造的，在我兒時就有了，座落在維拉莊園舊苑的河邊，下方是長滿蕨草的深谷，不知歷經多少歲月的風吹雨打，至今依然穩固。那亭子一如往昔，或許又更加完美一點了。真實的亭子已經缺了好幾塊玻璃，皺巴巴的落葉被風掃了進來。山澗最深處的上方有座彎彎窄窄的小橋，加上從中升起的亭子，就像一道凍結住的彩虹。那橋在雨的魔法下變得滑溜，就像被塗上一層黑黑的魔術油膏。從字源來看，亭子的英文 pavilion 和拉丁文 *papilio*（蝴蝶）有非常密切的關係❶。那亭子裡面空空的，只見東邊窗戶下方的牆上鎖了張折疊桌，樞軸早已生鏽。從那扇窗的兩、三片玻璃或從膨脹的藍玻璃與酒醉的紅玻璃之間的淺色窗格望去，可以瞥見河流。在我腳旁，一隻死掉的馬蠅四腳朝天躺在地板上，旁邊是柳絮的棕色

---

❶ pavilion 正源於拉丁字源中的蝴蝶（*papilio*），因原始的亭子就是一個巨大、華麗的帳篷，可以折疊，就像蝶翼。

殘骸。刷白的門內側漆體斑駁，還有入侵者的塗鴉，像是「達夏、塔瑪拉和蓮娜到此一遊」或「打倒奧地利！」。

暴風雨很快就過去了。雨本來傾盆而下，樹枝因而搖擺、狂舞。那從天而降的大水突然間變成無聲的黃金斜線，或長或短，降落在漸漸不再騷動的草木上。純白和紫灰的雲不斷堆疊成巨大的雲（用古俄文來說，就是 *lepota*〔莊嚴壯麗〕），中間陷落之處出現一抹冶豔的藍，藍色部分不斷擴大。那雲就像飄移的神話、水彩畫，也像鳥糞，你可以在雲的曲線中發現乳房的典故或看到一個詩人的死亡面具。

我們的網球場成了水鄉澤國。

林苑再過去的地方，冒著蒸氣的田地上，一道彩虹溜進了視線。田地的盡頭是一大片的樅樹林，邊界像是一道有著很多凹痕的黑線。彩虹的一端跨了過去，森林邊緣在淡綠和淺粉的虹彩面紗之下散發出奇異的光芒：這等溫柔、這等富麗的光輝，相形之下，陽光在亭子地板投射出來的彩色長菱形，像是寒傖的親戚。

不久，我開始寫第一首詩。是什麼觸發的呢？我想我知道。平靜無風，一顆雨滴好生奢侈地寄生在一片心形葉片之上，閃閃發光，只是一滴的重量，就使得葉片尖端滴水，看來就像一顆水銀球突然沿著中央的葉脈，表演滑奏。葉片解脫那晶亮的負擔之後，變得一身輕，又直立起來。尖端，滴落，葉片，解脫——對我來說，這似乎不是發生在一瞬間的事，而是從時間的裂縫產生的，韻腳啪嗒啪嗒地來到，像是彌補失去的心跳。我故意用啪嗒啪嗒這個字眼，是因為後來刮起一陣強風，樹枝又猛然往一個方向彎，像是胡亂模仿剛才在傾盆大雨中的姿勢。我也在喃喃自語，用一組詩行模擬方才的驚奇、震懾。在那一刻，我覺得那片葉子就是我的心。

2

日正當中，長凳、小橋和地上的紅土（其實是網球場除外的一切）在強勁的熱氣中，以不可思議的速度變乾了。我最初的靈感一轉眼幾乎跑光了。儘管那明亮的縫隙已經合起來了，我還是固執地繼續寫我的詩。我是用俄文寫的，其實我也可以用烏克蘭文、基礎英文或沃拉普克語❷來寫。我那時寫的詩只是一個記號，代表我還活著，象徵某種強烈的情感——過去我曾經歷過、現在有或未來希望也能感受到的情感。這只是方向的指引，而不是藝術，就像路邊石頭上的油漆線條，或石頭堆起來的路標，指示某條山間小徑該怎麼走。

從某種意義來看，所有的詩歌都和位置有關：在被意識擁抱的宇宙中，表達一個人的相對位置——這種衝動由來已久，已無可追溯始自何時。意識的手臂伸出去，摸索，伸得愈長，愈好。觸手是阿波羅的自然器官，翅膀不是。我有一個研究哲學的友人薇薇安・布拉德馬克❸在多年以後常說道，科學家看見空間的一點發生的一切，而詩人則感覺到在時間中的一點發生的一切。他在沈思中，用一枝有如魔杖的鉛筆輕輕敲著自己的膝蓋；就在那一瞬間，一輛車（掛紐約車牌）在那條路上駛過；一個孩子站在鄰居門廊用力敲打紗門；一個老人在突厥斯坦❹一個霧濛濛的果園裡打呵欠；金星上，風捲起一小粒餘燼般灰色的沙子；在阿爾卑斯山區的格勒諾博，一個叫做賈克・赫許的博士戴上了他閱讀書報用的老

---

❷基礎英文是英國語言學家奧格登（C. K. Ogden）在一九三〇年提出的，他認為只要用八百五十個字彙就可表達各方面所需的用語。沃拉普克語（Volapük）則是德國傳教士施萊耶爾（Johann Martin Schleyer）在一八八〇年提出的一種人造語言，以做為國際語言。vol 即表示「世界」，而 puk 是代表「言語」的字源。

❸薇薇安・布拉德馬克（Vivian Bloodmark），納博科夫的化名。他在《羅莉塔》中的化名則是薇薇安・達克布魯姆（Vivian Darkbloom），兩者皆為作者本名 Vladimir Nabokov 的重組。

❹突厥斯坦（Turkestan），哈薩克南部城市。為古代商隊貿易中心。

花眼鏡……諸如此類微不足道的事有幾兆之多，這所有的事件形成一個瞬間的、透明的有機體，而詩人就在核心（他人在紐約州的綺色佳，坐在草地上的一張椅子上）。

那年夏天，我還太小，沒能演化出「宇宙同步」的天才（再引用我那哲學家友人的話），但我至少發現了一件事：要成為詩人必須有同時思考好幾件事的能力。我的第一首詩是在慵懶的漫步中誕生的。我走著走著，遇見了村子的校長。他是一個激進的社會主義者，也是一個好人，對我父親忠心耿耿，手裡總是緊握著一束野花，總是笑容滿面，老是滿頭大汗（我再次歡迎這個影像來到我的眼前）。我彬彬有禮地跟他說父親突然進城的事。在那一瞬間，我注意到的不只是他手中快枯萎的花、隨風飄拂的領帶，他那多肉的渦形鼻孔上有黑頭粉刺，同時還有遠方傳來布穀鳥悶悶的輕啼聲以及在路邊瞥見的一隻又名「西班牙女王」的珠蛺蝶❺。我也想起村子學校教室牆壁上掛的海報（放大的植物害蟲和留著大鬍子的俄國作家）。我曾去過那學校一、兩次，還記得教室很通風。儘管我再繼續說下去也無法傳達這個過程超凡脫俗的簡潔。一段記憶鄰近的一個腦細胞觸動另一個不相干的記憶（我

---

❺學名為 *Issoria lathonia* 的蝴蝶。

遺失的一個計步器）。我嚼著一根草梗，品嘗那滋味，耳邊有布穀鳥的歌吟，那珠蛺蝶在我眼前倏地飛起來了。這時，我平靜地發現我有一心多用的本事。

紅光煥發的校長鞠了個躬（以俄國激進派那種過度熱情的方式），後退幾步，轉了個身，又高高興興地繼續走他的路。我重拾詩緒。在剛才那短短的時間裡，我的心思被別的東西占據，沒想到已經串好的字詞又起了變化：不像被打斷之前那樣有光澤，我有點懷疑這是贗品。幸好那種冰冷的批判一下子就消失了，我企圖傳達的那種熱情又回來了，又給了它的媒介虛幻的生命。那一排排的字，現在看來，又光彩奪目，一個個像士兵，穿著英挺的制服，挺起小小的胸膛❻。我眼角瞄到的萎靡不振應該是幻影。

---

❻納博科夫以這個意象向一九二五年常為《紐約客》畫漫畫的索格羅（Otto Soglow, 1900-75）致敬。這些士兵有如他畫的《小國王》（*Little King*）系列。

3

除了沒經驗、容易受騙之外，一個年輕俄國詩人必須對付一種特別的殘疾。諷刺詩或敘事詩詞藻豐富，而俄國輓歌卻患有嚴重的詞語貧血症。只有真正的行家出手，才能超越它那卑微的起源，即十八世紀蒼白的法國詩。的確，在我們那個時代，一個新的詩派把舊的詩歌韻律撕得粉碎，而保守派還是從舊的格律去找中庸合宜的工具，因為這一派詩人的原則是用簡潔的方式來表達單純的情感，不希望因為大膽的形式冒險而偏離了這個原則。但是形式還是反撲了。十九世紀初柔美的俄國輓歌，由於過於單調，某些字詞一而再、再而三被送作堆（如「瘋狂愛戀」或「慵懶地在做白日夢」），足足有一整個世紀俄國詩人都難以解脫這種陳腔爛調的魔咒。

在四音步到六音步的抑揚格中，詩人常不由自主地在一行詩最後三音步的頭四、五個音節用了個冗長的形容詞，長到像是條蠕動的蟲子。以四音步而言，最好的例子就是 *ter-pi bes-chis-len-nï-e mu-ki*（忍—受　無—可—勝—數—的　折—磨）。年輕俄國詩人難免被這樣的音節陷阱誘惑而失足跌落。我以 *beschislennïe* 這個字做例子，不過是因為這個字最好翻譯。詩人真正喜愛的輓歌字眼，像 *zadumchivïe*（悲傷）、*utrachennïe*（失落）、*muchitel'nïe*（痛苦）等，重音都在第二音節。儘管這樣的字都很長，但只有一個重音，結果詩行倒數第二個音步的重音通常會是一個沒有重音的音節（如俄文中的 *nï* 和英文中的 la）。這會有一種疾行的效果，很悅耳，然而這種效果太常見了，無法挽救意義的平庸。

由於我還是個無知的生手，難免會被那些優美的修辭所誘，落入一個又一個陷阱。我不是不努力。其實，我的每一首輓歌都是我嘔心瀝血之作，每一行都琢磨再三，精挑細選之後，又棄若敝屣。我的舌頭細細品味每一個字詞，像品茶一樣莊嚴肅穆，兩眼發亮。然而，最後還是不免遭到可怕的背叛。畫框限制了畫作，果殼為果肉塑形。老掉牙的詞彙排列順序（短短的動詞或代名詞＋長長的形容詞＋短短的名詞），導致思路失序且失之平庸，像這樣的詩行 *poeta gorestnïe gryozï*（可翻譯為「詩人憂鬱的白日夢」），為了押韻，下一行的結尾常是 *rozï*（玫瑰）、*beryozï*（樺樹）或 *grozï*（暴風雨），真是要命。因此，情感與周遭環境的連結不是藉著自由的意志而是傳統那褪了色的絲帶。無論如何，在我的詩接近完成之時，我更加肯定，我眼前看到的是什麼，別人看到的就是什麼。我把目光焦點放在腎形花壇（注意到一片粉紅花瓣躺在肥沃的土壤之上，一隻小螞蟻在那花瓣腐爛的邊緣探頭探腦），或者思索一棵樺樹被陽光曬成古銅色的上腹部。一個壞人曾剝下它像紙一樣、灰白色的樹皮。我真的相信，透過我筆下文字這魔術面紗，什麼 *utrachennie rozi*（失落的玫瑰）或 *zadumchivoy beryozi*（悲傷的樺樹），讀者都能感同身受。我當時不知道，那些蒼白的詞彙，其實一點都不像面紗，不但渾濁不清，更像一堵牆，讀我詩的人頂多可以辨識我那些發霉的片段是模仿哪些大、小詩人的。記得多年後我在一個異國城市破敗的郊區看過一道柵欄。那柵欄的木板是從別的地方拆下來的，顯然曾是巡迴馬戲團的圍欄。幫馬戲團招攬生意的人多才多藝，在那圍欄上畫了形形色色的動物。那圍欄後來被拆下來了。把那些木板重新拼湊起來的人恐怕不是瞎子就是瘋子。那柵欄上的動物不但都被肢解了，有些還顛倒了，只看到一節棕褐色的腰臀、斑馬的頭或一條象腿。

4

從肉體的層次來看，我對寫詩的狂熱，其實有跡可尋，那些痕跡就是我行住坐臥的微妙動作或姿勢。然而，我的每一個動作，每一個姿態都碎裂成毫無空間意義的碎片。例如走路，我可能在林苑的深處漫步，下一刻在屋裡踱來踱去。像是坐著的時候，我可能突然發現有人正要端走桌上的一碟東西，而我已經忘了我到底吃過了沒有。我發現我母親的左臉頰在抽搐。她每次心裡擔心什麼的時候，就會這樣。她從長桌的另一頭盯著我，看我愁眉苦臉，而且幾乎沒吃什麼。我想抬起頭來解釋，但那長桌消失了，我已經獨自坐在路邊的樹墩上，手裡拿著捕蝶網的把手，以富有節奏的方式揮動著，或是在略帶棕色的沙土上畫弧，畫了一個又一個弧，畫我的泥巴彩虹，用筆觸的深淺變化代表不同的顏色。

在我寫詩寫到無可救藥的時候，只有兩種選擇：不是把一首詩寫完，就是死亡，隨即進入一種恍恍惚惚的狀態。我發現自己什麼地方不去，竟然跑到祖父那間罕有人踏入的書房，坐在裡頭的一張皮沙發上，與寒冷、霉味為伍。我會這樣，我自己一點都不驚訝。我趴在那沙發上，像是一隻靜止不動的爬蟲，一隻手臂垂下，手指關節輕輕地碰觸地毯上的花朵圖案。我不再恍惚，神智清明之後，我發現那淺綠色的花朵還在，我的手臂也還垂在沙發旁邊盪來盪去，但我人已經面朝下躺在搖搖晃光的碼頭邊緣，我摸到的是真的睡蓮。樺木葉那圓滾滾的影子在水面上起起伏伏——像是有神力的墨點、巨大的變形蟲——有節奏地顫動、膨脹，以黑色的偽足❼移動。那偽足收縮的時候，原本圓圓的邊緣會出現無可名狀且千變萬化的突起。這一切重新結合之後，碼頭又變了一個樣子。我就這麼陷入自我的迷霧中。我再次從迷霧走出來的時候，我的軀體還是伸展得長長的，然而支撐我身體的東西變成林苑中一張低矮的長凳，先前我的手浸入水中，摸到的那些活生生的影子，已經不見了。我輕撫地面，那裡已是紫羅蘭色，而不是水澤的墨黑和淺綠。我身在何處都無關緊要了。我可以走出存在的隧道，直接進入凡爾賽花園、柏林的蒂爾加藤公園❽或是加州的紅杉國家公園。然而，如果今天我再有舊日那種恍惚，清醒的時候，我希望自己高掛在一棵樹上，我童年那斑駁的長凳就在下方，我的肚子舒舒服服地靠著粗壯的樹幹，一隻手臂在枝葉間晃來晃去，其他葉子的影子就在這些枝葉上移來移去。

我耳邊傳來一些聲音。什麼聲音呢？視我所在的位置而定。有時是晚餐的鑼聲或是比較不常聽到的，如手搖風琴的粗俗樂聲。有個老流浪漢會在馬廄附近的一個地方吱吱嘎嘎地搖動風琴。如果我直接汲取幼年的印象，彷彿可以看見他就在樹下。他的風琴前面畫了幾個巴爾幹農夫，那些農夫像是在柳樹間跳舞。他用一隻手轉動風琴曲柄，過了一會兒，就換另一隻手。我看到他身邊那隻禿頭的小母猴。牠身穿有領子的緊身上衣和裙子，脖子

---

❼偽足：細胞質臨時性或半永久性的向外突出部分，見於所有肉足和某些鞭毛原生動物，用於行動和攝食。

❽ Tiergarten，字面的意思為「動物園」，是昔日王室和貴族狩獵的林苑，今日為柏林市區的一大片綠地。

有個地方痛得厲害。老人一拉繫在牠脖子上的鏈子，牠就痛個半死，把那鏈子猛拉回來。有幾個僕人就站在一旁，看得目瞪口呆、哈哈大笑。這些純樸的傢伙被這場「猴戲」逗得大樂。就在不遠之處，前幾天我才碰到一個農夫帶著他的兒子（那孩子健康紅潤，就像你在早餐吃的玉米脆片或麥片廣告中看到的小男孩）。那孩子在看一隻小貓在折磨一隻小花栗鼠，看得入迷。小貓讓那小老鼠跑個一小段路，然後又撲向牠。那小老鼠的尾巴只剩一小截，斷掉的地方在流血。那小老鼠知道逃不掉了，大膽地使出最後一招：牠停下腳步，側身躺下，讓自己的身軀和地上的光影重疊。可惜，牠肚子的起伏過於劇烈，因此形跡敗露。

夜幕低垂，家裡那部留聲機就會響起。除了那手搖風琴，我還可以從我寫的詩聽見那部機器發出的樂聲。我們的親朋好友聚集在陽台上，聆聽留聲機的銅喇叭放送出來的音樂——我那一代人喜愛的 *tsïganskie romansï*（吉普賽浪漫曲）或多或少是模仿吉普賽歌謠之作，作曲家軼名，或者是模仿之作的再模仿。那吉普賽風格的特色是低沈、單調的低吟，中間穿插類似打嗝的聲音，清晰可聞——就像是一顆害相思病的心碎裂的聲音。最好的吉普賽曲像是在大詩人詩行中的沙啞顫音（讓我特別想起布洛克的詩），而最低俗的就像巴黎夜總會的肥婆唱的歌曲，歌詞則是平庸文人寫的流氓故事。聽這種吉普賽曲，最自然的地方該有流淚的夜鶯、盛開的紫丁香和一排排簌簌低語的樹。那些樹把地主士紳的莊園點綴得美侖美奐。夜鶯以顫音高歌，落日把火紅的絲帶漸次綁在松樹叢上。逐漸變暗的苔蘚地上似乎躺了一個鈴鼓，那鈴鼓仍有節奏地震動著。女低音唱出的最後一個音在暮色中一直跟著我，跟了好一會兒。音聲歇止之時，我的第一首詩已經差不多了。

5

那首詩其實是可怕的雜燴，除了僞普希金的變調，還借用其他許多詩人的字眼。只有丘特切夫雷鳴的回音和費特的一道折射的陽光是情有可原的。其他的部分，我依稀記得我提到 *vospominan'ya zhalo*（**記憶的刺痛**）（我真的想像一隻姬蜂伸出尖尖刺刺的產卵器刺入一隻菜蟲的身軀❾，但不敢這麼說。）還提到什麼遠方傳來手搖風琴的樂聲，令人發思古之幽情。最糟的要算是從阿普丁❿和康斯坦丁大公⓫的吉普賽風格抒情詩撿來用的，真是羞死人了。那些詩都是我一個還算年輕而且漂亮的阿姨不斷灌輸給我的。她也能背誦布依葉⓬那首有名的〈和一個女人在一起〉。布依葉在詩中用一把小提琴弓在吉他絃上拉奏來做隱喻。魏爾卡克斯⓭的作品，她也相當熟悉，俄國皇后和她的侍女因此對我那阿姨大為讚賞。有一點似乎不值得一提：我的輓歌主題是逝去的愛。我失去了心愛的女人——達莉亞、塔瑪拉或蕾諾爾——然而，我未曾失去她們、也還沒愛上她們，甚至還沒遇見她們，已在詩中展開我們的相遇、相愛和別離。

出於愚蠢的天真，我還以為自己寫了一首很美的詩。我把那詩帶回家。其實，那詩尚未形諸於筆墨，已經可以宣告完成，甚至連標點符號都深深印在我的腦袋裡，就像睡覺時枕頭巾的皺摺在皮膚留下印痕一樣。我想，媽媽一定會為我這個成就感到驕傲，喜極而泣。我壓根就沒想到，那個特別的夜晚，她有事在忙，不能聽我朗誦我寫的詩。在我這一生，我從來沒像這一天那麼渴望得到她的讚美，也從來不曾這麼脆弱。我的神經緊繃，沒注意到地球已悄悄地被黑暗包裹起來，也沒發現雲彩逐漸散去，穹蒼隨之裸露出來。我抬頭看，

---

❾這是姬蜂把卵寄生在其他昆蟲身上的方式。❿阿普丁（Aleksy Apukhin, 1840-93），二流詩人。⓫康斯坦丁大公（Konstantinovich Romanov, 1858-1915），俄國科學院院長，以憂鬱的抒情詩聞名。⓬布依葉（Louis Bouilhet, 1822-69），法國詩人、劇作家，福樓拜的摯友。⓭魏爾卡克斯（Ella Wheeler Wilcox, 1850-1919），十九世紀美國著名女作家和詩人。

發現我的小徑已隱沒在夜色中，兩旁高聳的路樹也看不出形狀了，但透過枝葉間隙隱約可見夜空在星星的照耀下變得蒼白、朦朧。在那幾年，星座、星雲和星星之間的空隙等只是讓我感到一種難以形容的噁心和恐慌。我彷彿被倒吊在地球上，在一個無限空間的邊緣，雖然陸地仍抓著我的腳踝，隨時都可能把我放開。

我們家的房子已陷入漆黑，只有二樓兩個角落的窗戶還亮著燈（那是我母親的起居室）。晚上的守衛讓我進門。頭痛的我小心翼翼、慢慢地走進去，以免在腦袋裡排好的字被弄亂了。我上了樓。媽媽靠在沙發上，手裡拿著《聖彼得堡共和》，膝上還有一本沒翻開來的《倫敦泰晤士報》。在她旁邊的玻璃桌面上有一具亮晶晶的白色電話。夜已經深了，她還在等爸爸從聖彼得堡打電話回來。由於戰爭可能一觸即發，他難以抽身。沙發旁有張金色緞面的扶手椅。我總是避開那張椅子，我害怕只要看到那金光閃閃的緞面，我的脊椎就會產生鋸齒狀、分叉的戰慄，就像夜空中的閃電。我輕輕地咳了一下，坐在一張腳凳上，背誦我的詩，一邊盯著前面那道牆壁。現在回想起來，那道牆就像在我眼前一樣清楚。我看到了一個個橢圓形相框掛的小張照片和側面畫像、一張索莫夫⓮的水彩畫作（小小的樺樹、半道彩虹——看起來柔美、溼潤）、貝努瓦⓯畫的凡爾賽金碧之秋，還有我外婆少女時代畫的一張蠟筆畫——她也是畫那個亭子，漂亮的窗子被伸過來的枝葉遮住了一部分。索莫夫和貝努瓦那兩幅如今在某個蘇維埃美術館裡，但亭子永遠不可能被國家沒收。

快進到最後一個詩節時，我遲疑了一下。為了這一節的開頭，我不知試過多少個字眼，最後才拍板定案。此時，因為一連串的錯誤，一時找不到這個字。我聽到媽媽的鼻子發出呼哧呼哧的聲音。我背完了，於是抬起頭來看著她。她露出沈醉的笑容，淚珠從她臉龐滑下，說道：「好美！好美！」她笑容中的溫柔愈來愈多。她拿了一面小鏡子給我，讓我看看自己顴骨上的血跡。不知什麼時候，我臉頰上有隻吸血吸得鼓鼓的蚊子，我不知不覺用拳頭把牠壓死了。但我看到的不只是這個。我凝視自己的眼睛，心中暗驚，以往那個我只剩下渣滓。過去的我像是蒸發了，只剩一丁點兒。我極力恢復神智，在鏡子裡把那些渣滓拼湊起來，努力找回原來的我。

⓮索莫夫（Konstantin Somov, 1869–1939），俄國後象徵主義團體「藝術世界」（Mir Iskousstva）的成員。

⓯貝努瓦（Alexandre Benois, 1870–1960），俄國戲劇藝術總監、畫家和具有影響的芭蕾劇設計者。一八九九年與佳吉列夫（Sergei Diaghilev）共創前衛的藝術雜誌《藝術世界》。

第十二章

1

我第一次遇見塔瑪拉的時候，她十五歲，我比她大一歲。塔瑪拉雖是化名，但與她的真名屬於同一色調❶。初相見之地就在聖彼得堡南邊的鄉間。那裡的道路崎嶇不平，但是很美（有黑色的樅樹、白色的樺樹、泥炭沼、乾草田和荒地）。遠方的戰爭遲遲未歇。兩年後，俄國爆發十月革命，災厄之神從天而降，我不得不離開這個難忘之地。其實在一九一五年七月，已是山雨欲來風滿樓，大變動的巨獸呼出灼人的氣息，俄國詩歌中的「象徵主義派」也受到影響，特別是布洛克的詩。

在那年初夏以及前一年的整個夏天，塔瑪拉的名字不斷出現在我們的地產上（禁止入內！）和我舅舅在奧瑞德茲河對岸的土地上（嚴禁入內！！）。（這雖然像是命運女神無心的安排，其實是她精心策畫的。）我在公園車道上的紅沙看到有人用棍子寫下她的名字，刷白的側門上也有鉛筆寫的「塔瑪拉」，不久前也有人在老舊木頭長凳上刻著她的名字（只刻了一半）。似乎自然之母以神祕的方式預先讓我知道她這個人的存在。在那個靜寂的七月天下午，我發現她站在樺樹叢中，一動也不動（只有眼珠子在轉動）。她似乎是自然而然從衛兵一樣的林木中冒出來的——這樣悄然現身有如神話。

她在等一隻馬蠅停落，啪一聲把牠擊斃。她的同伴——兩個長得沒她漂亮的女孩——在叫她，她連忙趕上去。我在河岸居高臨下，看到她們過了橋。她們三個都把手伸入海軍

---

❶塔瑪拉（Tamara）的真名是瓦倫蒂娜・休爾金（Valentina Shulgin）。納博科夫因為共感覺的緣故，字母的聲音會讓他聯想到色彩，參看第二章。

藍外套口袋中，高跟鞋發出咔噠咔噠的清脆響聲。為了擺脫蒼蠅的糾纏，她們不時擺動綁著緞帶、插著鮮花的頭。我跟蹤塔瑪拉，不久就發現她的住處。她的家人在村子裡租了間小小的 *dachka*（避暑小屋）。我常騎馬或騎腳踏車跑到她住的那一帶，在某個轉角與她不期而遇。遇見她那一刻的電光火石總教我頭暈目眩（我的心像要蹦出來似的，好一會兒才能回歸原位）。自然之母為我支開她的一個同伴，另一個後來也消失了，但一直到八月的一天——一九一五年八月九日——那個夏天最美的一個下午的四點半（我以佩脫拉克式的精確❷）記下這個時間點。我在花園裡那座有著七彩窗玻璃的涼亭裡，注意到有人闖入。直到這一刻，我才鼓起足夠的勇氣跟她說話。

透過那仔細擦拭的時間透鏡，她美麗的臉龐不但近在咫尺，而且更加明豔動人。她個兒不高，略顯豐腴，但優雅迷人，腳踝纖細，腰肢柔軟。她或許有一點韃靼或切爾克斯人的血統，帶著笑意的黑眼睛因而微微向上斜，像花朵般嬌美的雙頰膚色略深。她的臉蛋有

---

❷佩脫拉克（Petrarch Francesco, 1304-74）在自傳體寫成的《我的祕密》（*Secretum meum*）寫下與戀人蘿拉第一次相遇的確切地點、日期和時間。

著像杏仁果實般淺色的細毛，側影因而多了一圈細緻、柔和的光芒。她原來有一頭濃密的褐色髮絲。她說這頭髮不好整理，是沈重的負擔，說剪掉算了，一年後果然剪短了。現在回想起她的頭髮，還是最初見到她的模樣——一條隨便編起來的粗辮子在後腦杓盤起來，再繫上黑絲綢大蝴蝶結。因此，她那可愛的脖子總是裸露著，即使在聖彼得堡的冬天也是一樣。俄國女學生制服都有令人窒息的領子。她請求校方讓她免除這種衣領的束縛。她背了一大堆二流詩作，每次唸出有押韻的詩行，或是口出妙語，鼻孔就會張大，發出好玩的噴鼻息的聲音，那樣子實在非常可愛。然而，我總是搞不清楚，她到底是認真的，還是在開玩笑。她很愛笑，她的笑像漣漪，說起話來像連珠砲，發r的聲音小舌會震動，下眼瞼有溫柔、溼潤的光芒……這種種特質都教我癡迷。然而，不知怎麼，這一切不但未能顯露她是怎樣的一個人，反而變成燦爛的面紗，每次我愈想看清楚她，愈覺得像是霧裡看花。我告訴她，一九一七年底，我一畢業，我們就結婚吧。她總是小小聲地罵我傻瓜。我大概想像得出她的家庭是什麼樣子，但很模糊。從她母親的名字和娘家姓氏（這就是我對這個女人知道的一切了）看來，不是商人階級出身就是神職人員的後代。她的父親是南部一個大地主的管家，我猜他對自己家裡的事幾乎不聞不問。

那年秋天來得早。八月底，落葉已堆積到腳踝了。坎伯威爾美人❸——鼓動奶油黃鑲邊的天鵝絨般柔軟光滑的翅翼，在林間空地飛舞。在那個季節，負責照顧我和弟弟的家庭教師不但漫不經心，還常躲在灌木叢中，拿著從閣樓找到的望遠鏡偷窺我和塔瑪拉。這個偷窺者鬼鬼祟祟的舉動還是被人看到了。發現者是鼻頭凍得發紫的阿波斯托斯基，他是為舅舅工作的老園丁（偶爾也會表演翻筋斗給除草的女孩看）。這個好心人向我母親打小報告。我母親無法容忍這種偷窺的舉動。至於我的情事，儘管我從來沒有跟她提過塔瑪拉，她認為她已從我寫的詩得知她想知道的一切，那就夠了。我總是以值得讚許的客觀朗誦我的詩給她聽，還特別去找本子抄錄下來。我父親隨軍團去前線。一個月後，父親返抵家門，他認為自己有責任了解這件事，問了幾個讓我非常尷尬的問題。心地純潔的母親不會為這件事過於擔憂，這樣的心靈日後使她安然度過更大的困境。她只是半信半疑地搖搖頭，要管家每晚讓陽臺的燈亮著，並準備一點水果放在那裡。

我帶著我的心上人到森林裡的祕密地點，也就是過去我做白日夢的地方。我在夢裡創造她的身影，瘋狂地夢想見到她的情景。在一片松樹叢中，戀情終於開花結果。我告別幻

❸坎伯威爾美人（Camberwell Beauty），學名 *Nymphalis antiopa* 的黑蛺蝶。

想，品嘗真實的滋味。那年，我舅舅不在，我們在那廣袤、濃密、有兩百年歷史的林苑中恣意漫遊。林苑中央是噴泉，步道由此呈放射狀延伸出去。主道和迷宮般的步道上都有被青苔染綠、看來頗有古意的大石頭擋在路上。我們像鄉下孩子，手拉著手搖搖擺擺地往前走。我在礫石車道摘了些大麗花送給她。慈眉善目的老園丁阿波斯托斯基在遠處幹活兒，這一幕還是被他看到了。我常送她回家，或者陪她到她家附近，至少一起走到村子裡的橋邊。現在，我們覺得這麼走不安全了。記得村裡有個白痴用怪異的小字在一扇白色大門上寫著我和塔瑪拉的名字，再過去還有人以劍拔弩張的字體寫著一句諺語：「謹慎乃熱情之友」。什麼人寫的，我心裡有數。有一次，日落時分，在橋黑色的河流附近，一個年輕的*dachnik*（遊客）手裡拿著馬鞭，經過她身邊時向她鞠躬致意。她雙頰緋紅得像小說裡的少女。那神采奕奕的年輕人只是帶著睥睨的神情說，他這輩子還沒騎過馬。還有一次，我們出現在公路的轉角處，我那兩個妹妹開著家裡那部叫做「魚雷」的紅色車子，正轉彎往橋的方向，正好看到我們，因為強烈好奇，差點從車上跌下來。

在黑暗的雨夜，我會把神奇的電石（碳化鈣）裝在腳踏車上，用手遮著火柴，以免強風吹熄。我把蒼白的焰火囚禁在玻璃燈罩中，就小心翼翼地騎入黑暗之中。我的燈投下的光圈照亮溼滑的路肩、路中央的水坑和路邊那片長長的草地。慘白的光線像步履蹣跚的鬼魂。我在下坡路段往河流前進，在轉角處經過土堤。過了橋，又是上坡路段，往上走就是羅澤斯特維諾和盧加公路交會之處。交會口上方枝葉下垂的茉莉花叢中有條步道，再往上是個陡坡。我只好下來，推著車走上去。到了陡坡頂端，我那蒼白的燈光掠過舅舅家屋後那六根白色柱廊。舅舅家門窗緊閉，靜悄悄的，就像半個世紀後的今天一樣門窗緊閉，寂靜無聲。塔瑪拉在拱廊的角落，看著我的燈以「之」字形前進、爬升。她背靠著柱廊，坐在粗粗的欄杆上等我。我把燈吹熄，摸黑走到她身旁。此時，我的話不由得多了起來，滔滔不絕地訴說路上的經過，還有很多其他的事。很多話語像被關在字詞動物園裡，你希望這些字句能掙脫困縛。然而，逼近屋子那些古老的菩提樹不但吱吱嘎嘎而且呼呼作響，聲音蓋過了記憶女神的獨白。一會兒，那些樹不再颯颯作響。雨水從門廊一邊的排水管流下，你可聽見水汩汩流的聲音。有時，其他窸窸窣窣的聲音干擾樹葉中的雨滴節奏，塔瑪拉於是把頭轉向那想像的腳步聲。儘管雨下個不停，在我記憶的地平線上還是出現一道微光，我藉著那微光看她臉部的輪廓。沒有什麼好怕的，我們也不擔心有人會來。本來屏氣凝神的她，輕輕呼氣，再度闔上眼睛。

2

冬天來了，我們那瘋狂的愛戀不得不移植到陰森的聖彼得堡，喪失了在山林中那種無拘無束的安全感。我們沒有膽量去旅館幽會，結為連理、安頓下來的美妙時光還遙不可及。我們在鄉間的祕密戀情本來是那麼快樂，現在卻成了負擔。由於她家或我家總有人在，我們不可能在家裡單獨見面。最後，我們只得在城裡遊盪（她穿著小小的灰色毛皮外套，我的鞋子上套著白色鞋罩，身上穿著有羊皮領子的上衣，天鵝絨鑲邊的口袋裡有一個格鬥拳套）。這樣東奔西跑、永遠找不到地方休憩，讓人心生絕望。這種怪異的感覺似乎預示日後我更加孤獨的流浪人生。

我們逃學。我忘了塔瑪拉怎麼脫身的，我都是在上學途中叫司機開到某個角落，就把我放下來（我們家有兩個司機，都是老好人，連我賄賂他們的五盧布都不願意收下。那五盧布是十個或二十個亮晶晶、剛從銀行領出來的錢幣串起來的，很好用，就像令人垂涎三尺、沈甸甸的香腸。既然我引以為傲的流離生涯已成過去，我也能自由自在地沈醉在這絕美的回憶中。）在家裡一樓負責接聽電話的僕人尤斯丁很容易用錢買通。他不會讓我身陷麻煩的。我還記得那支電話的號碼是24-43。他機伶地在電話中答覆：「*dvadtsat' chetire sorok tri*（他喉嚨痛。）」我很想知道，如果我現在從我的書桌打一通長途電話，會如何呢？沒有人接聽？空號？沒有這個國家？還是能聽到尤斯丁說 *moyo pochtenietse!*（向您致意）？大家都知道，那裡應該還有一百五十歲以上的斯拉夫人或庫德族人。我父親在書房的那支電話（584-51）沒列在電話簿上。即使我一連缺課三天，級任導師打電話來，想知道我為何生病，也沒能得到答案。

我們在公園裡白雪鑲邊的大道上走著。長凳上蓋了厚厚一層雪，我們把那雪撥開，脫下結了一層冰的手套，坐在長凳上緊緊擁抱。我們還常常去博物館。週一到週五的早上，那裡沒什麼人，而且很暖和，教人昏昏欲睡。外面是冰冷的霧，掛在東方窗口的紅色的太陽則像一輪泛紅的月亮。我們溜到後面的展覽室，那裡靜悄悄的，放著乏人問津、濫竽充數的神話故事書、蝕刻畫、勳章、古代文字、印刷的故事等乏善可陳的展覽品。我們所能找到最好的地方是個放掃帚和梯子的小房間。不料，有一堆畫框突然在黑暗中滑落，接著應聲而倒，吸引了一位好奇的藝術愛好者前來探看。我們只得趕快逃走。僻靜宮——聖彼得堡的羅浮宮——也有些很隱密的角落，尤其是一樓某個展覽館，像是聖甲蟲展覽櫃間的空隙，或是埃及工藝之神普塔最高祭司那納的石棺後面。在沙皇亞歷山大三世的博物館裡，有兩個展覽館（東北角的第三十和第三十一號館）收藏了一些令人反感的學院派畫作，如希許金（Ivan Shishkin, 1832-98）的〈松林中的空地〉和哈勒莫夫（Harlamov）〈一個吉普賽年輕人的頭〉。展覽畫作的腳座很高，是個隱祕的好所在。後來，有個滿口髒話、在土耳其打過仗的老兵威脅要叫警察，壞了我們的好事。我們只好轉移陣地到小博物館。例如，蘇佛洛夫博物館就有一個非常安靜的展覽室，裡面有古老的兵器、繡帷和破損的絲質旗幟，還有幾個戴著假髮、腳蹬厚重靴子、身穿綠色制服的假人為我們站衛兵。不管我們去哪裡，去了幾次之後，某個頭髮灰白、睡眼矇矓、穿著毛氈靴子的守衛，看我們鬼鬼祟祟，總會開始起疑，我們不得不另覓愛巢，像是教學博物館、皇家馬車博物館，甚至連旅遊導覽手冊上沒列出的古地圖博物館那樣小的地方都去了。出了博物館，我們又走進冰天雪地，拐進某條巷子，看見雄偉的大門和下巴穿著銅環的綠獅子。那雪景別具風格，像是我那時最喜愛的杜布金斯基、貝努瓦❹的藝術世界。

黃昏，我們溜進聶夫斯基大街的電影院（巴黎大戲院或皮卡底亞電影院），坐在最後一

---

❹貝努瓦（Alexandre Benois, 1870-1960），俄國畫家，也做戲劇美術指導並創作芭蕾舞劇。

排。電影藝術正在發展。海浪被染上了一種病態的藍，衝向記憶中的一塊黑岩石（比亞里茨的處女崖——那海灘，我在四海為家的童年時代去過。在銀幕上舊地重遊，竟有種怪異的感覺）之後化為泡沫。電影院有一部特別的機器可以模仿浪濤的聲音，但那浪花沖刷的嘶嘶聲很難止住，下一個鏡頭（如忙碌的葬禮或制服筆挺的官兵押著衣衫襤褸的俘虜進來）出來三、四秒了，還有殘留的海浪聲。那時片名多半出自有名的詩或流行歌曲，有的甚至像老太婆的裹腳布那麼長，像《花園裡不再有菊花》或是《她的心像他手裡的玩具，也像玩具一樣被弄壞了》。女星額頭低低的，眉毛彎彎的，眼影塗得很濃。那個時代最受歡迎的男星是莫祖欽❺。有一個大導演在莫斯科鄉間買了棟有白色柱廊的宅第（但和我舅舅的房子不同），後來這棟房子就出現在他拍的每一部片。莫祖欽乘著一部拉風的雪橇到那宅第，鋼鐵般冷酷的目光注視著一扇窗中的燈光。那下巴，影迷再熟悉不過了，上面有條緊繃的肌肉抽搐了一下。

我們不能一直待在博物館和電影院，天才剛黑，我們只好在這個最荒涼而神祕的城市

❺莫祖欽（Ivan Mozzhuhin, 1888-1939），後來也去柏林發展。

中探索。透過冰溼的睫毛望去，寂寞的街燈幻化成有多彩脊柱的海怪。我們橫越巨大的廣場，各式各樣的建築物突然不聲不響地像幽靈一樣在我們眼前冒出來。我們打了個寒顫，不是高度而是深度引起的。一根根巨大、擦得光亮的花岡岩柱（先由僕役擦亮，再由月光打亮，在宛如真空的黑亮夜空中平穩地旋轉）在我們眼前升起，撐起球形的、神祕的聖伊薩克大教堂。我們如臨深淵，手拉著手，在石頭與金屬形成的危崖邊止步，像小人國的人伸長脖子觀賞新奇、龐大的景象——宮殿柱廊的十根大柱子（上段是灰色、光滑的男性雕像）；花園鐵門旁有個斑岩雕刻出來的巨大花瓶；灑著月光的宮殿廣場還有一根巨大無比的圓柱❻，頂端有個黑天使，那天使不像是裝飾品，反倒像是在此盤桓，然後往上爬升，然而如何都無法升到普希金那不用手砌的紀念碑❼基座。

她很少陷入低潮。有一次，她鬱鬱寡歡，說道我們的愛情沒能熬過冬天的考驗，已出現裂痕。在那幾個月，我一直在寫詩，每個禮拜寫個兩、三首，有送給她的詩，也有以她

❻沙皇尼古拉一世為紀念亞歷山大一世於一八三四年豎立的亞歷山大圓柱（Alexander Column）。

❼一八三六年普希金仿古羅馬詩人賀瑞斯（Horace）做的頌歌：「我給自己立了個紀念碑，那不是用手砌成的。」

為題寫的詩。一九一六年春，我把這些詩結集出版。她提醒我，我的詩集也暗藏同樣不祥的預兆，有一種乏味、空洞的音聲暗示，開始相戀的那種奇蹟不會再出現了，像是雨中菩提的窸窸窣窣和鄉野的掩護，這樣的愛情注定成空。這話讓我心驚，這是我始料未及的。此外，當時我們兩個都看不出我的詩寫得挺幼稚的，簡直一無是處，根本就不該出版。那本詩集只有極少數的書評家注意到，活該落入他們的鷹爪之中。他們是從沒什麼人知道的期刊知道的（唉，目前還有一冊在莫斯科列寧圖書館的閉架館藏裡）。我的俄國文學老師弗拉基米爾・希皮亞斯❽是我非常仰慕的一個詩人。雖然有點晦澀，他的詩還是一流的（他的堂妹辛奈達・希皮亞斯是比他出名的詩人和書評家，但論才情，還是不如他。）希皮亞斯老師有一回帶了我的詩集來上課，把我最浪漫的詩行批評得體無完膚（他有一頭紅髮，個性激烈），同學聽了笑得前仰後合。我父親是文學基金會的會長，在他主持的一次研討會中，希皮亞斯老師的堂妹辛奈達也出席了。她要我父親轉告我，我永遠、永遠成不了作家

---

❽希皮亞斯（Vladimir Hippius, 1876-1941），以貝斯楚澤夫（Vladimir Bestuzhev）和聶勒丁斯基（Vladimir Neledinsky）為筆名的詩人。

的。一個沒有才華的窮記者因我父親對他有恩，為了我的詩集洋洋灑灑地寫了五百行讚美之詞。他當然是好心才這麼做的。那篇文章及時被我父親攔截下來。我還記得我和父親兩人一起讀那篇記者寫的東西，不禁咬牙、呻吟——我們家的人面對可怕的品味或魯莽的言行都會有這樣的反應。經過這個事件之後，我好像有了免疫力，永遠不會在意文學名聲了。據說大多數的作家看到自己作品的書評難免會激動，我卻笑罵由人。我的無動於衷幾近病態，而且不見得有什麼道理，或許這也是出版那本詩集的後遺症。

一九一六年春，一個非常典型的聖彼得堡春天，塔瑪拉戴著一頂我沒看過的白帽子跟一群觀眾觀看一場激烈的校際足球賽——這影像還清晰地留存在我記憶裡。那天是禮拜日，我真是福星高照，救了一個又一個球。在亞歷山卓夫斯基花園的長凳後面，有一隻與我們戀情同齡的坎伯威爾美人展開牠那受了傷的、邊緣被冬眠漂白的黑色羽翼在曬太陽。藍黑色的涅瓦河已經融冰，河水洶湧，上方流動著冷冽的空氣，教堂的鐘聲不斷迴盪著。柳絮紛飛，騎兵大道上有市集，泥濘的路上五彩碎紙灑得到處都是。市聲嘈雜，有人賣木頭玩具，有人高聲叫賣土耳其糖飴和一種叫做 *amerikanskie zhiteli*（美國居民）的浮沈子[9]——玻璃管中裝著粉紅或丁香紫的酒精，玻璃做的小妖精在裡面上上下下的，就像透明摩天大樓電梯裡的美國人。那摩天大樓辦公室燈光滅了，屹立在微綠的天色中（而「美國」

一詞總讓人有異國風情之感）。市街的熱鬧使我更加熱切地想投入樹林和田野的懷抱。我和塔瑪拉尤其渴望回到我們在鄉間的老地方。四月，她母親還舉棋不定，不知道要承租原來的鄉下小屋，還是省點錢待在城裡就好了。塔瑪拉以小美人魚般的堅毅⑩，咬緊牙根接受她母親開出來的條件，那小屋才租了下來。燦爛輝煌的夏日又包圍著我們，我的塔瑪拉露出歡顏。她踮起腳尖，拉下欖李的枝條，想要摘下那皺皺的果實。整個世界和所有的樹木在她的笑眼中旋轉。她手臂舉得高高的，陽光在她的黃色生絲洋裝上留下一塊黑黑的影子。我們在長滿苔蘚的樹林中留連忘返，在童話般的小海灣戲水，以花朵做成的王冠發誓永遠相愛。她就像所有的俄國小美人魚，非常喜歡用花枝編織王冠。初秋，她就得搬回城裡找工作了（這是她母親立下的條件）。接下來，有好幾個月，我都沒見到她。我自己也在

---

⑨浮沈子：原名笛卡兒精靈（Cartesian devil），為法國哲學及物理學家笛卡兒（1596–1650）發明的。最先是用玻璃做的小瓶子，上端封閉，下端有小孔，水通過小孔進出瓶內。浮沈子因進水，重力增加，即會下沈，反之，重力減少，就會上升。

⑩安徒生童話中的小美人魚為了和心愛的王子在一起，寧可失去甜美的聲音，換來一雙腿，即使每走一步腳都有刀割般的痛苦，也願意忍受。

忙，像文人雅士般致力於不同經驗的追求。我已進入一個情感和感官經驗豐沛的階段，這階段將持續十年左右。站在現今的高塔上回顧過去，往日的我變成一百個年輕人，一次又一次墜入愛河（有的同時，有的在時間上有部分重疊），追求變化多端的女孩。這些戀愛，有的很快樂，有的很可悲，有一個夜晚的冒險，也有曠日費時的交往和偽裝，但都少有美的結果。這不只是經驗的問題，那些小姐的身影儘管迷人，對我現在重塑過去還是無濟於事，更糟的是，反而造成一種令人困擾的散焦。那記憶的鏡頭，不管我怎麼校正，還是模糊，想不起來我和塔瑪拉到底是怎麼分手的。或許我們在過去已分手太多次，記憶因而模糊不清。在鄉下的最後一個夏天，每一次幽會別離，都像永遠再也見不到面似的。黑夜如流水，從我們身旁流過。我們站在老舊的木橋上，上方是戴了面紗的月亮，下面是霧濛濛的河，我吻著她溫暖、溼潤的眼瞼和被雨淋得冷冷的臉，才轉身離去，又回過頭來走向她，再告別一次，然後才搖搖晃晃地騎上那條漫長的上坡路。我緩慢、吃力地踩著腳踏車，黑暗像強壯、永遠打不倒的巨獸，拒絕被我踩在腳下。

然而，我還記得一九一七年夏天的一個晚上，我在郊區的火車上巧遇塔瑪拉。這段記憶清晰地教我心痛。在此之前，我們一整個冬天都沒有見面，真是不可思議。在兩站之間，我們肩並肩站在車廂之間那搖搖晃晃、噪音刺耳的連廊上。我極度尷尬，快被後悔的感覺淹沒。她在吃一條巧克力棒，剝成小塊小塊地放進嘴裡，一邊告訴我她工作的情況。在軌道的一邊，藍色的沼澤之上，巨大、琥珀色夕陽的殘骸在悶燒，與泥炭燃燒的黑煙合而為一。我想起布洛克已出版的日記中也曾寫下同樣的泥炭煙和夕陽餘暉。塔瑪拉站在台階上，轉身看我，然後才走下去，在暮色中走入一個有茉莉花香、蟋蟀狂叫的小站。這就是我看塔瑪拉的最後一眼。我發現這最後一瞥也影響了我日後人生的一個時期。我心中那純粹的痛苦，不管加上什麼註解，都無法淡化。

3

那年年底，列寧接管政權，布爾什維克黨人立刻俯首稱臣。從此，血腥政權、集中營與人質劫持堂堂登場。那時，很多人都相信有人可以對抗列寧，讓三月革命的成就不至於化為灰燼。我父親是立憲議會的議員。這個議會是不久前才創立的，努力避免讓蘇維埃坐大。父親決定儘可能待在聖彼得堡，把我們這一大家子送到還算自由的克里米亞（但這自由不過是迴光返照，只維持了幾個禮拜）。我們分兩批走，我和大弟同行，媽媽帶著三個年幼的弟妹走。灰色的蘇維埃時代在一個禮拜前才剛揭幕，自由派的報紙仍可發行。我那處變不驚的父親送我和弟弟到尼古拉維斯基車站，陪我們在一家餐館角落的座位上等車。他利用這個空檔，在印了直線、可估算字數的長條紙上，以行雲流水般「神妙」的字體（這是排版工人說的，他們還讚嘆他揮筆立就，都不用修改），為奄奄一息的《言說》（或某種臨時出版品）寫社論。就我記憶所及，父親必須儘快把我和弟弟送走，原因是我們還留在城裡的話，很可能會被徵召加入新的「紅軍」。儘管克里米亞是個好地方，但蝴蝶飛舞的季節早就過了，在這十一月中去實在沒什麼意思。我又不會挖蛹，讓我好生懊惱（然而，後來我還是在我們克里米亞花園的一棵大橡樹下挖到幾個蛹）。與父親告別之時，父親在我們兩兄弟的臉上各畫上一個小小的十字架，隨口加上一句，或許 *ves'ma vozmozhno*（永遠都不能再相見了）。聽了這樣的話，原來的懊惱轉為悲傷。說完，身穿軍用風衣、頭戴卡其帽的他把公事包夾在腋下揚長而去，消失在蒸氣般的霧裡。

我們往南遠行，一開始還好。我們搭乘彼得格勒往克里米亞的辛菲羅波爾的頭等臥車，暖氣嗡嗡地響，車廂也燈火通明。我們看到一個還算有名的歌手，濃妝豔抹地站在走廊上，把一束褐色紙包著的菊花緊緊貼在胸口，輕輕地敲打車窗玻璃。車廂並沒有猛然晃動一下，提醒我們將永遠離開這座灰色的城市，只是平穩地滑行。有人跟著火車走，一邊揮手。一離開莫斯科，就開始不好受了。火車開得很慢，令人覺得無聊，有些從前線返鄉、或多或少像布爾什維克黨人的士兵（依政治觀點不同，有人叫他們「逃兵」，也有人稱他們為「紅軍英雄」）從幾個站上車，入侵各個車廂，包括我們的臥車。我和弟弟覺得把自己反鎖在包廂內很好玩，別人就不能干擾我們。沒想到有幾個士兵竟然爬到火車上，把我們包廂的通氣口當馬桶，有時還真對準了。我弟弟是個一流演員，能把嚴重斑疹傷寒的所有症狀模擬得唯妙唯肖。我們包廂的門最後還是被打開後，就靠他的演出才能擋住闖入的人。第三個清晨，天剛破曉我就利用火車臨時停車的空檔透透氣。我躡手躡腳地穿過人滿為患的走道。有人在打鼾，我跨過他們的身體走下車。乳白的霧氣瀰漫在那無名小站的月台上。火車開到哈爾科夫附近。我腳上套著鞋罩，頭戴圓頂禮帽，手裡拿的手杖可是值得珍藏的寶貝——那本來是盧卡舅舅的，是淺色木頭製成，上有美麗的斑點，把手有金色冠狀裝飾托住的粉紅珊瑚球。如果我是一個可憐的流浪漢，藏身於這迷霧月台之中，瞧見一個看來冷若冰霜的年輕紈褲子弟走來走去，可能會忍不住想修理他一頓。我正要上車，車身猛然搖晃隨即開動。我沒站好，滑了一下，手杖便飛到車輪底下去了。我對那東西並沒有特別的感情（幾年後又不小心把它搞丟了），但是在別人的注視下加上青少年那如烈焰般的 *amour propre*（自尊心），我居然做出現在的自己無法想像的事。一、二、三、四，我等四節車廂通過（我國火車起動出奇得慢），枕木露出來之後，我就拾起掉在枕木中的手杖。接著，我在漸行漸遠的火車後面狂奔，宛如噩夢一場。一隻強壯的無產階級的手臂，依照言情小說的原則（而非馬克思主義）把我拉上來。如果我上不了火車，塔瑪拉就在不遠之處，還是符合言情小說的原則。塔瑪拉已經到了南部，住在烏克蘭的一個小村落，離那荒謬的手杖事件現場還不到一百哩。

4

抵達克里米亞南部後約莫一個月，我偶然得知她的下落。我們在雅爾達的嘉斯普拉落腳，就在柯萊茲村附近。那裡似乎完全像是異國，氣味不是俄國的，聲音也不是。每天傍晚，伊斯蘭教宣布祈禱時刻的人在村子裡的尖塔（細細、尖尖的藍色塔樓輪廓顯現在桃紅色的天空之中）吟唱，那嘶鳴的驢肯定是巴格達來的。我站在白堊河床旁的白堊騎馬小徑上。河床上有細細的水流像蛇一樣在橢圓形的大石上流過。我就站在那裡，手裡拿著塔瑪拉寄來的信。我凝視陡峭的雅拉山脈，那岩壁上方長滿了黑黑的南克里米亞松，就像蓋上一層羊皮。我看到山和海之間那片常綠的灌木叢、半透明粉紅色天空中一彎羞怯的新月和旁邊一顆溼潤的星子。這整個情景很不自然，像是一本插畫很美但內文刪節不少的《天方夜譚》。我突然感受到離鄉背井的心痛。普希金當然也知道這種痛，他也曾被放逐到這裡，在移植的柏樹和月桂樹之間徘徊。儘管我可能受到普希金輓歌的激發，我的欣然並非裝模作樣。從此，直到好幾年後我開始寫小說，才能了卻情感之苦。對我來說，離鄉背井那種失根的感覺就和失戀一樣痛苦。

同時，我們的家庭生活在一夕之間完全變調。我們已經一文不名，僅有的只是幾件偷偷藏在爽身粉盒子裡的珠寶。但這還不打緊。當地的韃靼政府已經被全新的蘇維埃推翻了。一種朝不保夕的感覺教我們覺得荒謬而難堪。從一九一七年到一九一八年的冬天，直到亮麗、多風的克里米亞春天的到來，白癡般的死神都在我們身邊晃來晃去。每隔一天，在雅爾達碼頭（你應該還記得，契訶夫那〈帶著小狗的太太〉就在此地，在渡假的人群中遺失她的長柄望遠鏡），善良的老百姓列隊前進，栓著腳鐐手銬，被剽悍的布爾什維克水手射殺。那些水手是專程從塞巴斯托普運來的劊子手。此時，我父親終於歷經千驚萬險，來此地和我們會合。他可不是「善良的普通老百姓」。他沒隱姓埋名，索性在這個出很多肺病醫生的地區冒充醫生（這一步，套句西洋棋評論家的評語可說是「簡單而優雅」）。我們家的好朋友蘇菲雅・潘寧伯爵夫人把一棟不起眼的別墅借給我們住。在暗殺謠言甚囂塵上，月黑風高的晚上，我們家的男丁輪流在房子四處巡邏。在蒼白的牆面上，夾竹桃葉子細細長長的影子在海風中小心翼翼的移動，像是暗中在指點我們什麼。我們有獵槍和比利時自動手槍各一枝。至於什麼「非法擁有槍枝當就地正法」的律令，我們根本就不理會。

機遇之神對我們還不錯。一月中旬的一個晚上，有個身穿毛皮大衣、看來像是強盜的人潛入我們住的地方。結果只是虛驚，那人原來是我們以前的司機契嘉諾夫。他從聖彼得堡趕來，藏身於火車的緩衝器或是貨車車廂，也不以為苦，千里迢迢穿越這片遼闊、酷寒的土地只為了達成雪中送炭的使命：替我們的好朋友幫我們送一筆錢來，讓我們喜出望外。寄到聖彼得堡給我們的郵件，他也幫忙帶來了，其中有一封是塔瑪拉寄給我的信。契嘉諾夫在克里米亞待了一個月之後，說再待下去沒什麼意思了，於是向我們告辭，回北方去了。他肩上扛了一袋我們送給他的禮物（我們認為他會想要的東西，像是燙褲板、網球鞋、睡衣、鬧鐘、熨斗，其他幾樣可笑的東西，不過我忘了）。要不是一個貧血的女僕內心燃燒著復仇的火焰道出實情（這個蒼白的小美人被他玩弄過了），我們還不知道他離去的真正原因。很奇怪，他居然發現我母親把珠寶藏在爽身粉盒子裡，於是要我們在花園一棵多功能的橡樹下挖個藏寶洞。他離開之後，我們就照他的話，把珠寶都藏在那裡。

一九一八年的一個春日，粉紅色的杏花怒放，為暗沈的山腰帶來生氣。布爾什維克黨人消失了，取而代之的是沈默的德軍。愛國的俄國人對那些外國侵略者（特別是德國人）又恨又愛，拜他們入侵之賜，才不致於遭到國人毒手，暫時得以免除一死。德軍在西方戰敗，帶著怯生生的微笑躡手躡腳地來到雅爾達，有如灰色幽靈組成的軍隊，俄國人根本不必怕他們。然而還是有一些不知好歹的傢伙偷偷地在公園草地上插上「請勿踐踏」這樣有意無意的標語。兩、三個月後，德軍把政委的別墅水管修好了之後，也慢慢消失了。白軍從東方滲入，不久就和從北方來攻擊克里米亞的紅軍打了起來。我父親成了辛佛羅波爾地方政府的司法部長，我們家的人也搬到雅爾達附近的里伐底亞庭園。那裡也是沙皇以前的領地。白軍占領的城鎮有一種魯莽、狂熱的歡樂氣息，帶回愉快、粗俗的太平歲月。咖啡館生意好得不得了，各式各樣的劇院場場客滿。一天早上，我在一條山路上碰到一個奇怪的騎士。他一身切爾克斯人裝束，滿頭大汗，神色緊張，臉上塗著奇異的黃色油彩。他猛拉他的馬，但那馬兒似乎對他不理不睬，以怪異的步伐逕自往陡峭的下坡路走，像是憤而離席的賓客。我看過脫韁的馬，但還沒見過這種揚長而去的。我後來認出那個不幸的騎士了。真想不到那人竟然是大明星莫祖欽，以前我和塔瑪拉欣賞過他在銀幕上的風采。原來他在這個山區排演《哈吉•穆拉德》（Haji Murad）這部片子（根據托爾斯泰的作品改編的，主角是個英勇善騎的山地首領）。他看到我，咬牙切齒地說：「*Derzhite proklyatoe zhivotnoe*（叫那畜生停下來。）」此時，我們聽到石頭滾落的巨響，兩個真正的韃靼人跑來救他。我拿著我的捕蝶網，在這陡峭的山路繼續前行，朝向上面的峭壁走，那裡有隻黑海品種的壽眼蝶⓫正等著我。

一九一八年夏，我海市蜃樓般的青春時期出現小小的綠洲。我和弟弟常去濱海的奧雷茲莊園。擁有這莊園的是一個和善而又古怪的家庭。他們家的女兒麗蒂亞⓬與我同齡，我們很快就變成好朋友，常在一起笑鬧。我們和不少年輕人打交道，有戴著手環、膚色黝黑的美人、一個叫做索寧⓭的知名畫家、一個男芭蕾舞者，以及樂天的白軍軍官（有幾個不久就戰死了）。海灘派對、毯子派對、營火、月光照耀的海面、吃不完的克里米亞麝香葡萄，我們甚至陶醉在愛情遊戲中。在這輕浮、頹廢和有點虛幻的氛圍中（我相信一百年前普希

⓫學名 *Pseudochazara hippolyte* 的蝴蝶。

⓬麗蒂亞（Lidia T.），原名麗蒂亞・托克瑪科夫（Lidia Tokmakov）。

⓭賽弗利・索寧（Savely Sorin, 1878-1953），擅長畫肖像。

金來到克里米亞，也有這樣的感受），我和麗蒂亞發明了一種戲謔傳記的遊戲：假設從未來來看，把看來像是真實的現今變成已然麻痹的過去，就像一個心智衰退的人透過層層迷霧追憶過去一樣。例如，我和麗蒂亞晚餐過後，坐在台階上，說道有一個人在年輕的時候認識一位大作家，當時那作家年紀也還很輕。我和麗蒂亞誰有靈感誰就說。接下去就是：「那作家喜歡在晚餐過後到台階上走走」或是「我永遠記得V. V.在一個溫暖的晚上說的話，也就是『啊，今晚真是溫暖』」，還有更蠢的：「他在抽菸之前總有點燃一支菸的習慣」，我們的語氣感傷而懷舊，聽來好笑又無傷大雅。現在想起這件事，我不禁好奇：不知我們當時是否不小心觸怒了某個病態的鬼魂，讓他懷恨在心。

在那幾個月，每一次有郵包從烏克蘭送到雅爾達，就有我的琪娜拉⓮捎來的信。這時內戰如火如荼，實在無法想像這些信件是怎麼送來的。兵荒馬亂，我們的通信難免出現中

⓮琪娜拉（Cynara），出自英國詩人道森（Ernest Dawson, 1867-1900）寫的情詩「琪娜拉」（1891）。琪娜拉是此詩獨白者的舊愛。獨白者因思念琪娜拉而苦，企圖以酒、音樂和女人來麻痹自己，然而還是宣稱：「琪娜拉，我一直是以我的方式，忠於妳的。」

斷。塔瑪拉總認為信件的寄送應該就像天氣或潮汐等自然現象，信寄出之後一定會到，不是人事所能影響的。她怪我沒回信。其實，在那幾個月裡，我除了寫信給她、想她，什麼事也沒做——儘管我背叛了她很多次。

5

如果一個小說家能把年輕時收到的情書納入虛構的作品裡，像顆乾淨的子彈牢牢嵌入軟軟的肌肉，把那真實書信置入僞造的生命之間，一定會覺得稱心快意⓯。我也希望能把我和塔瑪拉的書信往返全都嵌入我小說的肌理中。塔瑪拉在信中不斷提起我們倆熟悉的鄉間景色。那風景遙遠而又無比清晰，像是唱和我以前寫給她的詩，而且更有餘韻。她的文

⓯情書：納博科夫的確把初戀情人塔瑪拉寫給他的情書保留在他的第一本小說《瑪麗》（*Mashen'ka*）當中。參看《納博科夫的俄國歲月》，p. 112。

字不矯柔做作，就像高中女生寫的散文，然而我實在不解，為什麼她寫的東西竟有一種令人震懾的力量，可以召喚出聖彼得堡鄉間潮溼樹葉的簌簌之聲和每一片被秋日鏽蝕的蕨葉。她在最後幾封信中曾經發問：「為什麼下雨天讓我們心情特別好？」這似乎只是個修辭式的問題，因此接著說：「*Bozhe moy, Vsyo eto dalyokoe, svetloe, miloe*（**天啊，那些都到哪裡去了？那遙遠的、明亮的、可愛的……**）」（在俄語中，這裡不需要主詞，在這空蕩蕩的舞台、黯淡的燈光下，這幾個中性形容詞就可扮演抽象名詞的角色。）

塔瑪拉，俄國，從野生林地到舊庭園，我那北方白樺和樅樹，每一次我們從城裡回到鄉間過暑假，母親跪下親吻土地的情景，*et la montagne et le grand chêne*（**還有山巒和大橡樹**⑯）——有一天命運之神把這一切都胡亂捆成一包，丟到大海裡去了，與我的童年一刀兩斷。我懷疑對那更痲木不仁的命運還有什麼可說的。這麼說好了，如果時間的流轉平順、安全，像小鎮一樣溫馨，未來沒有什麼可以前瞻的，一個人到了五十歲，還住在兒時住的有橫條壁板做外牆的房子，每一次清理閣樓就會看到一大堆泛黃、老舊的小學教科書

⑯出自夏多布里昂（René de Chateaubriand, 1768-1848）的詩〈給海倫的傳奇故事〉第二十六行。

以及日積月累的廢物，夏日的禮拜天早晨，老婆在行人道上停下一、兩分鐘，忍受麥克吉太太可怕的嘮嘮叨叨。她染了頭髮，準備上教堂去。回想起一九一五年，麥克吉太太可是漂亮、調皮的瑪格麗特·安，手指纖細靈巧，嘴裡有薄荷香味。

回顧過去，命運轉折反而帶給我一種暈眩的快感。即使給我全世界的一切，我也不願放棄這種感覺。自從和塔瑪拉書信往返，我的鄉愁就更刻骨銘心。今天，一想起雅拉山的綠茵如氈、烏拉山脈的峽谷或是鹹海地區的鹽沼，甚至是猶他州，都讓我思鄉情切。如果讓我看到類似聖彼得堡鄉間的風景，我的心就溶化了。我無法想像回去那裡看看，會是什麼樣的感覺。有時，我幻想自己用假護照、假名重遊故土——這並非不可能。

然而，我想，我不會真的這麼做。我只是一直在夢想，想太久了，而且從來就沒付諸行動。就像我待在克里米亞那十六個月當中，在後面的八個月，我曾用很長的時間計畫加入鄧尼金的部隊，與其說是想騎著披上甲冑的戰馬，蹄聲達達地踏上聖彼得堡郊區的卵石地（如我那可憐的表哥尤里想的），不如說是想去塔瑪拉住的烏克蘭村莊去找她。然而，到我打定主意時，那軍隊已經解散了。一九一九年三月，紅軍在北克里米亞突破重圍，反布爾什維克的人急著走避，從各個港口逃命。我們一家搭乘一艘載著乾果的希臘小破船（希望號），前往君士坦丁堡和比雷埃夫斯。我們在塞巴斯托普灣那有如玻璃的海面上，機關槍瘋狂地從岸邊掃射過來（布爾什維克黨人的軍隊剛攻下港口）。我們的船歪歪扭扭地駛出港灣之際，我的心思全放在和父親下的一盤棋——一個騎士頭不見了，還有一個城堡也丟了，我們就撕一塊撲克牌代替——離開祖國的感覺完全被會不會遭到紅軍追殺的焦慮淹沒。塔瑪拉寄給我的信還是會奇蹟般地來到南克里米亞，可是又有什麼用？收信人早已亡命天涯。那些信件就像在異域被放生的蝴蝶那樣迷惑，置身於陌生的植物之間，在錯誤的海拔高度上虛弱無力地鼓動翅翼。

第十三章

1

一九一九年，納博科夫家老老少少一行人（其實，共有三個家庭）從俄國取道克里米亞和希臘來到西歐。我和弟弟在家人的安排之下，去劍橋唸書。我們能申請到獎學金，是由於英國同情我們俄國政局動盪不安、多災多難，而不是校方認定我們是學者的料。我其他家人也打算在倫敦待一陣子。生活費用怎麼辦？一九一七年十一月，就在媽媽要離開聖彼得堡前夕，家裡的老女僕娜塔夏有先見之明，她把收在一個抽屜裡的珠寶全部塞進一個小盒子裡。這個小盒子後來暫時被埋在克里米亞的花園裡，或許歷經了一個神祕的成熟過程。我們離開北方的家園之後，決定在俄國南方棲身一陣子，認為這樣比較妥當。沒想到新政權氣焰日益高張。春天，我們在希臘待了兩個月。儘管那裡的牧羊犬不但不把我放在眼裡，還對我咬牙切齒，我還是努力尋找格魯納橙粉蝶❶、赫爾德利希黃粉蝶❷與克魯博紋白蝶❸的蹤跡，然而徒勞無功：因為這幾種蝴蝶在希臘其他地方才找得到。一九一九年五月十八日，我們搭乘冠達郵輪開往紐約的潘娜妮亞號（對我來說，早了二十一年），我在船上學會了狐步，但我們在馬賽就下船了。轟隆轟隆，火車在炭黑的夜色中飛奔，把法國拋在後頭。多佛—倫敦線的列車靜靜停靠之後，白茫茫的海峽還在我們體內晃盪。維多利亞車站髒兮兮的牆壁上貼了一張又一張有著灰色梨子的海報，那是英國香皂的廣告。小時候，我們的英國家庭教師就是用這種牌子的香皂幫我洗澡的。一個禮拜之後，我已經在一

❶格魯納橙粉蝶：學名 *Anthocaris gruneri* 的蝴蝶。❷赫爾德利希黃粉蝶：學名 *Colias aurorina heldreiche* 的蝴蝶。
❸克魯博紋白蝶：學名 *Pieris krueperi* 的蝴蝶。

個慈善舞會上，摟著我在英國的第一個女朋友的柳腰，跳著貼面舞。她比我大五歲，是個倔強的女孩。

我父親以前來過倫敦。最近的一次是在一九一六年二月，他是和俄國報界的五個重要人物受英國政府之邀，去看看英國在這場戰爭所做的努力（可能是俄國輿論並不認為英國有什麼貢獻）。詩人、小說家亞力克賽‧托爾斯泰❹（和《戰爭與和平》的作者老托爾斯泰❺無關）也去了。在路上，我父親和邱科夫斯基❻向他挑戰，要他以「非洲」為韻腳來作詩。儘管他因為暈船而難受，還是寫出了下面這兩行迷人的對偶句：

我看到了一棵棕櫚樹，還有
一個小黑人——啊，非洲。

Vizhu pal'mu i Kafrika.

---

❹亞力克賽‧托爾斯泰（Aleksey Tolstoy, 1883-1945）。❺老托爾斯泰（Count Lyov Nikolaevich Tolstoy, 1828-1910）。
❻邱科夫斯基（Korney Chukovski, 1882-1969），俄國兒童文學作家、文學批評家。

Eto — Afrika.

這個俄國訪問團參觀了英國的艦隊。接下來，還有皇家款待的晚宴和演講。俄軍及時拿下土耳其的愛爾哲倫省以及英國即將徵兵一事（就像海報上寫的：「你願意從軍報國嗎？還是要等到三月二日❼？」）使演講者不愁沒有話題。有一次官方宴會的主人是葛雷爵士❽，訪問團中口無遮攔的邱科夫斯基有機會訪問英王喬治五世。這次訪談很好笑，邱科夫斯基堅持一定要問國王是否喜歡「王偶德寫的蘇」❾。邱科夫斯基的口音很重，國王根本不知道他在問什麼，再說他也不是嗜書如命的人，就慧黠地反問這些客人是否喜歡倫敦的霧（邱科夫斯基後來常提起這件事，得意洋洋地說，你看，這就是英國人的偽善，以道德為由，封殺一個作家。）

---

❼原文 Will you march too or wait till March 2? 其中的 march too 和 March 2 是同音的雙關語。

❽葛雷爵士（Sir Edward Grey, 1862-1933），英國政治家，一九〇五至一六年間任外交部長。

❾王偶德寫的蘇：王爾德寫的書。納博科夫以原文 dez ooarks of OOald 來模擬邱科夫斯基的口音。

後來，我在追記這段回憶之前，去了一趟紐約公共圖書館，發現我父親在他寫的《戰時英國見聞錄》（*Iz Voyuyushchey Anglii*）（一九一六年出版於彼得格勒）並沒有提到上面那個事件。事實上，他平常的幽默並沒有表現在這本書裡，或許只有寫到他和H. G. 威爾斯打羽毛球（還是壁手球？）以及去法蘭德斯前線戰壕參觀的事才比較有趣。他提到，那些前線官兵竟然熱情到以德國手榴彈款待他們，讓炸彈在客人的腳邊幾公尺內開花。這本書在出版之前，曾在一家俄國日報連載。我父親以一種舊世界的天真，說他把自己的天鵝牌鋼筆送給與他一起用餐的英國海軍上將傑立柯⑩。傑立柯本來是跟他借來用，他在菜單上簽名，盛讚這鋼筆寫起來流利又平滑。壞就壞在父親提到鋼筆的品牌。倫敦報紙馬上出現生產該品牌的瑪比陶德有限公司刊登的廣告，不但引用父親的話，還畫出贈筆那一刻的情景：以海戰風起雲湧的天空為背景，我父親把鋼筆交給聯合艦隊的總司令傑立柯。

然而，現在沒有宴會，沒有演說，甚至不再跟威爾斯打壁手球。沒有人可以讓威爾斯相信布爾什維克主義的本質是心狠手辣與極端的野蠻壓迫。這種主義古老如沙漠裡的沙

⑩傑立柯（John Rushworth Jellicoe, 1859–1935）。

子，才不是什麼新鮮迷人、具有革命性的實驗。不知多少外國觀察家都上當了。我們在榆樹園⓫租來的房子過了幾個月，由於此地物價甚高，居大不易，我父母就和三個弟妹去柏林（我父親自此在柏林落腳，並與人民自由黨的老友海森重逢，一起在給柏林俄僑看的報紙⓬擔任編輯，直到一九二二年三月被刺殺之前，都沒離開柏林）。我和大弟去劍橋大學就讀——他在基督學院，我在三一學院。

2

我有兩個弟弟，瑟格和基利爾。基利爾是我們家的老么（1911-64），按照我們俄國家庭的習俗，也是我的教子。我們在維拉莊園的客廳為他受洗，在儀式當中，我必須小小翼翼

⓫榆樹園（Elm Park Gardens），倫敦街名，在肯辛頓和切爾西，倫敦最繁華的一區。
⓬即《舵報》，見第九章。

地抱著他，然後把他交給他的教母伊卡特莉娜・狄米崔耶芙娜・丹特斯（我父親的表妹，也是丹特斯上校的姪孫女。丹特斯上校在普希金那場送命的決鬥中擔任他的助手）。基利爾小時候和上面的兩個姊姊待在兒童房，離我跟大弟的房間很遠，不管在城裡或鄉下都一樣。在我流亡歐洲那二十年，也就是從一九一九年到一九四〇年，我都很少看到他，之後的二十年連一面都沒見到，直到一九六〇年我再次去歐洲，我們兄弟倆才又喜相逢，不久又分道揚鑣。

基利爾曾在倫敦、柏林和布拉格求學，後來去比利時的盧萬上大學。他娶了個比利時小姐吉爾柏蒂・芭邦森，後來在布魯賽爾開了一家旅行社（還滿自得其樂，生意不差），五十三歲那年在慕尼黑心臟病發過世。

他喜歡去海邊玩，愛吃大餐，和我一樣討厭鬥牛。他會說五種語言，是個「惡搞王」。他這一生對文學很認真，特別是俄國詩。從他寫的詩，看得出受到古米柳夫⓭和霍達瑟維奇⓮的影響。他發表的詩沒幾首，絕口不提自己的詩，就像他習慣以惡作劇的迷霧遮蔽自己的內心一樣。

我發現要談到另外一個弟弟，感覺非常、非常困難，原因有好幾個。寫這本回憶錄的第一個版本，特別是現在，讓我吃足了苦頭。相形之下，追尋瑟巴斯欽・奈特的真實人生

（1940）⑮，探索其富麗和死亡，反倒沒什麼。雖然我在前幾章曾經描述過我們兒時曾一起進行兩、三次小小的冒險，我們的童年少有交集。在我最豐富、細微的回憶當中，他只是個影子。我集家人的寵愛於一身，而他是見證人。他出生於一九〇〇年三月十二日，比我小了十個半月。媽媽是剖腹產生下他的。他比我早熟，外表看來也比我年長。我們很少在一起玩。我們志趣不合，我喜歡的火車模型、玩具槍、印第安紅人、紅蛺蝶，他都興趣缺缺。他在六、七歲的時候，瘋狂崇拜拿破崙，上床睡覺的時候還要抱著小小的拿破崙半身銅像。我們的家庭教師睜隻眼、閉隻眼，沒把那銅像沒收。小時候的我喜歡耍賴、愛冒險，而且會欺負別人。瑟格總是文文靜靜、無精打采。他和家庭教師在一起的時間要比我長多了。十歲的時候，他變得很喜歡音樂，上了不少鋼琴課，也常和爸爸去聽音樂會。他

---

⑬古米柳夫（Nikolay Stepanovich Gumilyov, 1886-1921），第一次世界大戰前後俄國詩界阿克梅派（Acmeist）的奠基人和領導者。⑭霍達瑟維奇（Vladislav Hodasevich, 1886-1939），俄國二十世紀傑出詩人。

⑮《瑟巴斯欽・奈特的真實人生》（*The Real Life of Sebastian Knight*），納博科夫一九三八年在巴黎用英文寫的第一本小說。這是一本文學偵探小說。瑟巴斯欽・奈特是個著名作家。在他死了之後，同父異母的弟弟，即敘述者，才開始了解他不為人知的祕密人生。

可以連續彈好幾個小時的鋼琴，彈奏歌劇的片段。他在樓上彈鋼琴，我總聽得到。我會神不知鬼不覺地走到他身後，然後戳他的肋骨一下——這段回憶讓我的心被揪得生疼。

我們唸不同的學校。他去爸爸以前上的那所大學預校，穿一般的黑色制服。他十五歲的時候，加了一點違反校規的裝束：鼠灰色的護膝。差不多就在那個時候，我在他書桌上發現他寫的一頁日記。我不僅看了，還在愚不可及的驚奇之下，拿給家庭老師看。老師立刻拿給爸爸看。這時我們才恍然大悟，了解他為什麼會做出一些怪異的行為。

我和他都喜歡的運動只有網球，兩人常一起打球，特別是在英國的時候。我們在肯辛頓的一個不規則的草地球場上打，也在劍橋一個很棒的黏土球場上打。他是左撇子，還有嚴重口吃的毛病，很難跟人討論一些有爭議的議題。儘管他發球柔弱無力，不曾反手擊球，然而也不曾連續兩次發球失誤，而且每次總是就像一面練習用的牆壁，準準地把球擊回。在劍橋的時候，我們最常碰面，不像在此之前和之後，兩兄弟很難湊在一起。也只有在劍橋的時候，我們有幾個共同的朋友。我們大學主修科目相同，獲得的學位也相同。畢業後，他去了巴黎，接下來的幾年在那裡教英文和俄文，跟我在柏林一樣。

我們再度相聚是在一九三〇年代。一九三八年到一九四〇年間，我們都在巴黎，因此常碰面。那時，我在布洛瓦街租了個有兩個房間的破舊公寓，跟你和我們的孩子住在一起⑯。他不時會過來聊聊。天下沒有不散的筵席。他離開巴黎一段時間，再回來找我們的時候，發現已人去樓空，我們已舉家遷往美國。我最陰暗的回憶是在巴黎，能離開這個地方，真有求之不得之感。我覺得對不起這老弟。他結結巴巴地對著那冷漠的門房吐露他的驚愕。我幾乎完全不知道他在二次大戰期間過得如何，只知道他曾在柏林做翻譯員。他這人有話直說，而且天不怕、地不怕，竟然在同事面前批評德國政府。他就在同事的告發下被逮捕了。德國政府指控他是「英國派來的間諜」，把他送到漢堡的一個集中營。一九四五年一月十日，他在集中營裡餓死了。那裡有很多人和他一樣，絕望地等待遲遲不來的東西，或許是同情、了解，不管是什麼，單單只是認知這樣的事實，還是無法彌補或取代實際的行動。

⑯文中的「你」指納博科夫的夫人薇拉。

3

我在劍橋的第一個學期並不怎麼順利。在十月一個沈悶而潮溼的傍晚，我穿上剛領到的藍黑色長袍、戴上黑色四方帽，第一次去見我的導師哈里森⓱。我爬上樓梯，發現厚重的門開了條縫，我敲敲門。「請進！」裡面突然傳來一個遙遠、虛空的聲音。經過一個像是等候室的地方，我走進導師的書房。褐色黃昏比我早到一步。書房沒開燈，唯一的光源來自一座大壁爐。壁爐旁有一個陰暗的人影，端坐在更黑暗的椅子裡。我走向前，說道：「我是……」我沒發現就在地毯上、低低的藤椅旁邊擺了一套茶具，一腳踩了下去。哈里森先生咕噥一聲，側身過去把茶壺扶正，把茶壺肚子吐出來的一堆黑黑的茶葉舀起來，倒回去。所以，我的大學時期始於一個尷尬的音符，往後三年，這個音符將不斷再現。

哈里森先生認為我和另一個「白俄」一起住是個好主意。一開始，我和一個俄國同胞

⓱哈里森（Ernest Harrion, 1877–1943）。

在三一巷合租了一間公寓⓲。他是個難以捉摸的傢伙。過了幾個月，他就離開學校，變成我一個人住。與我那遙遠而且已經不存在的家園相比，這公寓似乎髒得令人無法忍受。我還記得壁爐臺上擺的裝飾品（一個刻了三一學院徽章的玻璃菸灰缸，那是以前的房客留下來的，還有一個海螺。我從那海螺聽見我的海邊夏日被囚禁在裡頭，發出嗡嗡的聲音）。公寓裡還有一台女房東留下來的老舊機械鋼琴。這個玩意兒已經不能聽了，只能傳出破裂、壓碎、斷斷續續的樂音，而且讓人聽一次之後，就罷工了。三一巷是條一成不變、憂傷的小巷，很少人打從這裡走過，且有一段漫長、可怕的過去。這巷子在十六世紀叫做尋銀巷，卻以臭水溝聞名，因此還有一個不雅的別稱。這公寓冷得令人難受。有人說劍橋室溫像北極，盥洗臺上水壺裡的水會結冰。其實不然，只是表面一層結冰而已，用牙刷叮叮噹噹地敲出小洞，就可以破冰。回想那段歲月，在我那已美國化的耳朵，那種叮叮噹噹的聲音帶來一種節慶的快樂。沒這種聲音，起床就一點樂趣都沒了。我現在還沒忘記清晨時分拖著長長的步子，從三一巷走到澡堂的那種冷到骨子裡的感覺。我穿著睡衣，披了件薄薄的睡

⓲俄國同胞即卡拉什尼科夫（Mikhail Kalashnikov）。他其實沒離開劍橋，一直是納博科夫的室友，一起生活了兩年。

袍，口裡呼出白色的霧氣，腋下夾著冰冷、鼓鼓的盥洗包。英國人習慣穿保暖的羊毛內衣，但那種內衣，我死都不肯穿。穿大衣又顯得娘娘腔。劍橋大學部的學生，不管是運動員或是左派詩人，都喜歡穿耐穿、深沈的衣服：深灰色的法蘭絨長褲、保守的棕色開襟毛衣，外面再加諾福克外套⓳，鞋子則有厚厚的橡膠鞋底。還有一種，我想可以叫做「同志風」的打扮：一雙叫做「婆仔鞋」的淺口鞋、淺灰色法蘭絨長褲、銘黃色的套頭寬鬆上衣和筆挺的西裝外套。那時，我已不像青少年時期那樣講究穿著，勉強有那麼一點俄國風格，像是穿著拖鞋到處走來走去、不喜歡穿吊帶、把假領子縫在襯衫上——在那個年代，可算是標新立異了。

我意興闌珊地參加了一次化妝舞會，事後覺得很無聊，再去的話只會令我生厭。我在三一學院的求學生涯，其實就是為了成為俄國作家力爭上游的故事。我發現劍橋和這學院名聞遐邇的特色，如古老神聖的榆樹、有紋章裝飾的窗戶、喋喋不休的鐘樓⓴等，只是陪

⓳諾福克外套（Novfolk jacket）：一種腰間繫帶的寬鬆單排扣外套，背部有工字褶。

⓴喋喋不休的鐘樓（loquacious tower clocks），出自華滋華斯的詩〈序曲〉第三章，第五十三行：「三一學院那喋喋不休的鐘樓就在我身旁。」

襯我那濃得化不開的鄉愁，除此之外，沒有任何意義。就感情方面而言，我剛失去一個很愛我的女人。等到發現失去她的時候，已經太遲。我那怠惰的靈魂在日常生活的磨耗下變得麻木不仁，沒能完全地了解她，也不能完全地向她表白。我對自己的感情，當初還迷迷糊糊，現在終於知道愛她，也莫可奈何。我的雙眼刺痛不已。我在劍橋租來的那個房間裡，在火爐邊沈思。灰燼令我心煩，孤獨和遠方的鐘聲壓迫著我。我臉上出現扭曲的紋路，像極速飛行的飛行員變形的臉。我也想到，我在祖國擁有的一切已化為烏有。如果我早就料到我的生命會有這種劇烈的轉折，當初就不會不去留意、珍惜那些東西。

我在劍橋遇見了幾個跟我一樣流亡海外的俄國人。同是天涯淪落人，我對他們的感覺是如此地熟悉，熟悉到用什麼話來形容都不對。我不久就發現，那些白俄中偏白的人憎恨克倫斯基甚於列寧，他們的愛國情操和政治理念已變成一種糾結的憤怒。這些都是物質匱乏和失落造成的。我也發現我有一些英國友人看起來有教養、善解人意而且慈悲為懷，沒想到一談到俄國，就跟我槓上，激動得口沫橫飛。我特別想提到我認識的一個年輕的社會主義者。他又高又瘦，喜歡玩弄手中的菸斗。如果你意見和他相左，就會覺得他緩慢把玩那菸斗的樣子令人討厭到忍無可忍的地步，但是你和他意見一致的時候，又會認為他把玩菸斗的姿態很有趣，看了覺得很舒服。談到政治，我們常常發生口角，針鋒相對，但話題切換到我們倆都喜愛的詩人，又握手言歡。今天，他在他那一輩的人當中，並非無名小卒——我必須承認，這麼形容他這個人實在毫無意義。我還是儘量別洩露他的身分才好，姑且叫他「奈思比特」。（我曾用這個綽號叫他，現在更確定以前這麼叫過他。）我之所以這麼叫他是因為他的樣子像我們俄國一個平庸的地方作家高爾基㉑，特別是像高爾基年輕時候的肖像。高爾基早期寫的一篇短篇小說〈我的同路人〉就是一個叫R・奈思比特・班恩的人翻譯的，此外「奈思比特」的英文 Nesbit 倒過來寫、去掉 t 就成了 Ibsen ——也就是挪威劇作家易卜生，豈不妙哉。

有人說，在一九二〇年代英美自由派對列寧理念的認同是著眼於俄國政治的動盪不安。這麼說或許沒錯，但也有可能只是被錯誤的訊息誤導。我這朋友對俄國的過去只知道一丁點兒，而這一丁點兒來自已經遭到污染的共產主義消息管道。他如何為列寧的種種獸行辯護？那行刑室、濺滿血跡的牆又是怎麼回事？面對這樣的問題時，奈思比特拿著菸斗在壁爐柵欄上的圓型柱頭敲一敲，把菸灰敲出來。他穿著又大又笨重的鞋子，翹著二郎腿，

㉑高爾基（Maxim Gorki, 1868-1936），無產階級作家、蘇聯文學的創始人。

右腿先跨在左腿上，再交叉回來，然後咕噥著什麼「聯合封鎖」。他把各種色調的俄國流亡者從信奉社會主義的農民到白軍將軍，一律視為「沙皇派」，就像今天的蘇聯作家動不動就給人貼上「法西斯」的標籤。他不知道，他和其他外國理想主義者如果是在俄國的俄國人，早就被列寧政權消滅了，就像兔子被雪貂和農民宰殺掉了。他承認在布爾什維克黨人的統治下，的確比較沒有「百家爭鳴」的現象，即使是在沙皇統治最黑暗的時代，人民也還有說話的餘地，但他認為這是因為「俄國沒有言論自由的傳統」。在那個年代，能言善道的英國和美國列寧主義者在那個年代鼓吹一種虛幻的「俄國黎明」，奈思比特必然是受到他們的影響。但是，最讓我生氣的，莫過於奈思比特對列寧本人的態度。每一個有文化修養、有眼光的俄國人都知道這個狡猾的政客品味和興趣就像一個俄國中產階級，有如福樓拜筆下的市儈（從柴可夫斯基歌劇的爛腳本來欣賞普希金、聽義大利歌劇會落淚、被以故事為題的畫作吸引等），但是奈思比特以及和他往來的高品味文化菁英卻認為列寧對藝術最新潮流的贊助與推廣不遺餘力，他這人敏感而且懂得欣賞詩。我向他解釋前鋒政治和前衛藝術之間的關聯只是蘇維埃宣傳，說說罷了，還有在政治愈傾向激進派的俄國人，其實藝術的品味愈保守。奈思比特聽了，露出傲睨自若的微笑。

我可以列舉不少這樣的事實，但奈思比特只執著於自己的無知，認為我說的只是我一廂情願的看法。例如，我可能這麼說：我們可從兩個觀點來看俄國歷史（但這兩個觀點由於某種原因都讓奈思比特惱怒），首先就警力的演化而言，這是一股客觀和超然的力量，但有時空轉，有時毫無用處，還有一些時候實行野蠻迫害的本領比起政府更有過之而無不及，（我還可以再多說幾句）其次從文化的發展來看，儘管沙皇無能又殘忍，熱愛自由的俄國人還是有非常多種表達意見的機會，可以暢所欲言而無顧慮，但在列寧統治之下則不然。自從一八六〇年代的改革以來，俄國擁有可引以為傲的法律制度。任何西方民主國家如果有這樣的制度，也會感到驕傲，同時還有讓獨裁者有所顧忌的輿論，各種自由派思想的期刊廣為流傳，特別是還有無畏、獨立的法官（「噢，得了吧……」奈思比特或許會插嘴道）。革命份子假如真的被逮捕，流放到托木斯克或歐姆斯克（今邦柏斯克），和列寧的集中營相比，真有如度假。被流放到西伯利亞的政治犯更三兩下就脫逃了，輕鬆得像鬧劇，你看托洛斯基㉒的歡樂大逃亡。這長了魔爪的耶誕老公公駕著馴鹿拉的雪橇回來了：飛彈，發射，

㉒托洛斯基（Leon Trotsky, 1879-40），蘇聯共產黨領導人，蘇聯紅軍的締造者。一九〇七年，托洛斯基因從事革命活動，再次被流放到西伯利亞。他躲在雪橇上的稻草堆裡逃亡，後來逃往倫敦。

愚蠢，衝啊，屠夫上場，來吧，閃電！

不久，我就發現，如果我的觀點就像一般在海外的俄國民主派人士，英國當地的民主派聽了，無不又驚又氣或略帶保留地譏諷一番，另一派，也就是英國極端保守份子則急於跟我站在同一邊，這麼做卻是出於赤裸裸的反革命動機。這種支持只是令我尷尬。其實，我很得意，在那個年代早就能夠看出一種邪惡的家族病症。這種人來自世界各國，包括在叢林空地快快樂樂地打造帝國的人，法國警察、不值得一提的德國產品、上教堂的善良老俄國佬、波蘭大屠殺的劊子手、瘦削的美國私刑者，以及在酒吧或廁所口沫橫飛地譏諷少數族裔、有一口爛牙的人等。在這個邪惡家族中還有一群人，有的是殘忍無情、漿糊臉孔的機器人，穿著約翰・赫德畫的那種紈褲子弟穿的長褲㉓和墊肩夾克，有的是坐在會議桌上身材高人一等的人，他們都是蘇聯經過二十年的挑選、培育和修整，在一九四五年左右輸出到國外的。在這段期間，男子的流行服飾早已改變，還穿那樣的衣服，不免惹來惡毒的嘲笑（戰後，一支著名的蘇聯職業足球隊到英國參賽，就是穿便服參加入場儀式）。

㉓美國漫畫家約翰・赫德（John Held）畫的男士在爵士時代穿的長褲。

4

不久，我就從政治轉向，專心讀我的文學。我把《伊果遠征記》（十二世紀晚期或十八世紀晚期寫成的一首無與倫比的神祕史詩）那朱紅色的盾牌和藍色閃電請到我的劍橋房間裡來，此外還有普希金與丘特切夫的詩、果戈里和托爾斯泰的散文，還有偉大俄國自然主義作家對中亞荒原的探索和描述等。我在市場裡的一個書攤意外發現一套俄文工具書：達爾編著的《生活俄語明解字典》（共四卷）。我把這套書買下，決心每天至少讀十頁，把我特別喜歡的字詞抄錄下來。我每日力行不輟，做了一段時間。我擔心我唯一從俄國帶出來的東西——她的語言——會在外國的影響之下遺失或變得不純粹。我的擔心愈來愈厲害，甚至變得病態，使我煩惱。反之，我沒那麼擔憂往後二十年我的英文散文無法如同我的俄文一樣精湛。我常徹夜未眠，身邊堆了一大疊厚重的書，幾乎是像被書牆包圍起來的唐吉訶德。我寫了一首又一首精雕細琢且沒什麼創意的俄文詩，與其說是出自強烈情感的活細胞，不如說是為了一個生動的詞彙或一個文字意象而創作的。從現在這一刻來看，我可以清清楚楚地看到那個時代（喬治時期）種種英文詩歌形式對我俄文結構的直接影響：就像溫馴的老鼠，在我房裡跑來跑去，甚至跑到我身上。要是我當時看得到的話，必然會被嚇壞。那個時候，我是多麼努力啊！十一月有一天凌晨，我突然感覺到一種寂靜和寒冷（我在劍橋的第二個冬季似乎是最冷，也是最多產的一個時期）。我在傳說的戰鬥中看到的紅色和藍色火焰漸漸黯淡，變成古老冷杉間極地日落的悲傷餘暉。然而，我還是無法強迫自己上床，倒不是害怕失眠，而是怕那無可避免的雙重難受。床單冷冰冰是一個原因，還有一個則是所謂的「肢體不安」。你覺得躁動不安，肌肉感覺愈來愈強烈而痛苦，致使四肢不得不一直在變換姿勢，就這樣翻來覆去、輾轉難眠。於是，我在壁爐堆上更多的煤，再把一頁倫敦泰晤士報攤開來，放在爐子那冒著煙的黑色開口之上，把凹處完全擋住，以助長火舌。緊繃的報紙後方傳來一陣嗡嗡的響聲，報紙於是變得像鼓皮一樣平滑，像亮面羊皮紙一樣美麗。頃刻，小小的嗡嗡聲不見了，轟隆轟隆的，報紙中央出現橙黃色的一點，不管那裡印的鉛字是什麼（例如，「聯盟不會下令交出一枚金幣或一把槍」或者「東歐和中歐裏足不前，猶豫再三，將會遭到復仇女神的報復……」），都清晰得令人怵目驚心。突然間，橙黃色那一點燒起來了，燃燒的紙張咻地一聲像掙開束縛的火鳳凰飛到煙囱裡，扶搖直上，與星辰合而為一了。如果有人看到我的火鳥，我就會被罰十二先令。

奈思比特和他那票文友，一方面讚揚我的焚膏繼晷，也對我做的其他事情皺眉頭，像是研究昆蟲、喜歡惡作劇、跟女生交往等，我的愛好運動讓他們尤其感冒。我在劍橋參加過的球類比賽當中，在那個混亂的時期，足球就像是一塊刮著強風的空地。我瘋狂地迷上了守門。在俄國和拉丁美洲，這英勇的藝術有著一種獨一無二的光環。一流的守門員看起來很酷、孤獨而且不動感情的樣子，走在街上的話，後頭總有一群崇拜的小男孩。他就和鬥牛士和開飛機的英雄一樣，是令人瘋狂迷戀的人物。他的運動衫、鴨舌帽、護膝、從短褲後面口袋露出來的手套，這些使得他在隊友之間看來與眾不同。他是孤獨的老鷹、神祕的人，最後的防守者。他飛躍出去，越過球門，用指尖擋住低空飛來、快如閃電的一球。他摔了下去，有一兩秒鐘，還躺在地上，但球門還是保住了。攝影記者尊敬地蹲下去捕捉這個精彩動作，整個體育場歡聲雷動。

但在英國，至少是我年輕時旅居的英國，由於舉國上下對炫耀感到恐懼，且對團隊合作有著病態執著，守門員那獨特的藝術因此沒能發展。這至少可以解釋為何我無法在劍橋球場上大展身手。噢，當然，我也有過發光發熱、精神振奮的日子——我聞到草地那沁人心鼻的氣味，在校際比賽出了名的前鋒，褐色的新球就在他閃亮的足尖，他一步步地朝著我的方向推進，猛然射門，我幸運救下來了，因此激動不已……還有一些更難忘的日子，教我不知如何說起。在陰鬱的天空下，守門區都是泥濘的黑色泥巴，球滑溜得像梅子布丁，而我因為熬夜寫詩，徹夜未眠，因此頭痛欲裂。在一陣手忙腳亂之後，我從網子裡把球拿出來。幸好比賽此時已轉移到球場的另一頭。惹人厭的細雨開始飄落，停了一會兒，又繼續下。醜陋的白嘴鴉發出小聲的嘎嘎叫，幾乎像鴿子的咕咕聲一樣溫柔，牠們在光禿禿的榆樹上打盹兒。起霧了。在聖約翰隊、基督隊或其他隊伍的守門區前，隱隱約約看到快速動來動去的頭顱。遠方傳來模模糊糊的聲音、一個叫聲、一記哨子聲、球啪地一聲被踢出去——這一切都不重要了，也與我無關。與其說我在守門，不如說我在守著一個祕密。我雙臂交叉，靠在左邊的門柱上。這時可以閉上眼睛，真是享受。我傾聽自己的心跳聲，感覺到看不見的細雨撲打在我臉上，比賽的聲音從遠方斷斷續續地傳來。我想到身為異鄉人的我在此充當英國足球隊員，用一種沒有人聽得懂的語言寫詩，寫一個遙遠的國度，一個沒有人知道的地方。難怪我的隊友不喜歡我。

我在劍橋那三年，沒踏入過學校圖書館一步——讓我再說一遍，一次都沒有。我甚至不知道圖書館在哪裡（現在知道遷移之後的新址了），也不曉得學校裡有哪一座圖書館可以讓我把書借出來帶回去看的。我會蹺課，到倫敦或是其他地方蹓躂蹓躂。我常常腳踏好幾條船，同時跟好幾個女孩談戀愛。我害怕上導師哈里森先生那兒。我把盧波特・布魯克[24]的十二首詩、《愛麗絲夢遊仙境》和羅曼・羅蘭的《哥拉・布勒尼翁》翻譯成俄文。從我的學術研究成績來看，我可以升到阿爾巴尼亞第拉納的M.M.學院了。

比賽結束後，喝個茶，配上熱熱的鬆餅和脆餅。在逐漸沒入黑暗的巷道聽到腳踏車鈴混合著報童濃濃的倫敦口音：「報紙！報紙！」㉕對我而言，這些在過去似乎比現在更能突顯劍橋的特色。我不由得想到，在劍橋雖然有些習俗沒能留下來，但令人印象深刻，還有一些殘餘的東西則比儀式或規則對人的影響更深。有不少校友就很認真，想把這種東西說清楚。我認為這是我們不斷感受到時間不受阻隔、一直延續下去的基本特性。我不知道是不是有人會去劍橋，在球門大口前面的黑色泥巴上尋尋覓覓，尋找我足球靴底的防滑突起留下的痕跡，是不是有人會跟著我帽子的陰影，穿越方形庭園，爬上我導師研究室的樓梯，但我知道，當我行經令人肅然起敬的圍牆，想到彌爾頓、馬爾佛和馬羅，我的激動遠勝過遊客的興奮。從時間來看，你凝視的每一樣東西都不是封閉的，而有自然的開口，你的心靈因此漸漸習慣在一個純粹而富足的環境中運作；但從空間來看，窄巷、有迴廊環繞

㉔盧波特・布魯克（Rupert Brooke, 1887–1915），第一次世界大戰期間著名的詩人。

㉕報紙，paper，但倫敦口音聽來如「piper」。

的草地、幽暗的拱道都使人有肉體受到拘束之感。相形之下，心靈特別容易接受時間那種半透明的質地，就像我們從窗口眺望海景，就覺得心曠神怡，用不著揚帆出海。我對這個地方的歷史沒什麼興趣，我確定劍橋對我的靈魂起不了任何作用，然而此地還是不時為我那特別的俄國思緒提供框架、顏色和內在韻律。我認為環境的確會對一個生命有所影響，如果這生命已經具有某種會起反應的粒子或氣質（例如我在童年時期汲取的英語）。就在我要離開劍橋之前，我第一次感覺到這點。那是我在劍橋最後也是最悲傷的一個春天，我突然感覺到我內心有一種東西和這外面的環境契合，就像和我在俄國的往日。在那一刻，因為這種和諧，我終於能在我內心建構出一個精確、完美的俄羅斯世界。我運用那個世界一部分晶亮如水晶的材料去取得學位。這是我少有的「實際行動」，也在我心裡留下疙瘩。

5

我記得平底船和獨木舟在康河之上如夢般漂流，留聲機傳出如泣如訴的夏威夷歌曲，那歌聲緩緩地穿過陽光和陰影。我像夢遊般撐篙，同行女孩倚靠在平底船的靠墊上，一邊用手輕輕地來回轉動孔雀翎般亮麗的陽傘。有粉紅色果實的栗子樹成扇形開展，密密麻麻地沿著河邊生長，倒影映照在河流之上，幾乎使河流不見天日。這些栗子樹花朵和葉子形成一種特別的圖案，像是一層層盤旋而上的樓梯，上面還有碧綠和土紅色的織錦。這裡的空氣和克里米亞一樣暖洋洋的，也有某種開花灌木散發出來的那種甜甜的、輕柔的氣味。（究竟是哪一種植物呢？我一直無法辨識，但我後來在美國南方的花園，又聞到這種芳香。）窄窄的河上有一座義大利式的橋樑，下方有三個拱弧，與其倒影相連成別致的卵形。你的小船從拱弧之下溜過的時候，你會發現水光也映照在拱弧內的石頭上。開花的樹下，不時會飄落下來一片花瓣，飄下，飄下，飄下，你心裡有一種異樣的感覺，想看那花瓣與它的倒影接觸的瞬間。不管太專注或不夠專注都看不到這一刻。有那麼一剎那，你突然擔心這魔法不會出現，受佑的膏油不會起火，你沒看到花瓣的倒影，它就獨自飄走了。但那巧妙的結合還是發生了，而且每一次都應驗了，就像詩人用的字在半途和自己或讀者的回憶相遇一樣精確、神奇。

闊別了將近十七個年頭之後，我再度來到英國。我還是積習難改，一錯再錯。我在劍橋看到的不是復活節假期輝煌的結束。在那個溼冷的二月天，我心裡又生起那凌亂、古老的鄉愁。我想在英國找個教職，卻一籌莫展（在美國要找到同樣的差事實在輕而易舉，每每回想起這點，我就滿懷感激）。這次可說是白來了。我和奈思比特在一家小館子共進午餐。那小館子應該充滿回憶的，不過因為改變不少，難以從中找回過往。奈思比特已經戒菸。歲月使他的五官線條變得柔和，他看起來不像高爾基，也不像高爾基的譯者，如果臉上少了那猿猴般的鬚毛，倒有點像易卜生。要不是他有心事，我們就可以談得深入一點（幫他看家的一個女人，不知是他的表妹還是女僕剛離開，好像是到畢奈特診所還是別的地方工作了）。在一個像是小前廳的地方，桌上放著一疊《笑翻天》雜誌精裝本，那裡本來有個金魚缸，現在看起來完全不一樣了。這裡的女服務生穿的制服和過去一樣鮮豔，但樣式不同。我記得很清楚，過去有一個特別漂亮，現在看不到這麼漂亮的了。在百無聊賴之下，我眼前這位易卜生提到了政治。我知道他會說什麼。現在，他當然是譴責史達林主義。但在一九二〇年代初期，奈思比特被自己那奔放的理想主義沖昏了頭，以為列寧的恐怖統治也有浪漫的、人道的一面。在史達林的氣焰還沒那麼高張的時候，易卜生由於自己知識的量變，誤以為蘇聯政體會有質變。見到他年輕時代的英雄人物，那些「老布爾什維克黨人」遭到大整肅，這個晴天霹靂的消息讓他受到深深的震懾，使他醒悟。至於列寧當家，從索洛夫基勞改營或盧比彥卡土牢傳來的哀嚎都撼動不了他。他懷著戒慎恐懼的心情說出伊茲霍夫和雅戈達[26]的名字——忘了在他們之前還有烏里茨基和捷爾任斯基[27]。雖然時間使得他對蘇聯當代情勢的判斷力敏銳了一點，但他並不去反省自己年輕時那些先入為主的觀念錯在哪裡。在他的眼裡，列寧統治那短短幾年就像古羅馬暴君尼祿㉘統治的頭五年一樣勤政愛民。

他看看他的錶，我看我的，我們又分道揚鑣。我在雨中的劍橋漫步，也到學院後面一帶㉙走走。我從光禿禿的榆樹枝幹形成的黑色網絡看著那些白嘴鴉，也在掛著露珠的草地上發現第一株番花紅。我從樹下走過，聽見鳥兒在枝頭上唱歌，我努力回想舊日在這裡的回憶，就像我當初在這裡懷念我的童年歲月，但只得到零零星星的圖像：和我一樣來自俄

㉖伊茲霍夫（Nikolai Ezhov, 1895-1940）在一九三六年到三八年間是俄國祕密警察的頭目。雅戈達（Genrikh Grigor-yevich Yagoda）則是史達林時期蘇聯祕密警察首腦。

㉗烏里茨基（Moisei Uritski, 1873-1918）在一九一八年一月解散立憲議會，三月成為彼得格勒祕密警察首腦。捷爾任斯基（Feliks Edmundovich Dzerzhinski，1877-1926）是布爾什維克黨領導人。

㉘尼祿在十七歲那年（公元五十四年）即位，初期施行仁政（至公元五十九年），後來才成為暴君。

㉙劍橋的聖約翰學院、三一學院、三一堂、克萊爾學院、國王學院和女王學院連成一線，前門臨街，後面是草坪、花園，康河緩緩流過，兩岸風光秀麗，人稱後面這一帶為the Backs。

國的M.K.㉚在學校餐廳吃了一頓之後，因為消化不良，腸胃不適就破口大罵；還有一個俄國同學叫N.R.㉛，就像小孩一樣愛玩；P.M.㉜手裡拿著一本剛從巴黎走私來的禁書《尤里西斯》衝到我房裡；J.C.悄悄地過來告訴我，他父親也剛過世；R.C.㉝熱情地邀我跟他去瑞士阿爾卑斯山；一個不知叫克里斯多福還是什麼名字的朋友，得知他的搭檔是印度人就想辦法要退出網球雙打比賽；一個年老體衰的服務生在學校餐廳不小心把湯潑了郝思曼㉞一身，他原來還恍恍惚惚的，突然站起來，像被驚醒一樣；和劍橋一點關係都沒有的S.S.在柏林的一次文學聚會猛打瞌睡，台上的人朗讀到一半，旁邊的人碰他一下，他也突然站起來；真沒想到，路易斯・卡洛㉟的睡鼠也來說個故事；哈里森先生送我一本《施洛普郡少年》㊱讓我十分驚喜。那是一本薄薄的詩集，講的是少年與死亡。

㉚M. K.: Mikhail Kalashnikov。㉛N. R.: Nikita Romanov。㉜P. M.: Peter Mrosovski。㉝R. C.：Robert de Calry。

㉞郝思曼：A. E. Housman，1859–1936，英國詩人、散文家、文學評論家、翻譯家。

㉟路易斯・卡洛（Lewis Carroll），英國數學家達吉森（Charles Lutwidge Dodgson, 1832–98）的筆名，著有《愛麗絲夢遊仙境》等作品。

㊱《施洛普郡少年》（*The Shropshire Lad*），郝思曼於一八九六年出版的詩集。

那沈悶的一天就快過去了，西方灰暗天空出現一抹黯淡的黃，我在一股衝動之下，決定去看看當年那個導師。我像夢遊般爬上熟悉的樓梯，自然而然地敲了那扇半開的門，門上掛著他的名字。「請進！」他的嗓音少了一點突兀，多了點空洞。我開口說：「不知道您是否還記得我……」我一邊走過陰暗的房間，到他的身旁，他坐在舒服的壁爐邊。「我看看。」他慢慢地把矮矮的椅子轉過來：「我似乎想不太起來……」我突然踩到什麼，發出可怕的一聲嘎吱。致命的聲響。原來我一腳踩著他擺在藤椅腳邊的茶具了。「對了！」他說：「我想起你是誰了。」

第十四章

1

我們可把螺旋視為一個有精神性的迴圈。從螺旋的形式來看，原來的迴圈解開來，不再纏繞，不再是惡性的循環。圈得到解放了。我還只是個小學生時，就悟出這個道理。我還發現黑格爾的三段論（舊俄頗流行這套理論）說的不過是這一點：一切事物與時間的關係，本質上都具有螺旋性。一個迴旋接著一個，任何一個「綜合命題」都是下一個三段的

「命題」。從最簡單的螺旋來看，也許可以從中區分出三個階段，恰與黑格爾的三段對應：從中心開始迴旋的小弧，就是「正命題」；這小弧延續下去，即在對立面形成更大的弧，也就是「反命題」；這第二個弧繼續延伸，在外側繞行，又成一個更大的弧，方向與第一個小弧相同，此即「綜合命題」。

我就在一顆有著彩色螺旋的小彈珠看到了我的一生。我在祖國俄國度過的二十年（1899-1919）有如一個正弧，接下來的二十一年（1919-40），我自願流亡英國、德國、法國，浪跡天涯，顯然這是我的反弧時期，最後在美國落腳（1940-60），安身立命，此則我的合弧，也是新的人生命題。此時此刻，我要把焦點放在我的反弧階段，也就是我在一九二二年從劍橋畢業後在歐洲大陸的生活。

我回顧那段流亡歲月，我看見我自己和成千上萬個俄國人過著一種怪異的生活。雖然怪異，並沒有太多不快，物質匱乏但心靈富足。我們這些流亡者在多少有點虛幻不實的城市裡討生活，周遭都是陌生的小人物，那些德國人和法國人就像幽靈。在我們的心靈之眼，當地的人看來透明扁平，就像玻璃紙剪下的人兒，雖然我們使用他們發明的新玩意兒、為他們的小丑鼓掌、從他們的路邊摘下李子和蘋果，但我們之間沒有真正的、像人類的心靈交流，如同跟自己的同胞一樣。似乎有時候我們會忽略他們，就像驕傲或愚蠢的入侵者對當地那一大群沒有形體、面目模糊的土著不屑一顧一樣。我們在那個幽靈世界平靜地展示自己的痛苦和藝術，然而有時那個世界也會出現可怕的痙攣，給我們看誰是無形的俘虜，誰是真正的主人。對那些冷冷地給予我們政治庇護的國家，在申請什麼垃圾「簽證」或討人厭的「身分證」，還是請求延長期限時，我們的人身對那些國家的依賴更是明顯。在你墮入那個官僚地獄的時候，你會受到百般刁難。你的申請檔案資料在那留著老鼠鬍子的領事或警察辦公桌的抽屜裡，變得愈來愈肥厚，而你卻被繁文縟節整得愈來愈憔悴。有人說，文件是一個俄國人的胎盤。國際聯盟給失去俄國公民資格的流亡者發了一本所謂的「南森護照」❶。這是次等人的身分證明，封面是病懨懨的綠色。這種護照的持有人只比假釋的罪犯好一點，從一個國家到另一個國家總是要經過最嚴格的盤查，愈小的國家愈容易大驚小怪。那些國家當局者的腺體分泌出一種觀念：不管一個國家多麼糟糕，就像蘇聯來說好了，她的人民也不該出走。沒有祖國管轄的流亡者是可憎、可鄙的。那些當局者看待我們

---

❶南森護照（Nansen passport），由國際聯盟推出第一種被國際承認的身分證明，又稱難民身分證，是國際間為解決難民的出入境、居留和就業問題而制定的一種身分證件。

這些流亡者，就像某些宗教團體看待私生子一樣荒謬。我們哪願意當雜種或鬼魂！有些俄國流亡者回味自己在各個部門（如警察總局）愚弄高官或讓他們下不了台的情景，不禁洋洋得意。

在柏林和巴黎這兩個流亡者聚集的大都會，俄國人形成非常團結的社群，文化係數遠高於其他比較鬆散的外國社群。在俄國人聚集之地，他們只跟自己人打交道。我看到的當然多是俄國知識分子，大都屬於民主團體。他們不是美國俱樂部婦女刻板印象中的「白俄」，不是油頭粉面的「沙皇謀士者流」。那些俄國「知識分子」（這種人較具有社會理想主義色彩，不像美國所謂的「知識分子」主要是指文化菁英人士）在自己的生活圈子裡已經忙得不可開交，沒有在圈外搞關係的時間或理由。今天，我人在美國，我愛這個新的世界，輕易就可把他鄉當故鄉，就像我不再如歐洲人那樣，在寫7的時候，在中間加一槓❷。我偶然向一些個性外向和有世界觀的人提到過去的事，說我待在西歐將近五分之一個世紀，在

❷歐洲人把7寫成7，以與它們的1區別（德國人寫1時尤其如此）。但美國人寫7時就是7，中間不加橫槓，1則是1。

我認識的那些德國人和法國人當中（大多數不是房東太太就是文人），稱得上好友的不會超過兩個，他們都說我在開玩笑或者說我是在充紳士派頭。

在我幽居德國的日子裡，不知怎地，從沒看過屠格涅夫小說裡描寫的那種古早時代溫和有禮的音樂家，在夏夜演奏狂想曲，直至深夜；也沒見過那些把獵物釘在帽子上的快樂的老獵人；更沒看過理性時代取笑的那些人：如拉布呂耶爾❸筆下那個因為毛毛蟲一動也不動而哭泣的紳士，和蓋伊描述的「嚴肅勝過智慧的哲學家」，當然還有那些「在蝴蝶中捕獵科學」的人❹；還有柏蒲口中的「好奇的德國人」（這麼說客氣得多了），把那些「美麗的昆蟲」當作「珍貴的寶貝」❺。就連什麼健康、善良的老百姓，我也沒遇見過。據說在前一次大戰來自美國中西部、得了思鄉病的士兵最喜歡這種人，勝過小心謹慎的法國農夫

---

❸拉布呂耶爾（Jean La Bruyere, 1645-96），擅於寫諷刺作品的法國作家，見其所著《泰奧弗拉斯托斯的人物及本世紀風尚》（*Les Caractères de Théophraste traduit du grec avec les Caractères ou les Moeurs de ce siècle*）一書第六版（一六九一）。

❹蓋伊（John Gay, 1685-1732），見蓋伊在一七二五年寫的詩〈致一位迷戀古老中國的女士〉（To a Lady on Her Passion for Old China）第十九、二十行。

和輕快的飲酒歌。在我的記憶裡，在二次大戰期間，在俄國人和猶太人之外，我認識的人很少，印象中最鮮明的是一個年輕德國大學生。這個年輕人出身良好、不多話、戴著眼鏡，嗜好是研究死刑。我們第二次碰面，他就給我看他珍藏的照片。有一個系列還是買來的（他皺了一下有點點雀斑的鼻子說：「*Ein bischen retouchiert*（已經稍稍修飾過了）」），是在中國例行執行的一次死刑拍下來的連續照片。他以專家的口吻論道那行刑的刀如何金光閃閃，而劊子手和死刑犯兩人可說合作無間，最精采的一刻莫過於一道霧灰色的血，像噴泉一樣，從死刑犯的脖子噴出來。那照片拍得清晰得不得了。這位年輕的收藏家財力雄厚，在攻讀人文學科博士學位的空檔，還有錢出國旅行。然而，他還是說自己一直都沒有好運氣，沒能親眼見識真正精采的死刑，如果再看不到的話，他恐怕無法承受那種空虛。他去了巴爾幹半島看了幾場馬馬虎虎的絞刑，也去巴黎阿拉果大道看一場大肆宣傳的 *guillotinade*（吊死人）（他喜歡用法國俚語），結果讓他大失所望，那場絞刑單調乏味而且機械

---

❺柏蒲（Alexander Pope, 1688-1744），引文出自柏蒲的《擬古詩》（*Imitations of English Poets*）卷二·杜塞特伯爵（Earl of Dorset）第十九、二十行。

化。不知怎地，他就是沒能貼近死刑犯觀察行刑的細節，他雨衣袖子裡藏的那部昂貴的袖珍相機也沒抓住精采鏡頭。儘管他得了重感冒，還是跑到德國雷根斯堡，聽說那裡斬首是用一把斧頭剁下去的。他興沖沖地趕去，沒想到犯人看來已經被藥物迷昏了，幾乎完全沒有反應，柔弱無力地躺在地上，任憑戴著面具的劊子手和一個笨手笨腳的助手在他身上亂砍。我這個叫做狄特利希的年輕朋友希望有一天可以去美國親眼看看電刑執行的過程。這種行刑方式是他去過美國的一個表哥告訴他的。電刑？嗯，他在心裡品味這個詞兒，天真地以為這種行刑方式應該「乾淨俐落」，但又不禁擔心起來，皺了一下眉頭，他懷疑真看得到從受刑人七孔噴出的血霧。在我們第三次，也是最後一次碰面的時候，他說他有一個好朋友決定飲彈自盡，而且讓他觀看。他花一整晚耐心等待，那個朋友和他面對面，燈亮晃晃，然而不知是沒有勇氣，還是沒有榮譽感，朋友一直肌肉緊張，動彈不得。狄特利希對我提起這件事的時候，與其說是憤怒，不如說是憂傷。儘管我們老早就失去連絡，我還是可想像他今天（或許在我提筆的現在）把一大堆教人意想不到的珍藏給拍著大腿、捧腹大笑的老戰友看，他那魚藍色的眼珠出現一種平靜的滿足。那些棒透了的照片都是他在希特勒統治時期拍到的。

2

我在我的俄文小說中寫了不少流亡的陰暗與榮光，尤其是我寫得最好的一本——《天賦》（英譯本甫問世）。雖然如此，現在扼要重述一下，或許有幫助。自從列寧和史達林當家之後，幾乎所有具有自由思想的創作者都離開俄國了，如詩人、小說家、批評家、史學家、哲學家等等，留下來的很少。那些沒有走的人，不是日漸凋零，就是迎合國家政治的需要，玷汙了自己的才華。沙皇從來就無法用政府的意志來把人民的心靈箝制得死死的，布爾什維克黨卻輕而易舉就做到了，因為大多數的知識分子不是流亡國外，就是被消滅了。在海外的俄國人想怎麼做就怎麼做，完全不必擔心遭到懲罰。其實，他們有時會自問，如此享有絕對心靈自由，是不是因為置身於絕對的虛空之中？的確，在流亡者當中有不少好讀者，因此不管在柏林、巴黎或其他城市都能出版一定印量的俄文書籍和期刊，然而這些作品卻無法在蘇聯流通，這樣的出版因而具有某種脆弱、不真實的氣氛。這些書不但印量多，書目更是多得驚人。出版社的名稱如「獵戶座」、「宇宙」、「理法」等，有一種狂熱、不穩定的色彩，且似乎不是那麼正大光明，就像出版占星學或魚水之歡方面的書。在寧靜的回顧中，從藝術和學術的標準來看，流亡作家在那個虛空寫出來的書，今天來看，儘管都有個別的缺點，仍不失為千古傳頌的好文章，不像同一年代的年輕蘇聯作家，儘管父之君國供給墨水、菸斗和羊毛衫，寫出來的只是沒有個性、偏狹、墨守成規的政治意識流。

《舵報》編輯（我最早的幾本書也是他們出版的）伊歐席夫・弗拉基米洛維奇・海森寬大為懷，讓我那些不成熟的詩刊在他的版面上。柏林的藍色夜晚、街角開花的栗子樹、暈眩、貧窮、愛情、店鋪太早點亮的燈散發出來的橘黃色調、像動物一樣渴望清新的俄國氣味——我把這些都譜成了詩，抄寫一份，送交編輯辦公室。近視的海森會把我新完成的詩作湊近他的臉來看。在這多少帶有一點觸覺的、短暫的認知行為之後，就把我的稿子放進抽屜。到了一九二八年，我的小說德譯本出版之後，有了一點收入。一九二九年的春天，你和我去庇里牛斯山捕蝶，直到一九三〇年代末期，我們從此離開柏林，不再回去，但在那之前我也常去巴黎公開朗讀我的作品。

流亡生活的一大特色就是有人經常在私宅或租來的表演廳，請人來朗讀文學作品。這種表演多到不尋常，和流亡的生活型態有點像，沒有一定場所，又很戲劇化。那形形色色的表演者像傀儡戲的木偶，浮現在我心頭。有一個是人老珠黃的女演員，她的眼珠像寶石，開口前先緊握手絹掩嘴，一會兒之後才發聲。她先朗誦一首名詩，那緩慢、清澈的嗓音，半是解析，半是愛撫，似乎想喚出一種充滿鄉愁的回音，讓人想起莫斯科藝術劇院。還有一個沒救的二流作家，他的嗓音在有節奏的散文中跋涉。你可以看到他那神經質的手指在顫抖。他已經小心翼翼地翻了，那動作還是可憐、笨拙。他總是把唸完的一頁塞到還沒唸的部分下面，手稿一直厚得可怕，令人同情。有一個年輕詩人。他身上有一種天才的氣質，就像臭鼬皮毛上的條紋一樣明顯，他那些嫉妒的兄弟無法視而不見，但看了又覺得難過。那詩人臉色蒼白地站在台上，雙眼發亮，兩手空空的，沒抓住什麼，看來就像要從這個世界飄走似的。他會把頭往後一甩，然後用一種煩躁、接連不斷的聲音朗誦，最後嘎然而止，像把門砰地一聲關上那樣結束最後一行詩。他等待掌聲響起，塡滿這個靜默的空間。還有一個親愛的老先生，朗讀一個不知已經讀過多少遍的故事。那故事很精采，他一個字一個字地唸，像把珍珠一顆顆地丟下來一樣。他總是那副樣子，就像他作品集卷首的作者畫像，一臉高貴的皺紋，帶著吹毛求疵、快快不悅的神情。

我想，一個客觀的旁觀者看那些令人覺得難以捉摸的流亡者在外國城市仿製一個死去的文明，一定覺得很可笑。他們的聖彼得堡和莫斯科就像海市蜃樓，遙遠、幾乎像是傳說，而且古老如蘇美人的城邦（即使是在一九二〇年和三〇年代，聽起來還是像公元前一九一六年到一九〇〇年）。不管怎麼說，他們是反抗者，就像大多數的俄國大作家，自從俄國文學誕生以來，因為強烈渴求正義和自由，在沙皇的壓迫之下，起而反抗。流亡者認為蘇聯那批御用作家，已經嚴重背離俄國，所作所為就像次等人，對於政府命令的每一道陰影誠惶誠恐。一開始是列寧，再來是史達林，他們的政治警察效率愈高，作家奴顏卑膝的藝術就更爐火純青。蘇聯的成功作家耳力都很好，在官方輕言細語地提出建議之時，就聽得一清二楚，不必等到當局發出轟雷貫耳之聲。

由於流亡作家的作品在國外的發行量有限，即使是在俄國革命前就享有名聲的老一輩作家，也不能指望可以在異鄉靠出書過活。每週為流亡報紙寫一篇專欄，實難糊口，偶爾作品譯成其他語文，反而可以意外進一斗金。那些老作家能得到各種流亡者組織的資助，加上朗讀會的收入和大方的私人慈善捐贈，活下去不是問題。反之，沒什麼名氣的年輕作家，什麼工作都得做，才能賺點外快。我記得我曾教過英語和網球。我費了好一番功夫才把柏林商人頑強的發音毛病矯正過來，好讓 business（生意）和 dizziness（暈眩）押韻。我也曾在漫長的夏日教那些商人的女兒打網球。在風沙飛揚的網球場上，雲在頭頂上緩慢飄移，我像機器人一樣把球擊出，給那些皮膚曬成古銅色、頭髮剪得短短的女孩。我把《愛麗絲夢遊仙境》譯成俄文出版，賺到了五美元（在當時通貨膨脹的德國，算是不小的一筆錢了）。我幫忙編纂了一本給外國人看的俄語文法書❻，還記得前面的練習有這樣的句子：

「*Madam, ya doktor, vot banan*（太太，我是醫生，這是香蕉。）」我做過的最有趣的差事就是幫柏林的《舵報》（給俄國流亡者看的日報）開創俄文的縱橫字謎遊戲。我為這填字遊戲取名為 *krestoslovitsi*（俄文縱橫）。現在回想起那段異樣的經歷，有一種奇怪的感覺。共產世界最喜歡吹捧在社會底層工作的年輕作家（人生和思想比起什麼「藝術」當然是更重要的寫作題目），像是送報、冷飲店服務生、僧侶、摔角選手、鋼鐵工廠領班、公車司機等。當然，那些事我一樣都沒做過。

我熱愛好文章，因此和好些海外俄國作家往來密切。那時，我還年輕，對文學的熱情比起現在要來得熾熱。當代的散文和詩就像耀眼的行星與白茫茫的銀河，一夜又一夜從我閣樓陋室的窗前飄過。我認識的獨立作家各個年齡層都有，而且各有各的才情。在許多年輕或比較稚嫩的作家當中，則又形成集團和派系，有幾個很有天分，常在喜歡談哲學的批評家身邊打轉。那些愛談虛弄玄的人中，最有影響力的那個人頭腦的確是一流的，但道德

---

❻即崔騰堡（Jakow Trachtenberg）編著的《自學正統俄語》（*Lehrbuch der russischen Sprache in der neuen Orthographie zum Selbstunterricht*），一九二七年出版於柏林。

層次平平，對現代俄國詩的品味保守得教人覺得不可思議，對俄國經典文學的了解也只是皮毛❼。他那一派的人認為不管是否定布爾什維克主義或是排斥西方民主那些老生常談的理念，都還不能建構流亡文學可以做為倚靠的哲學。他們就像被羈押的毒蟲渴望迷幻天堂一樣渴求可以擁抱的信條，對巴黎的天主教團體的老練、敏銳有著病態的羨慕。俄國神祕主義顯然欠缺這些。杜斯妥也夫斯基的濛濛細雨無法和新托馬斯主義思潮競爭。但就沒有其他的路可走了嗎？渴求一個信仰體系，經常搖搖晃晃地站在某種正式宗教的邊緣，這麼做也能帶來一種特殊的慰藉。過了很久之後，在四〇年代那些作家當中有人終於發現了一個肯定可以溜下來的斜坡，以有點像膜拜的姿態滑下來。那個斜坡就是熱血澎湃的國家主義。只要一個國家的軍隊打了勝仗，就可以名正言順地成為一個好的、值得熱愛的國家（就像史達林的蘇聯）。但是在三〇年代，大家對國家主義的斷崖還沒什麼警覺，那些愛談神祕主義的人還在享受滑溜的快感。他們對文學的態度出奇地保守，總是把靈魂的救贖放在第

❼納博科夫在《說吧，記憶》的另一個版本《最終證據》（*Conclusive Evidence*），提到亞當莫維奇（Georgy Adamovich, 1892-1972）就是這樣的人。他是個批評家、二流詩人。以他為首的門派稱為亞當派。

一位，其次是互相標榜，最後才是藝術。現在回首過去，看到當年海外的那些自由文人宣布要做某一個團體或某一個時代的代表人物，做獨立作家反倒不是他們的要務，那種行徑實在令人驚訝，如此一來不是又落入祖國那種思想的窠臼？

弗拉迪斯拉夫・霍達瑟維奇❽在一九二〇和三〇年代常抱怨說年輕流亡詩人借用了他的藝術形式，追隨的卻是痛苦和靈魂重塑的一派。我非常欣賞這個尖酸刻薄的人，他擅長反諷，有著金屬般的天才，他的詩像丘特切夫或布洛克，有如一個複雜的奇蹟。這個人外表看來有點病態，他有著藐視人的鼻孔和突出的眉毛。我在心裡召喚出他的身影，發現他總是坐在一張硬梆梆的椅子上，翹著二郎腿，雙眼閃爍著惡意和機智的光芒，長長的手指把半支「綠色上等兵」牌的香菸轉啊轉地塞進菸嘴裡。在現代詩中，少有可以和他的《沈重的七絃豎琴》❾媲美的。他這人坦率到家，直言他對名聲的厭惡，因而不幸惹火了最有影響力的文藝批評人，為自己帶來最可怕的敵人。並非所有愛談玄弄虛的都是像杜斯妥也夫斯基筆下的亞柳夏❿，還有一些則是像史麥狄亞科夫⓫，為了報復而嘲笑霍達瑟維奇，

---

❽弗拉迪斯拉夫・霍達瑟維奇（Vladislav Hodasevich, 1886-1939），二十世紀初著名的俄國詩人。

說他的詩簡直是一文不值的垃圾。

還有一個獨立作家布寧⓬。雖然他的散文名滿天下，我更喜歡他那少有人知的詩（從作品的框架來看，這種散文和詩的關係，讓我聯想到哈代）。那時，我發現他私底下非常介意變老。初次見面，他一看到我就說，儘管他比我大三十幾歲，但是看起來身體比我好，一副生龍活虎的樣子，因此洋洋得意。那時，他剛得到諾貝爾文學獎，還沐浴在桂冠的榮光中。他請我到巴黎一家昂貴而時髦的餐廳用餐、談心。我剛好打從心底討厭餐廳、咖啡館，對巴黎人更有一種病態的厭惡——我討厭人多的地方、匆忙來去的服務生、波希米亞人、苦艾酒調的雞尾酒、咖啡、俄式前菜、歌舞表演等。我喜歡一個人靜靜地斜躺著吃喝（能躺在一張長沙發上最好），什麼談心啦，杜斯妥也夫斯基式的告白啦，根本不是我的作風。布寧是個神采飛揚的老紳士，他說話用的字眼豐富得很，但偶爾也會出現幾個髒字。

---

❾即他在一九二二年出版的 *Tyazholaya lira*。❿亞柳夏（Alyosha），杜斯妥也夫斯基《卡拉馬佐夫兄弟》（*Brothers Karamazov*）中那個像聖人般善良、純正的小弟。⓫史麥狄亞科夫（Smerdyakov），殺害卡拉馬佐夫兄弟的父親費多爾・卡拉馬佐夫的兇手。

⓬布寧（Ivan Bunin, 1870-1953），一九三三年諾貝爾文學獎得主。

他看我對盤子裡的松雞興趣缺缺的樣子，感到很奇怪。我是因為小時候吃太多，吃到怕了。他要跟我討論末世論，但我不想討論這個問題。飯局快結束的時候，我們已經話不投機半句多。我們起身去衣帽間的時候，他尖酸刻薄地對我說：「你會在可怕的痛苦和完全的孤獨中死去。」我們把取件單交給一個漂亮、纖瘦的女服務員，準備領取大衣。大衣太厚重，她拿不動，整個人抱著大衣倒在低低的櫃台上。我想幫布寧穿上他的無肩縫大衣。他張開手掌，做出一個驕傲的手勢阻止我。他隨隨便便套上衣服，自己都穿不好了，居然還想助我一臂之力。我們就這樣走進巴黎冬日的黯淡、淒清之中。他要扣領口的鈕釦時，那張英俊的臉因為驚訝和彆扭而扭曲了。他小心翼翼地解開大衣，慢慢把塞在腋下的東西拖出來。我也幫他一下，我們一起從他的袖子拖出我的羊毛圍巾。餐廳那女孩把我的圍巾塞到他的大衣裡了。我們一吋一吋地把那條長圍巾拖出來，就像解開木乃伊身上的纏布一樣，從他身上拖出來，再繞到我脖子上，兩個人慢慢地繞來繞去。我倆這相互糾纏的模樣，讓路邊的三個妓女看了直笑。解脫了之後，兩人繼續往前走，但不發一語，走到街角，握握手就分道揚鑣了。後來，雖然我們常碰面，但都是跟一大票人在一起，通常是在方達明斯基⓭家裡（這人是聖人，也是英雄，他對俄國流亡文學的貢獻無人能比，最後死在德國監獄裡）。我和布寧還能說笑，開俄國式的玩笑，但兩人都不免壓抑，也沒有任何真正的交流。

我還見過其他許多俄國流亡作家。帕普拉夫斯基⓮因為早逝，我連一面之雅也無。他就像一把遙遠的小提琴，其他作家則是眼前的巴拉萊卡琴⓯。

睡吧，噢，莫蕾亞，偉哉，鷹揚的生命。

O, Morella, usni, kak uzhasny ogromnye zhizni.

我永遠也忘不了他那響亮的音調，也不會原諒自己對他尚未成熟的詩作吹毛求疵，氣急敗壞地批評他。我還遇見過其他流亡作家：如拘謹但聰明過人也很有魅力的艾爾達諾夫⓰；在下雨的街道小心翼翼拿著一瓶廉價的酒、步履蹣跚的小說家庫普林⓱；號稱俄國的華特・裴特⓲、後來被電車撞死的艾亨瓦德⓳；還有天才女詩人馬林娜・茲維塔耶芙⓴，

⓭方達明斯基（I. I. Fondaminski, 1880-1942）。

⓮帕普拉夫斯基（Boris Poplavski, 1903-35），下面那行詩出自他在一九三〇年寫的〈莫蕾亞〉，第十九行。⓯巴拉萊卡琴（balalaika），俄國撥絃樂器，琴身呈三角形，有三條絃，音色像蒙古的馬頭琴。

丈夫是雙面間諜，她在一九三〇年代回蘇聯，後來死了。但我最感興趣的自然還是西林[21]。他是和我同一輩的人。在流亡年輕作家當中，他是最孤僻也是最傲慢的一個。打從他第一本小說在一九二五年出版，在往後十五年裡，批評家對他的作品一直有著強烈而且病態的興趣。後來不知怎麼他就消失了，就像他當年出現一樣神祕。就像八〇年代馬克思主義的宣傳者批評他的作品看不到對社會經濟結構的關注，三〇年代那些有神祕主義傾向的文人也常批評他的作品缺乏宗教的洞察力，對道德也漠不關心。他不僅違背了俄國傳統，也不把俄國禮儀看在眼裡，就像今天不知好歹的美國人，面對蘇聯高級將領還一副吊兒郎當的樣子，把雙手插在褲子口袋裡。反之，崇拜西林的人非常看重他那非比尋常的風格、高明

---

[16]艾爾達諾夫（Mark Aldanov, 1886–1957）。[17]庫普林（Aleksandr Ivanovich Kuprin, 1870–1938）。[18]華特・裴特（Walter Pater, 1839–94），英國文藝批評家、散文家、人文學者，提倡「為藝術而藝術」。[19]艾亨瓦德（Yuliy Ayhenvald, 1872–1928）。[20]馬林娜・茲維塔耶芙（Marina Tsvetaev, 1892–1941），她的丈夫是艾弗隆（Sergey Efron, 1893–1940）。

[21]西林（Sirin），納博科夫流亡之後，從一九二一年開始用這個筆名，在柏林報紙上發表詩文。直到一九六〇年代，他以俄文發表的文章，還常用這個筆名。在俄羅斯的傳說，西林是一種天堂鳥，有人臉、女人的胸部，毛羽色彩斑爛、詭異。

的精確性、生動的意象等，然而或許把這些看得太重了。浸淫在堅實而直率的俄國寫實主義中的俄國讀者，頹廢派的騙術無法愚弄他們。他們喜歡西林那像鏡子般淸晰但會使人誤入歧途的句子，也欣賞他如何讓真實人生在他的明喩或暗喩裡流動。有個批評家就說他的作品就像「一扇可以看到相鄰世界的窗子……一個不斷旋轉的推論、一連串思緒投下的影子」。西林穿過流亡那黑暗的天空，用一個比較保守的明喩來說，就像一顆流星，畫過天際之後就消失了，留下的只是一種若有似無的不安。

3

在我二十年的流亡生涯中，我花了多到驚人的時間來設計棋題。我在棋盤上精心布局，看如何在既定的步數（通常是兩、三步）置黑子於死地。從這種遊戲的一般形式來看，這是一種美麗、複雜又乾淨的藝術，像魔術師構思新把戲，也像網球選手思索要如何奪標。大多數的棋手，不管是職業的或是業餘的，對那些特殊、奇異又別具一格的棋題其實沒那麼大興趣。雖然他們會欣賞某個詭異的棋題，但要他們自己來想出一個就會覺得大傷腦筋。

在思索棋局的布局時，這個過程有點像作曲，也有點像作詩，精確地說是一種詩歌數學。往往在舒服的正午，快做完某項雜事的時候，我沒有特別用意地追隨某個偶然的念頭，這時在毫無預警之下，某個尚未成形的棋題在我腦海一下子迸發綻現，精神上的滿足感幾乎刺痛了我，準備迎接一個凝神苦思、字斟句酌的夜晚。我可能想到一個新的布局，既有不尋常的策略，還有令人意想不到的防禦線；或許從中可略窺人類最終的面貌，不失幽默和慈悲，具體呈現了我以前表達不出來的困難主題。那棋局也可能是我心靈迷霧中呈現的一種姿態，那一顆顆棋子象徵各種不同的勢力，像是一場默劇，暗示新的和諧和衝突。不管是什麼，我都為之振奮、沈醉、迷戀。如果今天我有什麼怨言，那就是在我活力最充沛、最多產的歲月，我該在文字方面多加探奇，竟然花了那麼多時間在棋盤上。

行家可以辨別棋題藝術的幾個學派：英美派講求結構精確，形式迷人，拒絕任何傳統規則的束縛；條頓派有粗獷的丰采；捷克派非常注重細節的修飾，完美得令人生厭，而且缺乏變通；而舊俄派對殘局的研究可謂達登峰造極的藝術之境，且發展出立即反應式的解題法，取代了多方推敲主題的藝術策略。我們可以這樣解釋，一個棋局的主題就是埋伏、撤退、牽制、突圍等，但只有在某種組合之下，才是理想的棋題。對我而言，像鬼靈精怪的騙術和幾近古怪的原創，才是好的策略。然而從結構來看，我還是儘量符合古典的要求，如省力、一致、不雜亂無章等。但是如果急需表現精采的內容，我寧願捨棄形式的純淨——不惜讓形式變成一個有彈性的袋子，好在裡面裝一個瘋狂亂動的小惡魔，即使袋子漲破也沒關係。

構想棋局的主幹是一回事，真正下手去設計又是另一回事。你的壓力無可言喻，時間從意識中一分一秒地流逝：你的手從盒子裡摸出一個兵，你握著這個兵，腦子還在盤算需不需要一個陪襯的或是候補的。你張開拳頭的時候，或許一個小時已經化為烏有，在你熾熱的腦海中燒成了灰燼。你眼前的棋盤是個磁場，一個壓力和深淵的羅網，一個星光燦爛的穹蒼。主教像探照燈一樣移動，這個或那個騎士是槓桿。你一再調整、嘗試、再調整、再嘗試，直到你的棋題到達既美麗又驚奇的境界。我不知有多少次想要牽制白方的后，以避免雙重解法。要知道棋題間的競爭，不是白方對黑方，而是出棋題的人對假想的解題者（就第一流的小說，真正的衝突不是角色之間的衝突而是作者和世界的衝突），因此棋題的價值大抵在「嘗試」的次數——開頭要怎麼故弄玄虛，如何營造虛假的氣氛，預留空間，在你狡猾而漂亮的設計下，讓想像中的解題者一步步誤入歧途。有關出棋題，不管我怎麼說，似乎還是無法傳達過程中令人沈醉的那個核心。其實，我們也可以在其他比較明顯而有成果的領域看到這種心靈的創造，如測量危險的海域或是寫一本好得令人覺得不可思議的小說。作者在清明的瘋狂中，為自己設下獨特的規則，然後遵守，超越某些夢魘般的障礙，像一個狂熱的神運用幾種看來斷然不可能的東西，像岩石、炭和盲目的悸動，建造出一個活生生的世界。棋題完成，總讓人有全身酥痲的快感，特別是在倒數第二次排演的時候，棋子就像出題的人夢想的那樣移動。這種快樂的感覺使我們回到童年，在床上想像要怎麼玩，玩具的每個部位都進入腦袋的各個角落。有個棋子在另一個棋子的後面埋伏，就像局外人一樣老神在在，不慌不忙；你用兩根手指把一個棋子夾起或放下，動作平順、靈巧，就像一部上了油、擦得亮晶晶的機器。

我還記得為了一個棋題苦思了好幾個月。一天晚上，我終於知道如何表現那個特別的主題。那是為了行家設計的，行家才知道複雜的解法，也才能體會那種甜蜜的折磨，頭腦簡單的人必然不知道我是多麼用心良苦，採取最簡單的解法。後者必然會誤以為這是一種時髦而前衛的主題（讓白方的國王有被吃掉的危險），其實出棋題的人是費盡千辛萬苦才營造出這個局面的（只要一個不起眼的士兵移一小步，就可以改變局勢）。經過這個「反題」的試煉之後，頭腦簡單的人可能直接採取這麼一步（把主教移到c2），然而就像有人為了追一隻野鵝，只是從美國紐約州首府阿爾巴尼到幾百哩外的紐約市，竟然取道溫哥華、歐亞大陸和亞述群島（沿途看到奇異的風景、銅鑼、老虎、奇風異俗、一對新婚男女繞著陶土火盆裡的聖火繞上三圈），經過長途跋涉，好不容易才到那關鍵的一步。那一刻，他感受到一種強烈的喜悅。這種愉快的經驗足以補償他當初不幸被騙。

當局者迷。我記得自己曾經從棋題的沈思中悠悠醒轉，回到現實世界。我看到一張奶油白和深紅格子相間的皮製英國大棋盤，上面的布局可說無懈可擊，像星座一樣和諧美麗。成了！這盤棋活了！我這副史湯頓的棋子大得驚人（這棋已有二十年歷史，是我那熱愛英國文化的叔叔康斯坦丁送給我的），是茶褐色和黑色的木頭雕刻成的，每一個棋子高四又四分之一吋，有著閃閃發亮的輪廓，好像知道自己扮演什麼角色一樣。唉，如果細看，你會發現有的棋子已經缺角（畢竟這麼些年來，它們待在盒子裡，跟著我東奔西跑，已經換了五、六十個住處了），但那國王的城堡頂端和國王的騎士眉頭，那小小的紅色皇冠標誌還在，令人想起快樂的印度人眉心的紅點。

棋盤上的時間像冰凍的湖，相形之下真實時間則像一條小溪。我看了一下錶：三點半。時節是五月，一九四〇年五月中。就在昨天，經過了幾個月的懇求和咒罵，利用賄賂做為催吐劑，某一個辦事處的某一個鼠輩終於批准了我們的出境簽證，允許我們橫渡大西洋。我突然覺得隨著眼前這個棋題的完成，我生命中的這個時期也有了一個令人滿意的結局。由於我的解脫，靜寂的四周似乎因此泛起小小的漣漪。你和孩子在我隔壁的房間裡熟睡。

室內菸霧瀰漫，桌上的燈有藍色紙摺的圓錐形燈罩（這是防空用的，有趣吧），燈光在渦旋狀的空氣打上了月光般的色調。不透光的窗簾把我和漆黑的巴黎隔開。椅子上有一分報紙快掉出來，頭條新聞是希特勒襲擊低地國家。

那晚在巴黎，我前面擺著一張紙。我把我的棋題的布局畫出來。白方：國王在a7（即第一列第七行），皇后在b6，城堡在f4及h5，主教在e4、h8和e6，士兵在b7和g3。黑方：國王在e5，城堡在g7，主教在h6，騎士在e2和g5，士兵在c3、c6和d7。白方先，兩步就把黑棋將死。在這種詭譎的氣氛下，有人會不由得這麼走：士兵到b8，變成騎士，接連三個漂亮的將死以反擊黑棋的包圍。但黑方可以先不去將死白棋，只要悄悄換個位置，就可以讓白方全盤皆輸。我注意到那張紙上的一角有個印章戳記。我在一九四〇年五月從法國帶到美國的其他文件和書籍上也有這樣的戳記。那戳記是圓形的，顏色是光譜的最後一種——*violet de bureau*（官方用的紫色）。中央有兩個大寫字母*R.F.*，約六分之一英吋大小，*R.F.*當然就是*République Française*（法蘭西共和國）的縮寫，邊緣還有一圈小字：*Contrôle des Informations*（資料查訖）。所有的資料雖已查訖、通過了，還是查不到我藏在棋子符號的訊息，直到多年後的今天，才洩漏出來。

第十五章

1

歲月飛快地，飛快地滑溜而過——且讓我套用羅馬詩人賀瑞斯❶痛徹心魂的感慨。親愛的，時光飛逝，你和我知道的事，不久就沒有其他人知道了。我們的孩子漸漸長大了；佩斯坦的玫瑰——那多霧的佩斯坦——已經凋謝❷；謙和的數學家似乎早就發現自然的先兆，暗自心驚，而那些滿腦子機械的白癡竟然想干預自然的力量；或許現在可以一起細看我們過去拍的一些老照片、岩洞壁畫上的火車和飛機，在塞得滿滿的衣櫥檢視一層層的玩具。

讓我們再回到更久遠的過去，回到一九三四年五月的一個早晨，在這個時間點上敬慎地加上柏林市區一隅的景象。凌晨五點，我從巴伐利亞廣場附近那家婦幼醫院走路回家。幾個小時前，我才送你去那裡。一家賣相框和彩色照片的商店把興登堡和希特勒的肖像，以鮮花點綴，擺在櫥窗展示。左派的麻雀在丁香花叢和菩提樹上大集合，吱吱喳喳地在開晨會。黎明清澈明亮，掀開黑夜的布幕，空曠的街道一頭露了出來，另一頭的房子仍然籠罩在黑夜的深藍與清冷裡，長長的影子漸漸縮短。白日剛在這個整齊、溼潤的城市現身，接替了黑夜，路面刺鼻的柏油味更突顯綠蔭的清新。這日與夜的遞嬗，從視覺上來說，似

---

❶賀瑞斯（Horace, 62BC–8BC），見賀瑞斯寫的《頌歌》（*Odes*）II：「啊，歲月飛快地，飛快地溜走。」（"*Eheu fugaces, Postume, Postume, labuntur anni*"）

❷佩斯坦（Paestum），義大利拿不勒斯南方的城市，公元前六百年希臘人在此建城，三百年後被羅馬人征服。在拉丁文學，佩斯坦的玫瑰是昨日事物的比喻。見歐維德（Ovid, 43BC–17AD）詩：「百合的芳香勝過佩斯坦的玫瑰，此時你已遺忘我們曾經擁有的東西。」

乎挺新鮮的，就像桌面換了和平常不同的擺設。我從來沒在曙光乍現之時看過那條街道，以前打從那兒走過的時候，常是在夕陽的餘暉之中，更何況那時還沒有孩子。

在那個陌生時刻的純淨和虛空中，影子落在街道的另一邊，這種顛倒的感覺奇特而不失優雅，就像我們從理髮店的鏡子看到的：一臉陰鬱的理髮師手下的剃刀突然不動，轉過頭來凝視窗外（他們常這麼做），因而成了窗框裡的人物。窗玻璃上面還有一排行人的身影，不知不覺往反方向走，進入一個抽象世界——那個世界突然不再滑稽好笑，湧現一股恐怖的激流。

我每每想起我對一個人的愛，總是會立刻從愛與溫柔的核心——我的心臟——畫出半徑。那半徑很遠、很遠，可達宇宙的盡頭。是什麼驅使我用那無可想像、無可計算的星雲去衡量這種愛的感覺（像星雲那樣的遙遠似乎是一種瘋狂的形式）？是永恆的深淵，你一掉落就萬劫不復了，是無知之外所有不可知的東西，還有絕望、寒冷、令人頭暈眼花的漩渦，以及空間、時間的互相滲透。這是一種我怎麼都改不了的壞習慣，就像一個失眠的人會不自主地用舌頭嘖嘖輕彈，在口中的暗夜裡檢查一顆有缺口的牙齒，即使舌頭擦傷了，還是停不下來。我知道有一些人不小心摸到一樣東西（例如門柱、牆壁等），只有快速且以一定順序撫摸房間裡的東西，才能找回原來的平衡。我無法做到這點。我一定要知道我站在哪裡，你和我們的兒子站在哪裡。愛，以慢動作在我體內無聲爆炸，顯現它那正在熔化的邊緣。我被這種持久、強大的感覺淹沒了，在任何想像得到的宇宙，沒有一種能量的累積比得上這感覺。這時，我的心不由得捏自己一下，看看自己是不是真的清醒。我必須很快地清點、記錄這宇宙的一切，就像一個做夢的人確信自己在做夢，夢中發生的那些荒謬的事就沒有什麼好追究的。在有限的存在之中，面對感覺和思想的無限，不免遭到墮落、荒謬和恐怖的威脅。所有的空間和時間都在我的情感以及我那世俗的愛之中作用，為我去除世俗的邊緣，幫助我對抗那種種恐怖的感覺。

在形而上的思想中，我絕非統派，我討厭跟旅行團去諸神的樂園朝聖。我喜歡獨自一人，回憶這一生最美好的時光。就像現在，想起自己像「產夫」❸一樣，關心我們的小寶貝。你還記得我們的新發現吧（想來所有的父母都是這樣的）：寶寶的小手像海星擱淺在你掌心，你悄悄地叫我看看他那完美、迷你的手指甲，你看那手腳和臉頰的膚質，你對他的

❸產夫：couvade，源自法語的 *couver*，意思是孵育下一代。指準爸爸會出現噁心、增重、喜怒無常及脹氣等懷孕症狀。

注意有如來自遠方的聲音，似乎只有用那樣的距離才能表現出無限輕柔；他的虹膜深色泛藍的部分有難以捉摸的某種東西在游移、傾斜，似乎這虹膜還保有從古老、傳說中的森林吸收的影子。在那森林裡，禽鳥比老虎多，水果比荊棘多，而那斑駁的深處就是人類心靈誕生之地。特別值得一提的是嬰兒最初的旅程，他們從子宮鑽出來，進入一個新的空間，眼睛和伸手所及之物建立新的連結。研究生物辨識系統或做老鼠迷宮實驗的年輕科學家認為他們可以解釋這個現象。有關心靈的誕生，我想到最近似的例子是一個人在凝視叢生的枝葉時，突然被驚奇刺了一下——發現在那一叢當中，有一丁點看來像是樹枝的局部或葉片，原來是昆蟲或小鳥僞裝的，唯妙唯肖，令人嘆為觀止。

解開人類心靈最初如何綻開之謎，會予人一種深深的喜悅（畢竟，科學研究的最終目標不就是這個？）。也許大自然在生成之時曾經停頓，在那快意的時刻進入一種閒晃、懶散的狀態，使最初的「詩人」（*Homo poeticus*）得以形成。沒有這個過程，「智人」（*Homo sapiens*）就無法演化。這才是真的「生存奮鬥」！戰爭和勞動的詛咒只是把人帶回野豬的時代，像咆哮的野獸瘋狂覓食。你和我常常注意到家庭主婦打量雜貨店架上的食品或是肉販擺在攤子上的動物屍首之時，那精打細算的眼睛會冒出一點狂熱的閃光。勞動者，解散吧！古書都寫錯了。世界是在一個禮拜日形成的。

2

兒子還小那幾年，我們曾旅居希特勒統治的德國和馬其諾治理下的法國，經常手頭拮据，幸虧好友總幫忙張羅最好的東西給我們的孩子。雖然我們沒辦法改善經濟情況，還是緊盯他的童年與自己富裕的搖籃時期是否會出現任何裂縫。每次裂縫可能出現時，我們運氣都不錯，得以化險為夷。再者，育嬰科學的進展和飛行或農耕技術的進步一樣一日千里——我在九個月大的時候可沒有一次餵食得吃一磅脫水菠菜這種事，一天裡也沒有喝十顆柳橙打出的汁。你在育兒衛生方面做的，遠遠勝過任何老練的保姆。那樣細緻、無微不至的照顧，就連我們自己兒時的保姆也想不到。

我想到那些穿硬翻領襯衫、條紋長褲的中產階級爸爸，還有打著領帶坐辦公室看起來很有威嚴的父親，他們和今天美國年輕的退伍軍人是多麼不同。一個快樂、沒正職、十五年前就流亡海外的俄國人和他們更有如兩個世界的人。那些中產階級或白領階級不會了解我對孩子的態度。你用溫熱的牛奶餵我們的寶寶，他臉色嚴肅得像偶像，你把他抱起，等到餵奶後的解除信號出現後，才讓寶寶躺平。在我誇張的想像裡，他總吃得太撐，而你卻是信心十足，認為很快就會消化，憂心忡忡的我不由得生起氣來，討厭這種痛苦的壓迫感。那個姍姍來遲的小氣泡終於升起，啵地一聲從他那莊嚴的小嘴跑出來，我才如釋重負。你欣喜地低語，彎下腰，把他放回有白色邊框的搖籃，進入朦朧的夢鄉。

你知道嗎？我的手腕還記得當年推嬰兒車的訣竅。例如，要讓嬰兒車爬上高出來的人行道路緣，就得一個順手往下，讓嬰兒車前輪翹起來。我們用的第一部嬰兒車是比利時製的，鼠灰色，很精巧，有胖胖的自動輪胎和豪華的彈簧，而且很大，我們那狹窄的電梯根本容不下。這嬰兒車以緩慢、莊嚴而神祕的姿態在人行道上前進。寶寶仰臥，安全帶把他綑得牢牢的，身上蓋著羽絨、絲布和毛皮。他身體不動，只有眼珠子骨碌碌地轉，小心翼翼地看東看西，有時會看上方，長長的睫毛跟著往上翻。他在看樹枝和藍天一直後退，從半遮蔽的篷蓋邊緣消逝。不一會兒，又給我懷疑的一瞥，好像在問我那調皮的樹木和天空是否也是爸媽逗著他玩的把戲。我們後來換了一部比較輕的，推著他去兜風。他曾企圖掙脫帶子的束縛站起來。他緊抓著前面的扶手站立，與其說他像遊艇上一個喝醉了、搖搖晃晃的乘客，不如說他像太空船上的一個科學家，入迷地看著一個生氣盎然、溫暖的世界裡一團團有斑點的東西。他像哲學家一樣興味十足地看著他扔出去的小枕頭。有一天安全帶斷了，他摔了出來。過了一段時間，他開始坐手推嬰兒車。這種新奇設計，讓小孩從座椅的安全高度開始坐，隨著孩子長大，他會愈坐愈低，雙腳離地愈近。到了他一歲半的時候，有一次他從移動中的推車座椅滑了出去，站上了地面，自己走起路來，等著大人放他到公園裡自由自在玩耍。演化的新浪頭升起，慢慢地將他從地面舉起。兩歲生日那天，有人送他一部四呎長的銀白賓士跑車。這玩具車裡面有踏板，就像風琴踏板一樣，踩啊踩的就能前進。他叮叮噹噹地在庫達姆大道上來回行駛。敞開的窗口不斷傳出一個獨裁者在尼安德河谷的捶胸吼聲，而我們已把他遠遠地拋在後頭。

男孩對有輪子的東西情有獨鍾（特別是火車），可能跟種系發生學有關。當然，我們知道那個維也納江湖郎中❹會怎麼解釋這點。就讓他和他那夥人駕著三流思想的馬車繼續顛簸，穿越性神話的警察國家（對了，獨裁者沒注意到精神分析是多麼大的錯誤。他們大可利用這種學說輕而易舉地腐化一代人！）。快速成長、量子跳躍般敏捷的思考、有如雲霄飛車的循環系統——所有活力的形式都是以動力的形式出現的，難怪一個成長中的孩子想要在最小的時間幅度之內，達到最大的空間享受，以此超越自然。在人類的內心中有一種精

❹維也納的江湖郎中：指佛洛伊德。

神快樂是源於反抗地心引力，克服地球的拉力。圓形物體只要不斷滾動就能征服空間往前走，不必費力舉起沈重的肢體。這種神奇而弔詭的現象，必然讓年輕人精神振奮。愛做白日夢的小野蠻人光著屁股蹲在地上，看著眼前的篝火，還有那一直往前燒的森林大火，我想這些火光必然會以一種神祕的方式影響一、兩個染色體。這種神祕方式為何，拉馬克並未解釋清楚。然而這不是西方遺傳學家想要闡明的，正如同職業物理學家對所謂內在裡的外在和曲率的走向沒有興趣一樣。每一個向度的空間都有自己可以作用的媒介，因此在螺旋解開時，空間會扭曲變成像是時間的東西，而時間又會轉變為像是思想的東西，另一種空間必然隨之而來。或許那是一種特殊空間，無論如何絕不是舊的那個，否則那螺旋就會成了惡性循環。

不管真相為何，我們都不能忘記你和我應該永遠守護那些橋樑，不讓那些橋樑在任何戰爭中淪陷。我們帶著寶貝（他兩歲到六歲的時候）在橋上足足等了好幾個小時，看火車從我們腳下通過。我看過年紀較大而陰鬱的孩子在這裡佇足片刻，靠在欄杆上，對著下方氣喘吁吁的火車頭吐口水。恍惚出神、高興得沒頭沒腦的那個孩子會比較正常嗎？你和我都不敢說。我們在那刮著大風的橋上待那麼久，你沒急著走，也沒多作解釋。我們的孩子以樂觀和無止盡的耐心期待鐵路的臂板信號發出咔的一聲，在所有軌道會合的那一點，從遠方房屋單調的後面，火車的身影慢慢出現，然而變得愈來愈大。天氣寒冷的話，他會穿有霜般的灰點的淺棕色小羊皮外套和帽子，再加上手套。熾熱的信心讓他發光發熱，你也跟著覺得暖和。你怕自己那纖細的手指凍著了，就握著他的一隻手，左、右手每隔一分鐘就交替一下。你很驚訝，這個寶貝的身體居然這麼熱呼呼。

3

除了速度的夢以及與這夢有關的一切，每一個小孩都有重塑大地的衝動，想要在這脆弱的環境裡做些什麼。這也是人性本能（除非他天生是馬克思主義者、一個行屍走肉的人或者只會被動地等待環境來塑造他）。這可以解釋孩子為什麼這麼喜歡挖掘，喜歡為自己心愛的玩具鋪路、開挖隧道。我兒子有英國賽車英雄康貝爾❺開的那部藍鳥迷你模型車。那車是上了漆的鐵皮做的，輪子可拆卸下來。他可以在地上一直玩，怎麼玩都不會膩。陽光在他那有點長的髮絲上打上光圈。他只穿一件吊帶交叉的海軍藍毛織短褲，裸露的背部曬出太妃糖的顏色（褲子脫掉，屁股還是白白的）。在我生命裡，那個時期坐過最多長凳、公園椅子、石板、石階、陽台擋牆和噴泉池邊。柏林古納森林有一個湖，湖邊有塊松樹瘠地是個很受歡迎的景點。我們只去過幾次，不常去。你問，那個地方到處是垃圾，可以叫做森林嗎？附近城鎮反倒明淨得多。古納森林還曾出現一些奇奇怪怪的東西：有一處空地中央居然冒出一個鐵做的床架，那床架的器官——彈簧——都露了出來，山楂花叢裡還躺著一個黑色模特兒，不知是哪個裁縫師的。你不禁好奇，誰這麼大費周章把這些莫名其妙的東西大老遠地搬到這個交通不便的樹林裡。有一次我在那個林子發現一面破得不成形的鏡子，鏡中是森林的倒影。那鏡子像是喝了啤酒和香甜的法國沙特洛司修院烈酒調成的飲料，醉倒在樹幹上，這景象頗有超現實的趣味。在這個市民休憩的場所，這些入侵市民休憩之地的零星畫面，也許是即將到來的亂世萬象的片段，預言大爆炸的噩夢，就像先知卡格里奧斯特羅❻在皇家花園的嬉鬧聲中瞥見一堆死人頭骨一樣。夏天，特別是星期假日，湖邊

---

❺康貝爾（Malcolm Campbell, 1885-1949），十九世紀二〇年代至三〇年代，馳名全球的賽車英雄，曾七次刷新世界記錄，最高時速達四三七・九一公里。

❻卡格里奧斯特羅（Cagliostro, 1743—95），義大利冒險家，專精占星術。

總有很多人在這兒裸露身子做日光浴，有人露得多，有人露得少，只有松鼠和一些毛毛蟲還穿著毛茸茸的外套。腳丫子變成灰色的太太穿著連身襯裙坐在滑溜的灰色沙地上；嗓音像海豹、看起來令人討厭的男人穿著沾了污泥的游泳褲到處嬉戲；有人在一些漂亮得令人驚豔但不會打扮的女孩後面追趕，還打人家的屁股（女孩大叫：「噢，哇！」），那些女孩注定要在幾年後——正確地說是一九四六年初——生下一堆小孩，孩子無辜的靜脈流著突厥人或蒙古人的血；那些不幸的遊客呼出的鼻息，還有他們脫下來的衣服（整整齊齊地在地上攤開來），混合了死水的氣味，聞起來像煉獄。不知怎地，我沒在第二個地方聞過這種味道。在柏林，不許民眾在公園這種公眾場所脫衣裸露，但是襯衫可以不扣。我們看到一排顯然是北歐來的年輕人，閉著眼睛坐在公園長凳上，前額和胸口的粉刺迎向理性而和煦的陽光。我會用大驚小怪和誇張的恐懼筆觸記錄這些，可能是我們長期活在一種擔憂之中，害怕我們的孩子會受到影響。有人認為小男孩就應該高高興興的，討厭洗手、洗澡，喜歡殺來殺去，你總斥之庸俗、市儈。

我想起我們去過的每一個小公園。我希望自己能像哈佛大學亞諾德植物園那個賈克教授❼那麼厲害。他告訴學生，即使閉著眼睛，光聽空氣穿過枝子的窸窸窣窣，他就可辨識那是什麼植物（「角樹、忍冬、倫巴第白楊。啊，一本合起來的抄本」）。當然，我常常會用一些特徵來判斷一個公園的地理位置：狹窄的碎石步道兩邊的矮生黃楊像戲劇裡的人物那樣交頭接耳；一張低矮的藍色板凳靠著紫杉的長方形圍籬；以天芥為框的正方形玫瑰花床——這些顯然都是在柏林市郊十字路口附近的小公園。又如細鐵絲做的椅子，下面的影子像蛛網，而且稍稍偏離中心，或是一個快樂、高傲，看來就像有精神病的旋轉花灑，不斷噴灑水霧，在晶盈的草地之上掛上私人的彩虹——這些清晰的影像拼出來的是一座巴黎公園。但是，就像你再了解不過的，記憶之眼是如此緊盯著那個蹲在地上的那個小人兒（他把玩具卡車裝滿小石子或是對園丁那明亮、潮溼的水管沈思默想，那剛滑溜下來的水管橡皮上還附著一點沙礫），不管我們在那裡，柏林、布拉格、法蘭曾斯巴德、巴黎、蔚藍海岸、又是巴黎、安提布岬等，這些地方已失去了統治權，讓變成石頭的將軍和落葉作伴，用水泥牢牢地把步道連結起來，統一成一個光影聯邦。優雅的孩子穿著溜冰鞋、露出膝蓋，在此呼嘯、穿梭。

有時，我們可藉由一小塊歷史背景來辨認地點。還記得在柏林一個有著微風的日子（那

---

❼賈克（John George Jack, 1861-1949），樹木學家。

首領的肖像無所不在，我們當然不會認錯地方），我們的孩子差不多快三歲，我和他站在三色堇花床前面。花兒看起來很憔悴，每一張仰起的臉都有黑黑的、像是鬍鬚的污漬。我一時興起，說道這些花像是一群在搖頭晃腦的小希特勒。這麼說雖然愚蠢，但是好玩極了。同樣地，我記得一九三八年或一九三九年，我在巴黎一個花團錦簇的花園看見一個安安靜靜、約莫十歲大的小女孩。她穿著破舊、不合時節的深色衣服，看來是剛從孤兒院逃出來的孩子，蒼白的小臉蛋沒有一絲表情（我猜的沒錯，後來果然看見她被兩個追來的修女抓回去了）。這孩子用一根線把一隻漂亮的活蝴蝶綁起來，牽著牠散步（或許是在孤兒院做了不少針線活兒，手才這麼巧）。真是惡作劇，那昆蟲的腳因此有點殘廢，翅膀也軟弱無力。我們去庇里牛斯山或阿爾卑斯山遊覽時，你看我做昆蟲研究，常說沒必要這麼殘忍吧。因此，如果我叫孩子別盯著那個小女生——她長大後可能會是另一個泰妲妮雅❽——並非我可憐被她綁住的那隻紅蛺蝶，而是這種陰沈的遊戲隱約有種令人不舒服的象徵。我想起一個法國警察玩過的一種簡單的老把戲——無疑地，現在還有人在玩這一套——只要用一個

---

❽泰妲妮雅（Titania），《仲夏夜之夢》裡的仙后。

小小的釣魚鉤鉤住一個人身上某個不起眼的部位，那被鉤住的地方敏感、怕痛的話，就會使人變得非常聽話，甚至百依百順。那個法國警察就是這麼制服一個在禮拜天鬧事、鼻子紅紅的工人。我們的孩子用信賴和溫柔看這個世界，你和我則儘可能用機警與溫柔盯著他，但他還是看到了流氓在遊戲場的沙箱裡留下的穢物。這是無可避免的。雖然這實在不算什麼，真正恐怖的事還在後頭呢。儘管前幾代的人在心理上認為那種事不可能發生在我們這個時代，只會發生在遙遠的汗國或清朝，然而還是在我們身邊發生了。

光陰流轉，傻瓜製造的歷史投下暗影，甚至破壞了日晷的精確，我們在歐洲各地東奔西跑，馬不停蹄，似乎不是我們的腳步在前進，而是那些花園和公園在移動。勒諾特❾設計的放射狀道路，圖案繁複的花壇，就像轉到側線的火車，被我們拋在腦後。一九三七年春，我們帶孩子去布拉格給我母親瞧瞧。那裡有個史托默卡公園，在人工修剪的藤架之外，遠處可見樹木自由起伏。你應該還記得那些有著阿爾卑斯植物（佛甲草和虎耳草）的石頭花園。我們就在那些植物的護送之下進入阿爾卑斯山的薩瓦山脈，在一個假日（渡假費用

---

❾勒諾特（André Le Nôtre, 1613-1700），法國的園藝景觀大師，凡爾賽宮庭園就是他的代表作。

是我的譯者出售什麼來的）那些小草又與我們會合，然後跟著我們回到平地上的城鎮。療養勝地的老公園樹幹上有個木刻的指示標誌，從袖子伸出的手指向露天音樂台的方向，隱隱約約可聽到音樂的聲響。在主要車道旁有條聰明的步道，車道與步道雖然不是從頭到尾都是平行的，但可依照指示自由前進。從鴨塘或荷花池往後走就可與一排梧桐樹相會。公園某處可能會照市議會袞袞諸公的決議，興建一座紀念碑。根，你想起一些綠色植物的根，記憶的根，刺鼻植物的根，總而言之，這些根都能穿越長長的距離，超越或穿透某些障礙，迂迴進入狹窄的縫隙。因此，那些花園和公園也跟著我們橫越中歐。幾條碎石步道在一個圓點會合，這裡就是終點。你和我在一處私人籬笆彎下腰，在黑黑、潮溼的泥巴地上找一顆球，然而我們只發現一張打了洞的淡紫色電車車票、一小塊沾有污泥的紗布和棉絮。有張環狀座椅圍繞著一棵粗壯的橡樹。你跑到另一頭看是誰坐在對面，結果看到一個垂頭喪氣的老人，他一邊挖鼻孔，一邊翻閱外國報紙。我們看到一塊草皮，草皮四週都有葉片光滑的常綠植物，我們的孩子有生以來第一次在那裡看到一隻青蛙闖入修剪整齊的灌木迷宮。這時，你說快下雨了。在更遠的舞台，天色沒那麼鉛灰了，那裡的玫瑰谷地和枝條交錯的小徑好像在上演一場好戲；蔓藤在搖搖晃晃的棚架上爬行，如有機會，可能變成葡萄藤，要是沒有，就沒遮沒掩，可見一間最奇特的公共廁所。那廁所看起來像瑞士農舍，而且不是很乾淨的樣子，入口還有個穿著漆黑針織衣服的女管理員。

斜坡上有條鋪著石板的小徑小心翼翼地下行，你每一步都走得危危顫顫。我們穿過鳶尾花的花園，從山毛櫸樹下經過，然後踏上一條可以疾行的泥土小徑，約略可看到上面有馬蹄印子。孩子的腿愈來愈長了，那些花園和公園移動的速度似乎也愈來愈快。他差不多四歲時，那些樹木和開花灌木堅定地面向大海。陰鬱的公園警衛也被不斷向前的公園抛在後頭，就像煩悶的小站站長獨自一人站在月台上，看著火車過站不停，急馳而過。公園不斷向前，把我們送到南方，那裡有柳橙樹、漿果鵑、像小雞毛般的含羞草和溫柔、完美無瑕的天空。

山坡上的階梯花園每一級石階都可能突然跳出一隻俗豔的蚱蜢，朝向大海，一階一階地往下跳。橄欖和夾竹桃的枝子互相交疊，好像爭先恐後要看海灘。陽光顫動的薄霧映著大海閃爍的光，我們的孩子一動也不動地跪在那裡給我們照相。相片中的海洋乳白、朦朧，其實我們的眼睛看到的是銀亮的藍，更遠的海面還有大片的紫藍，那是由溫暖的洋流和老詩人通力合作形成的（你可聽到石子被後退的海浪捲走的聲音？）。詩人以雄辯和種種令人會心一笑的明喻來證實海洋的顏色。海水吞噬的玻璃球像一顆顆的糖果，有檸檬、櫻桃、薄荷口味，其間還有成群結隊的卵石和小小的貝殼，貝殼表面有凹槽，內面有柔和的光澤。

一片片碎陶有時還會從海水中冒出來，質地光滑、色彩美麗。我們在沙灘上檢查這些海浪送上來的禮物，如果有靛青的鋸齒狀紋飾、條狀的葉片裝飾或是任何一種快樂的象徵，就會被認定為珍品，咔嗒一聲投進玩具水桶，如果不夠理想，就噗通一聲扔回大海。孩子發現了幾片微凸的陶器碎片，邊緣的渦形圖案居然可以連接起來，就像拼圖一樣，一九〇三年在同一個海灘，我也發現了相同的圖案，一八八二年我母親在曼通的海灘也看過那樣的碎片，一百年前，她的母親也撿過一樣的陶片……如果這些陶器碎片都保存下來的話，或許可以拼成一個完整的碗。那碗當初是被一個義大利男孩摔破的。只有上帝才知道這事發生在何地何時，現在只能用這些銅鉚釘來修補了。

一九三九年秋，我們回到巴黎。翌年，五月二十日左右，我們又去海邊，這次是去法國西岸的聖納薩爾。你和我，還有我們的孩子——他現在已經六歲，就站在我們中間——三人最後一次來到小公園。我們穿越這公園，走向碼頭。那裡有幾棟建築物正對著我們，香普蘭客輪就在房子後頭等候，要載我們去紐約。那公園用法語來說，發音如 *skwarr*，俄語則是 *skver*，英國市區廣場附近也常見這種小公園。那公園在今昔交接的邊緣，在我的記憶裡只是一種幾何圖案。我一直小心翼翼，讓記憶留存於寂靜之中。打從一開始，我就以謙遜的心傾聽這寂靜之聲。然而，如果我不小心打破了這靜默（在我疲勞的血液施壓之下出現的耳鳴除外），就用各種類似花朵的顏色，為那小公園的幾何圖案著色。我還記得那自然呈現的花色和主題都與那大西洋邊的花園巧妙相合。突然間，我們來到小徑的盡頭，你和我都看到了一樣東西，但是我們並沒有馬上指給孩子看。我們希望他自個兒去發現——看到他在浴缸裡玩的玩具竟然在眼前聳立，巨大到不像是真的，因而沈醉在喜悅的震懾中。我們前方有一排破舊的樓房，不但擋住了港口，還施展種種障眼法：淡藍和粉紅的內衣在曬衣繩上跳步態舞，蓋到一半的鑄鐵陽台上有一部女用腳踏車和一隻花貓，在屋簷和牆壁錯綜複雜的線條當中，曬衣繩後方，一艘大船的煙囪就從那兒冒出來。這圖像就像還沒排好、圖像錯亂的方塊拼圖——猜猜看，水手把什麼藏起來了。你一旦發現，就無法視而不見。

附錄

評《最終證據》❶

＊納博科夫這篇「僞書評」首次出版是在這個版本（二〇〇〇，企鵝現代經典文叢），題爲「第十六章」，然而當初打字稿題爲「評《最終證據》」（他本來打算出版，經過一段時間的思考之後，又放棄了這個念頭）。這篇是在一九五〇年寫的，因此偶見一些形式（如音譯）和納博科夫後來修訂後的《說吧，記憶》諸版本有異。

我面前擺著兩本回憶錄，一本是俄國出生的作家寫的——他現在已經是美國公民了——另一本則是美國一位偉大教育家的孫女寫的。這兩本都寫得非常細膩，都是了不起的成就，同一天來到一個書評人的桌上，真是難得。

❶譯按，《最終證據》是《說吧，記憶》一九五一年版的書名。這篇書評在納博科夫生前一直沒有發表，直到一九九九年納博科夫的百年誕辰，《紐約客》雜誌才取得版權，刊載在一九九八年十二月二十八日和一九九九年一月四日出刊的《紐約客》，第124–133頁，翌年才由美國企鵝出版社收錄於最新版的《說吧，記憶》。

納博科夫先生為數不多的書迷，對他這本新作的問世，應該會很高興。該書的副標題做「回憶錄」顯然是基於幾個特點——雖然不見得是優點。《最終證據》的寫法和既有的自傳完全不同，作者或多或少，或者刻意表現出虛構的色彩。儘管《最終證據》的原創性不像〔白洛恩〕小姐這本《丁香花開》❷每一頁都散發人性光輝那樣迷人，還是帶給我們一種特別的快樂，我想所有聰明的讀者都不會錯過。

納博科夫先生這本書實在不是一般的自傳，要定義這本獨一無二的怪書，與其說它「是什麼」，不如說它「不是什麼」來得容易。舉個例子，這本書不是絮絮叨叨、不拘形式、蕪雜漫談的，也沒有引用大量日記資料，如公眾人物的生活紀錄（「禮拜三晚上，十一點四十分左右，某某將軍來電，我告訴他……」）；也不是專職作家的廚房，用文學和私生活烹煮一碗微溫的湯汁，讓不尋常的題材飄浮在上面。我要特別強調，這不是一般迎合大眾品味、圓滑流暢的往事追憶錄，像企圖寫得高尚的三流小說，佐以大量的材料和對話（阿母

❷白洛恩小姐（Miss Braun），納博科夫虛構的作者，《丁香花開》（*When Lilacs Last*）亦無此書。書名典出惠特曼（Walt Whitman, 1819-92）的詩："When Lilacs Last in the Dooryard Bloom'd"。

和鄰居、阿母和小孩、比爾和阿爸、比爾和畢卡索）。像這樣的細節，我們的大腦怎有可能鉅細靡遺地儲存起來？

對書評人而言，《最終證據》恆久不變的重要性在於它是一種客觀藝術形式和個人生命史的交會。納博科夫藉由在過去人生最遙遠之處探索，來尋找主題式的軌跡或潮流，從而在這樣的發展中進入人生的新領域。藝術的結構像鑽石，而記憶如肌理一般迂迴；藝術與記憶合而為一，產生一種既強韌又靈活的風格，似乎可在草地和花叢間溜過，來到溫暖、平坦的石頭上，然後在此捲曲、盤繞。

顯然，除非記憶可靠，材料沒有虛假、錯誤，就像個人經驗的描述一樣真確，不然這種寫法就一點意義也沒有。作者選擇的器具跟藝術有關，但他選擇的內容物卻是純粹而且真實的人生。納博科夫的記憶簡直好得出奇，特別是他對自己人生最初二十年的記憶，或許他比大多數回憶錄的作者更不畏艱難，決定不管如何要忠於真實，絕不馬虎，不會以合乎邏輯、貌似真實的東西偽裝成珍藏的回憶，以填補記憶的漏洞。我可以舉一兩個例子，來看記憶可能一開始就出錯了，或者作者面臨記憶斷線的威脅時，不知不覺以逼真的贗品取巧。像原載於《紐約客》第十二章最後，作者對如何收到信件一事語焉不詳，然後筆鋒一轉，提到另一件事[3]。像這樣引進新的、不相干的材料，有時竟有峰迴路轉之妙，讓記憶得以重新連線。又如在另一章（第七章），隨著故事的進展，可想而知，他又會碰到記憶的障礙，有一隻狗的名字，他怎麼都想不起來，寫著寫著，最後居然靈光乍現，答案從大腦的一個祕密細胞跑出來。

這樣的迴旋、墊腳石，讀者必然會覺得很有意思，貫穿主題線有時也會換個模樣出現，令人會心一笑。書中的一些主線和許許多多支線，這些線條聚集的方式讓人想起棋子的佈局、各式各樣的謎題，都趨向一個完美的棋題。其實，這個主題幾乎在每一章都出現過：如拼圖、紋章上的棋盤、某種節奏、命運的對位、人生的走向、離開俄國之時在船上下的一盤棋、西林的小說、他對棋題的愛好、破陶片上的象徵圖案，還有組成螺旋狀主題圖案的最後一片還沒歸位的圖片。

「彩虹」那個主題也非常迷人，一開始是一些顏色偶然湊起來的——彩繪玻璃、節慶

❸參看第十二章：「我站在白堊河床旁的白堊騎馬小徑上。河床上有細細的水流像蛇一樣在橢圓形的大石上流過。我就站在那裡，手裡拿著塔瑪拉寄來的信。我凝視陡峭的雅拉山脈，那岩壁上方長滿了黑黑的南克里米亞松，就像蓋上一層羊皮。」

的燈光、油彩、珠寶等，然後才以完整的面貌顯現，例如在山中或是在滴著露珠的樹木底下出現的彩色光譜。少年詩人正是在那樹下第一次寫出他的年少詩作。讀者可由最初的橡樹巷開始，進入作者描述的私人庭園和古老的森林，沿著這些主題步道或小徑而行，從俄國的樹林和泥炭澤間以靈視瞥見美國，最後來到海邊的公園和花園，然後到達地平線的另一頭。也許本書最動人的主題線是「流亡」。在此，我必須再提一下。早在俄國爆發革命、納博科夫年少風景變色之前，他就已經體會了鄉愁的憂傷和快樂。他要證明的是，他的童年已包含成熟創造力的主要元素。你已經可以從這蝶蛹的薄膜看到小小的翅膀、顏色和花紋的雛型，知道什麼樣的蝴蝶將破繭而出，鼓動比原來的蛹不知要大多少倍的羽翼。

解謎是人類心靈最純粹也是最基本的行為。這裡提到的所有的主題線，以一種微妙但自然的接觸形式，漸漸交織、聚合。這種接觸形式是一種藝術的功能，也是我們可在個人命運演化中發現的一個過程。納博科夫研究昆蟲隱祕的偽裝，也在本書的最後，使這生物模擬的主題與「謎題」的主題精準地結合在一起，如棋題的隱蔽步法、陶器碎片拼起來的紋路以及在拼圖中看出新國度的輪廓。其他主題線也匆匆來到同一點集合，彷彿也想要分享這藝術和命運連結的喜悅。由於流亡這個主題，全書瀰漫著一種刻骨銘心的失落感，謎題這主題的解決，也是流亡主題的解決，這些主題線一一相連，在「彩虹」主題（玻璃珠裡的生命螺旋）達到高潮，與蜿蜒於全書那許許多多庭園或公園的小路還有林間小徑連成一氣。我們不得不尊敬作者回顧往昔的慧眼以及在創造方面表現的專注。納博科夫的人生像是不知名的棋手操縱之下的棋局；他這本書的寫作布局恰恰如實呈現了那棋法。

弗拉基米爾・納博科夫生於一八九九年的聖彼得堡。他的父親也叫弗拉基米爾，是一個很有文化修養的歐洲人、有學問的政治家，體格強健、生性樂觀，他的政治立場是反沙皇的。他的兄弟和連襟好一點呢，是隨遇而安的保守派，糟糕的則是活躍的反動派，他自己則屬於國會的自由派，反對沙皇統治下的貴族制度和不平等，刊載他文章的期刊都有廣大的讀者。一九二〇年代的美國，由於共產黨文宣無孔不入，加上親蘇維埃寫手的大力鼓吹，今天的美國讀者對帝俄的認識難免失之偏頗，看到本書一些段落必然會很驚訝，不知俄國大革命以前其實也有言論自由，有教養的人民也有很多作為。

納博科夫家族十分富裕，屬於坐擁土地的上流社會，和南方的富裕人家也有親戚關係，過著和英國與法國士紳非常相似的莊園生活。他小時候夏天都是在鄉間過的，那個時期似乎塑造了他的心靈。那一帶有大片的森林和沼澤，當中散布一些村落，人口稀少還有很多古老的步道（這樣的神祕小徑如蛛網，密布於古老得無法追憶的帝國）。有這樣的步道，採莓果的人、流浪漢和地主那漂亮的孩子才不會在樹林裡迷路。這些小路本來都沒有名字，地主家族的孩子每天在那裡散步，也常常在那裡野餐，在法文家庭教師的影響下，就給那些小路取了法文名字，像是 *Chemin du Pendu*（吊死鬼的房間）、*Pont des Vaches*（乳牛橋）、*Amérique*（亞美利加），這些路名就這麼一代一代地流傳下來。

很巧，《最終證據》的作者和《丁香花開》的作者在家裡都是排行老大，下面還有四個弟妹。〔白洛恩〕小姐花了不少篇幅描寫自己的手足，納博科夫則對自己的弟妹著墨不多。他有兩個弟弟、兩個妹妹，分別出生於一九〇〇年、一九一一年、一九〇二年和一九〇六年。由此可見一個藝術家要專注，展現不屈不撓的意志力，必然會犧牲掉一些東西。顯然，這就是一個例子。

作者同意我在此提到我與他家人偶然幾次相遇的事。他有一個堂兄弟，也移民美國了，他告訴我納博科夫的兩個妹妹和最小的弟弟也有寫抒情詩的天賦（那個時代的很多俄國年輕人都如此）。一九二〇年代初期（也許是一九二三年）在布拉格的一次文學聚會上，翻譯杜斯妥也夫斯基和羅札諾夫[4]的天才捷克譯者指給我看，那個身材嬌小，穿著黑衣，一頭白髮的女士，就是納博科夫的母親，而她身邊的那個眼睛水汪汪、容光煥發的女孩就是納博科夫的妹妹艾蓮娜。一九三〇年代，我旅居巴黎，有一天剛好碰到納博科夫的弟弟瑟格：儘管他們兄弟倆只差一歲，自從青少年時期開始，似乎過著完全不同的生活：就讀的學校不同，交往的朋友也不同。那時，我知道瑟格和一群蒙帕納斯的都會朋友在一起，身在享樂的迷霧裡。有一些美國作家就很愛寫那樣的人。由於天性懶散，瑟格的語言和音樂才華於是漸漸消失。我想，他不像他哥哥那樣得到父母的寵愛，因此童年從來就不像哥哥那樣快樂。他外表看來雖然有點娘娘腔，其實是大膽無畏的人，而且什麼話都敢講。後來有人指控他是親英派，被德國警察逮捕，在一九四四年死於集中營。

〔白洛恩〕小姐在《丁香花開》以美麗的文字寫出早年回憶，在楓樹樹幹上挖槽、鑽洞汲取楓糖或母親做的生日蛋糕都是自然而永恆的東西，暗示那是一個充滿安全感的世界。今天新英格蘭顯赫人士或費城的小王子讀來，應該都能有所共鳴，對他們兩、三代以前樸實善良、努力工作的祖先亦然。反之，納博科夫童年的那個世界卻是明亮而脆弱的。這也是他回憶錄的一個主要主題。他以絕佳的洞察力強調他早就看出人世的無常，幼年時期的他已常常有這種感覺，然而無常卻使得當下的快樂更加強烈。他在聖彼得堡住的那間

❹羅札諾夫（Vasily Vasilyevich Rozanov, 1856-1919），俄國作家，散文作品表現非正統的宗教觀和特出的原創個人風格。

兒童房掛了一幅小小的彩色圖畫，是「明亮、快活的英國風格，常見於狩獵情景，這畫作用來做拼圖再好不過」，其實那幅畫作畫的是一個法國貴族帶著他的家人流亡：草地上點綴著一朵朵小雛菊，藍色天空下有一隻乳牛，那個年老、肥胖的貴族，身穿有斑點的鮮豔背心和紫褐色的褲子，愁眉苦臉地坐在擠牛乳的小凳子上，老婆和幾個女兒忙著把色彩華美的衣裳掛在曬衣繩上。作者的父母在家族的土地上走著走著，像是在外旅行多年，終於回到家一樣，常常指著某一個地標，說道這就是哪一件事發生的地點。往者已矣，無法觸摸，但不知怎麼一直會回到眼前。在克里米亞花園的柏樹道（一百年前，普希金也曾在這裡散步），年輕的納博科夫喜歡和女友打情罵俏。那女友特別醉心於浪漫時期文學。納博科夫說到自己的動作和話語時，總是充滿懷舊之情，而且有點裝模作樣。多年後這女友要是寫回憶錄可以提到這點（以普希金式的風格來寫）：「納博科夫喜歡櫻桃，特別是熟了的。」或是：「他看著低低的夕陽時，會瞇起眼睛。」也可這麼寫：「我記得有一晚，我們斜靠在長滿草的河岸邊。」諸如此類。這種遊戲當然很無聊，但如果想到那時候的我們便已預知一切終將失落，好花不常開，好景不常在；我們著了魔似的想要抓住生命中所有註定要死去的、離我們而去的東西，而生命本身卻拚命想從未來回顧的觀點來思索此時此刻，那麼這遊戲似乎就不那麼無聊了。

一九一七年春天，俄國爆發革命，納博科夫的父親加入臨時政府，後來布爾什維克黨坐大，並建立獨裁政權，自由而脆弱的南方成立了另一個臨時政府（可惜撐不了多久），他就到這個政府任職。這些俄國知識分子屬於自由派和非共產黨的社會主義者，和西方民主派基本觀點相同。然而，今天美國的知識分子是從共產黨或共黨支持的組織來了解俄國歷史的，因此對那個時期一無所知。布爾什維克黨人寫的歷史自然會刻意貶低大革命前俄國人民在民主方面的努力，甚至不惜以粗俗的宣傳加以否定、扭曲（辱罵那些民主鬥士為「反動分子」、「賤骨頭」、「像爬蟲類一樣的小人」），就像今天的蘇聯記者稱驚訝的美國官員為「法西斯主義者」一樣。然而美國人的驚訝可說是晚了三十年。

納博科夫的讀者會注意到，自從布爾什維克革命以來，在這三十年中，在美國的前列寧主義者和不滿的史達林主義者對蘇聯的態度，以及俄國知識分子在流亡者的刊物發表的意見，這兩者出奇地相似，而美國的激進分子卻對蘇聯佩服得五體投地。也許那些流亡期刊的政論作家早就看穿了蘇維埃政體真精神，也知道這個政體無可避免會發生什麼樣的演化，或者他們有一種近乎奇蹟的直覺和遠見。

我們可以想見白洛恩小姐的大學生活，卻對《最終證據》作者的大學生涯所知不多。他完全沒提到他上了哪些課。打從蘇維埃時代一開始，他就離開祖國，在劍橋大學完成大學教育。從一九二二到一九四〇年，他待過歐洲很多地方，其中以柏林和巴黎待的時間最長。兩次大戰間的柏林給納博科夫陰森、蕭瑟的印象，奇怪的是同一時期的柏林給史班德先生❺的印象卻是詩情畫意（參看幾年前他發表在《宗派評論》上的文章），他還特別提到那些「英俊得可怕的德國年輕人」。

納博科夫描寫他在歐洲志願流亡那幾年在文學界的活動，是以第三人稱的化名「西林」來稱自己，似乎有點奇怪。俄國流亡作家圈子不大，當時「西林」當然很有名。沒錯，納博科夫脫離俄國作家的身分之後，就能自由自在地討論西林的作品，而不會跟自己的作品混為一談。然而，我們還是不由得想到，他真正的目地是把他自己，至少是最寶貴的自我，投射在他想要描繪的圖像之中。我們想到科學哲學中討論的「客觀」的問題。一個觀察者仔細地描繪了整個宇宙，他畫好了之後，發現少了一點：他自己。因此，他也把自己畫進去。然而，在永無止盡的投影之中，「自我」仍然是在外面，就像廣告裡一個手裡拿著一幅自畫像的女孩，畫中的自己又拿著一幅自畫像……只有在印刷品質過於粗糙的情況下，我

❺史班德先生（Stephen Spender, 1909-95），英國詩人和評論家。

們才會無法分辨哪個是真人。除了用「西林」來做面具，納博科夫還投射出第三個人物，即瓦西里・希斯柯夫（Vasili Shishkov）。納博科夫創造這個人物，完全是衝著流亡文藝批評家喬治・亞當莫維奇❻來的。兩人交惡長達十年之久。亞當莫維奇對西林的散文本來嗤之以鼻，後來看大家讚不絕口，也就跟著喝采，但還是批評西林寫的詩是狗屁。納博科夫—西林在書評編輯的協助下，以「希斯柯夫」為筆名發表文章。一九三九年八月，亞當莫維奇在巴黎發行的俄文報紙《最新消息》評論第六十九期的《當代紀事》（*Sovremennyia Zapiski*）（同樣在巴黎發行）時，對希斯柯夫發表的〈詩人〉一詩讚不絕口，認為俄國流亡文學終於出現了一個偉大的詩人。同一年秋天，西林也在同一家報紙的版面上發表他與「瓦西里・希斯柯夫」的虛擬訪談。亞當莫維奇不甘示弱，說道他懷疑這是一場騙局，又說西林很有創作天才，可能假扮一個靈感與天才遠遠超過他（指西林）的人。不久，第二次世界大戰爆發，巴黎的俄國文人也各奔東西。《最終證據》的作者回憶自己的文學生涯，說道他對批評，不管是好評或是惡評，完全無動於衷，說實在的，我本人不大相信。不管怎麼

❻亞當莫維奇，參看第十四章第二節的譯注。

說，他自己的評論文章也不免飄散殘忍、報復的火藥味，有時還有一點愚蠢的痕跡。

我們如何破除文字的包裹，解讀其中的祕密？我們知道一個外國人到了另一個國家，所吸收的一切總是有隔閡，不是在完美、天真的狀況下學習的。他不是打從嬰幼兒時期就靜靜地、不知不覺地接收這種異國文字，知道一個字是怎麼跟另一個字串起來的，了解一個年代的文字、傳統和會話風格。因此，白洛恩小姐在記憶的王國探險，是一場美麗、動人而優雅的旅程，不像納博科夫那樣有重重的關卡必須突破。沒錯，納博科夫這位俄國作家小時候的家庭教師有來自英國的，也在英國唸了三年大學。如果我們拿康拉德的作品來跟納博科夫用英文寫的小說《瑟巴思欽・奈特的真實人生》❼和《有一條逆斜線的紋章》（*Bend Sinister*）相提並論，不免看不出後者的成就。康拉德——此人的英文寫作風格只是一堆燦爛輝煌的陳腔濫調——在展開英文寫作事業之前的二十年，可不是戮力於波蘭文學的創作。納博科夫改用英文寫作之前，已經出了好幾本俄文小說和多篇短篇故事，儘管他的書在祖國被禁，他還是在俄國文學史占有一席之地。兩人唯一的共通點是或許用法文

---

❼見第十三章譯注。

寫作要比用英文來得駕輕就熟。其實，納博科夫早在一九三〇年代中期就曾用法文在柏朗主編的巴黎雜誌《度量》發表一篇文章（即〈O小姐〉。納博科夫又為英文版修訂一番，刪除虛構的部分，發表於《大西洋月刊》。他後來出版的《九個故事》也收錄了這篇）。之後，他又修改、增補，再去除不夠真實的枝節，遂成本書的第五章。還記得是在一九三七年吧，本人在巴黎音樂廳舉辦的一次文學聚會聽納博科夫用一流的法文演講。那天晚上的演講者本來是一位匈牙利女作家❽。今天已經沒有人記得她了，但是她當年可火紅得很，她寫的法文書非常暢銷（好像是一本有關漁貓❾的書）。她在演講要開始的幾個小時前才打電話通知主辦人嘉柏瑞・馬賽爾（Gabriel Marcel）說她生病不克參加，主辦人只好臨時請納博科夫來替代，以普希金為題用法文演講（講稿後來發表在《新法蘭西評論》〔*Nouvelle Revue Française*〕）。在納博科夫上台「義演」（這「妙語」是奧登先生說的）之前，觀眾席上的人群流動有如奇異的漩渦。巴黎的匈牙利社群都買了票，有些觀眾發現講演的人換了立即走

---

❽即荷拉・傅德絲（Jolán Földes）。

❾學名 Felis viverrina，分布於印度和東南亞。這種貓比家貓略大，很會游泳。

人，還有一些人因為不知道換人講演，就還留在座位上；法國人幾乎走光了。坐在包廂的匈牙利駐法使節以為納博科夫是那位匈牙利女作家的丈夫，拚命與他握手。流亡到巴黎的俄國人聞風而來力挺同胞，填補場中的空位。納博科夫的好友雷翁夫婦（Paul Léon & Lucie Léon Noel）也把詹姆斯・喬伊斯（James Joyce, 1882–1941）帶來了，給他特別的驚喜；坐在最前排的則是匈牙利足球隊的選手。

納博科夫今日回想起自己年輕時代的文學夢，必然會覺得非常奇異。他現在已是美國公民，和妻子、兒子過著幸福、快樂的生活。就我所知，他樂於做一個默默無名的大學文學院教授，常常可以休假去西部捕蝶。在鱗翅研究的圈子，他的分類法是出了名的怪，屬於分析派，而非綜合派。他已在美國科學期刊發表了多篇蝴蝶研究的新發現，也有其他昆蟲學家以他的名字來為新發現的蝴蝶或蛾命名——這只是科學傳統的一種作法，有些記者因為是門外漢，還以為這是多麼了不起的事。納博科夫發現的品種目前保存於紐約的美國自然史博物館和哈佛比較動物學博物館。最近，我去了一趟哈佛比較動物學博物館，看到幾隻小小的蛾。這些小蛾都屬於尺蛾，也就是納博科夫一九四三年在猶他州的瓦薩奇嶺發現的，學名就叫納博科夫尺蛾（*Eupithecia nabokovi*）。納博科夫曾在《最終證據》提到他兒時多麼想發現一種沒有人看過的蛾，這條主題線有這樣的發展，他必然心滿意足了。

從納博科夫這本回憶錄的小地方可以看出俄文音譯的困難。像托爾斯泰（Tolstoy）應該拼成 Tolstoj（和 *domoj*〔家〕押韻），此外像杜斯妥也夫斯基應拼成 Dostoevskij、聶夫斯基的正確音譯是 Nevskij 等，而契訶夫也應該是 Chehov 而非 Chekhov，但是納博科夫還是採用約定俗成的譯法（如用 i 做為結尾）。由於那個半 i 半 u 的音在西歐沒有對應字母，就用 y 了（唯一的例外是 Yalta〔雅爾達〕），不然碰上 i 或 j 又會出現問題。

《最終證據》中有十二章都曾在《紐約客》發表過。本人剛好知道一些詳情，在此說明一下。首先，本書這個版本和原來刊在《紐約客》的文章相比，多了一些新的材料（特別是第三、六、十和十二章），例如追溯家族的系譜、在歐洲捕捉蝴蝶的困難、和寶蘭卡有關的插曲，還有在聖彼得堡和克里米亞的一些新的生活細節。這些都是納博科夫在出版此書之前苦心修訂過的。在全書十二章⑩中，由於有些地方可說全部改寫了，多處也就跟著變動。

現今這個版本和當初發表在《紐約客》的稿子還有一些差異則是因為編輯的要求。有

⑩《說吧，記憶》最後的版本則有十五章。

些地方被《紐約客》的編輯刪除或修改了。編輯提出的理由是「不適合闔家閱讀」（如第十章的第三節）或是某些特別的字詞可能讓頭腦簡單的讀者覺得難以負荷。「不適合闔家閱讀」那個理由，納博科夫勉強接受了，但是要他改字，他不會輕易讓步，只有「眼瞼之夜的戰役」一詞他做了退讓，其餘的他堅持不改。

最後，還有文法修正的問題。其實不只是文法修改，任何編輯上的修改對納博科夫來說似乎都是奇恥大辱，對他而言，那就像以前《當代紀事》的編輯問他，可不可以修改他寫的俄文稿子上的句子。但用英文寫作的納博科夫總是有一種不安全感。雖然他的英文犀銳、爽利，有時還是會出現語法錯誤的問題。對他這樣老練的作家而言，這類的錯誤有些實在令人驚訝。因此，《紐約客》的編輯會建議他做小小的修正，像是顛倒一下、把又臭又長的精簡一番或是把長句腰斬，又如把「which」改為「that」——這些他都從善如流，而且對編輯心懷感激。然而他和編輯還是常常發生爭執，例如編輯不小心破壞了他精心安排的格律、誤解了某一個典故，或是發現下一段出現「他」、「她」或「我們」，編輯擔心讀者因為搞不清楚人物而搔頭皺眉，因此用名詞還原回來。作者和編者也常為了「先行詞遺失案件」吵得臉紅脖子粗。討厭先行詞的納博科夫雖然多次被打敗，也有幾次贏得漂亮。

似乎在納博科夫與《紐約客》合作的早期，編輯會把他文章難解晦澀之處改得簡明一點或把他的散文修改得簡潔一些，後來編輯就比較不會那麼做了。對這樣的修改，納博科夫發出痛苦的哀嚎聲，不斷喃喃自語地說自己不值得這樣迎合雜誌的品味。然而，編輯部慢慢地也了解到他們這樣做儘管立意良善，還是沒有必要，何苦為了兩個意念的連接努力地去修築一道橋樑。既然作者認為那樣的橋會破壞景觀，已經把那橋給拆了或隱藏起來，編輯為何要反其道而行？只要讀者可以通行就好了，何必畫蛇添足？

編輯偶爾會強烈要求作者修改，讓作者痛苦不堪，列出一些拙劣的文字樣本要作者選擇，或是挑出一些他們看不順眼的字眼要作者修改。其實，如果編輯願意刊登，他們建議作者替換的字詞或是刪除的部分，作者大可拒絕。從另一方面來看，從編輯提出來的問題也可看出他們的體諒、敏感和付出。像羅斯先生提出的問題（「那房子有幾間浴室？」），希望納博科夫先生做一番解釋或補充，他因此改寫得更好。還有一個和作者書信往返的編輯凱薩琳・懷特就不遺餘力地去檢查每一個連字號和逗點，讓作者的散文無懈可擊，也使氣得七竅冒煙的作者變得慈眉善目。凡是《紐約客》編輯修改過的文稿（有關句法和標點的部分），納博科夫大都保留下來，可見他和編輯也有很好的互動。最後也是很重要的一點，《紐約客》的研究部門多次為納博科夫解圍。他本人似乎常常心不在焉又愛掉書袋，有些姓名、數字、書名等就出錯了。偶爾他會推翻他們的發現，然而有時也有非常有趣的交流。

像大西洋香普蘭客輪的煙囪，納博科夫一口咬定他記得是白色的。《紐約客》的研究人員去向那家郵輪公司查證，他們回覆香普蘭在一九四〇年代沒有改變煙囪的顏色，一直是紅、黑兩色。納博科夫說，那他可以刪去這個顏色的形容詞，但是無法把白色改成其他顏色，他記得非常清楚，就是白色。他懷疑或許聖納薩爾的軍事單位為那煙囪漆上新的顏色，而沒有知會那家郵輪公司在紐約的辦事處。

在此用比較長的篇幅描述納博科夫和《紐約客》合作的經過，是因為我想讓讀者知道事情的經過，自己來下結論。如果編輯能夠證明作者得意的句子文法亂七八糟，應該好好改進，那就不是好作者，也不必採用他的文章了。反之，雜誌方面或許小看了一般讀者的閱讀能力；儘管嵌了典故、風格晦澀或是像蒙上面紗一般，讀者還是有辦法解讀。在這種情形之下，我認為作者應該堅持自己原來的寫法；再怎麼缺錢，都不可妥協。

芭芭拉．白洛恩小姐文章表現出來的靜謐和品味，她那純粹、簡潔的文字風格，就像英格蘭小溪一樣閃閃發亮，和納博科夫的文體大相逕庭。納博科夫有一些寫作癖讓人覺得受不了：偶爾會選用一些鮮有人知的詞彙，好比籍籍無名的科學家為罕見疾病命名一般；描寫神祕的感官經驗；他的音譯方式（他用的是發音比較正確的一套系統，然而為了音譯姓名，也妥協了，用另一套方式來譯）；還有心血來潮會突然拋出一道棋題，讓人百思不得其解（而且不給暗示，例如指引關鍵的一步是把主教挪到……）。也許納博科夫的書迷會替他反駁，指出像《愛麗思鏡中奇遇》（*Alice Through the Looking Glass*）的作者在卷首加上一張西洋棋佈局圖，他的小讀者必然少有人知道怎麼玩這盤棋吧。

此外，納博科夫對一些作家的態度，像是佛洛依德、湯瑪斯・曼（Thomas Mann）和艾略特（T. S. Eliot），無可避免會觸怒某一類的讀者（文化的中上階級）。傳統和教養不是教人要尊重亨利・詹姆斯，也要對列寧有禮貌？自從一九二〇年代以來，納博科夫就常大刺刺地取笑心理分析學派的占夢和神話解夢。他認為湯姆斯・曼屬於朱爾・凡恩（Jules Verne）—羅曼・羅蘭—高爾斯華綏這一族，正如他說的，在亞普頓和路易斯之間⓫（因此羅曼・羅蘭又可跟辛克萊爾畫上等號）。如果有地位顯赫的中產階級批評家把湯瑪斯・曼、艾略特的石膏塑像擺在普魯斯特和喬伊斯的大理石像旁邊，他必然會大肆冷嘲熱諷。他批評艾略特的詩寫得普普通通，但是沒有幾個人跟他看法相同。文評家克蘭思・布魯克斯

⓫即在亞普頓・辛克萊爾（Upton Sinclair）和辛克萊爾・路易斯（Sinclair Lewis）之間，納博科夫把兩人合在一起，變成亞普頓和路易斯，暗指那兩人沒什麼差別，都是平庸作家。

（Cleanth Brooks, 1906–94）說得好：「不管艾略特先生是否注意到韋斯頓小姐⓬寫的這一段。就世俗化的過程而言，玷污一個女人的確是非常好的一個象徵。」艾略特最近的劇作⓭大受歡迎，納博科夫卻說這作品可和「毀滅主義、存在主義和鐵托主義⓮」送作堆；奉「艾略特維奇小姐」為繆思的人，聽到有人說她是「美國文學的辛浦森夫人⓯」，必然會認為這種譏諷沒品。此外，納博科夫對杜斯妥也夫斯基的輕蔑，也讓俄國人不以為然，美國知名大學的學術圈子也不認同他這種看法。也許納博科夫對美國批評家免疫，是因他一九二〇年代和三〇年代在俄國流亡者的世界苦行，西歐的時代氛圍對他的影響不大，像「爵士時代」或大戰之前的酒醉金迷，都離他很遠。

《最終證據》儘管有這些缺點，仍不失為一部重要作品。這「最終證據」可做為很多

⓬韋斯頓小姐（Jessie L. Weston），她論聖杯傳奇的書《從儀式到羅曼史》（*From Ritual to Romance*）對艾略特的影響很大。⓭指一九五〇年出版的《雞尾酒會》（*The Cocktail Party*）。⓮鐵托（Josip Broz Tito, 1892–1980）是南斯拉夫領導人，推行一種獨立自主的共產主義，對外實行不結盟政策、對內實行工人自主管理並引入市場機制。⓯辛浦森夫人（Wally Simpson），一個曾經離婚的美國婦女，英王愛德華八世（Edward VIII）為她遜位，改稱溫莎公爵（Duke of Windsor）。

事情的證據，最顯而易見的就是這個世界似乎不像表面上看來那麼糟。納博科夫在這本書展現了他的才情，也證明這是一本不可或缺的好書。他這本回憶錄應該可在愛書人的書架上找到一個永恆的立足之地，和托爾斯泰的《童年》、T・S・艾爾曼的《阿門角》[16]以及芭芭拉・白洛恩小姐的《丁香花開》併肩站立。現在我就來討論《丁香花開》一書。

---

[16] 艾爾曼（T. S. Elmann）。學者大衛・羅登（David Rhoden）認為此 T. S. Elmann 是艾略特（T. S. Eliot）和湯姆斯・曼（Thomas Mann）的合稱，作者虛構的人物，也就是和艾略特、湯姆斯・曼一樣平庸的作家。「阿門角」（Amen Corner）源於高爾夫球術語，是指美國名人賽專用球場奧古斯塔球場（Augusta National）的第十一到十三洞等難度最高而需要用戰略的三個球洞。《阿門角》此書亦為虛構的書。

索引

＊本索引詞條之選擇及頁碼之編列悉照英文版（*Speak, Memory*, Penguin Classics 2000）索引編輯而成。

A

B

C

L

M

O

P

R

S

V

WYZ

國家圖書館出版品預行編目資料

說吧,記憶 : 納博科夫回憶錄 / 弗拉基米爾.納博科夫
(Vladimir Nabokov)著 ; 廖月娟譯.
-- 初版. -- 臺北市 : 大塊文化, 2006[民95]
面 ; 公分. -- (mark ; 62) 含索引
譯自 : Speak, memory : an autobiography revisited
ISBN 978-986-7059-56-7(平裝)
1. 納博科夫(Nabokov, Vladimir Vladimirovich,
1899-1977) - 傳記

784.88 95024138

10550 台北市南京東路四段25號11樓

廣　告　回　信
台灣北區郵政管理局登記證
北台字第10227號

大塊文化出版股份有限公司　收

地址：□□□□□ ＿＿＿＿市／縣＿＿＿＿鄉／鎮／市／區

＿＿＿＿＿＿路／街＿＿段＿＿巷＿＿弄＿＿號＿＿樓

請沿虛線撕下後對折裝訂寄回，謝謝！

大塊 LOCUS 文化

編號：MA062　書名：說吧，記憶

大塊 LOCUS 文化 **讀者服務卡**

謝謝您購買本書！

如果您願意收到大塊最新書訊及特惠電子報：

— 請直接上大塊網站 **locus**publishing.com 加入會員，免去郵寄的麻煩！

— 如果您不方便上網，請填寫下表，亦可不定期收到大塊書訊及特價優惠！
請郵寄或傳真 +886-2-2545-3927。

— 如果您已是大塊會員，除了變更會員資料外，即不需回函。

— 讀者服務專線：0800-322220；email: locus@locuspublishing.com

姓名：________________________ **性別**：□男 □女

出生日期：_____年_____月_____日 **聯絡電話**：____________________

E-mail：____

從何處得知本書：1.□書店 2.□網路 3.□大塊電子報 4.□報紙 5.□雜誌
6.□電視 7.□他人推薦 8.□廣播 9.□其他

您對本書的評價：

（請填代號 1.非常滿意 2.滿意 3.普通 4.不滿意 5.非常不滿意）

書名_______ 內容_______ 封面設計_______ 版面編排_______ 紙張質感_______

對我們的建議：____

LOCUS

LOCUS